城市轨道交通车站设备

CHENGSHI GUIDAO JIAOTONG CHEZHAN SHEBEI

主　编　涂丹

副主编　罗吉　吕杨　杨陈　邓雪

江苏大学出版社
JIANGSU UNIVERSITY PRESS
镇　江

图书在版编目(CIP)数据

城市轨道交通车站设备 / 涂丹主编. — 镇江 ：江苏大学出版社，2019.8
ISBN 978-7-5684-1158-5

Ⅰ. ①城… Ⅱ. ①涂… Ⅲ. ①城市铁路一车站设备一高等职业教育一教材 Ⅳ. ①U239.5

中国版本图书馆 CIP 数据核字(2019)第 172075 号

城市轨道交通车站设备

主　　编/涂　丹
责任编辑/张小琴
出版发行/江苏大学出版社
地　　址/江苏省镇江市梦溪园巷 30 号(邮编：212003)
电　　话/0511-84446464(传真)
网　　址/http://press.ujs.edu.cn
排　　版/镇江市江东印刷有限责任公司
印　　刷/四川煤田地质制图印刷厂
开　　本/787 mm×1 092 mm　1/16
印　　张/13.75
字　　数/320 千字
版　　次/2019 年 8 月第 1 版　2019 年 8 月第 1 次印刷
书　　号/ISBN 978-7-5684-1158-5
定　　价/42.00 元

前　言

从我国城市轨道交通行业发展现状来看，近五六年我国城市轨道交通保持快速发展势头，“十二五”前四年已完成投资8600亿元，建成1600公里。同时，按照2020年总里程达到6000公里计算，“十三五”期间每年要完成500公里，保持快速发展趋势。城市轨道交通系统一旦建成，就需要相关人员进行设备的应用与维护。这种社会的需求已经折射到高校对城市轨道交通系统规划、建设、运营与管理人才的理念、知识和技能的培养上。

本书以系统的观念对城市轨道交通车站设备进行了全方位的论述，主要内容包括城市轨道交通车站设备概述、车站自动售检票系统、自动扶梯与垂直电梯系统、屏蔽门系统、火灾防护系统、通风空调系统、信号与通信系统、车站照明系统、车站给排水与环控系统和城市轨道交通IBP盘等。在校学生使用本书时，建议在全真或仿真的设备下进行演练，采用项目教学法，对车站设备的使用进行模拟，引导学生主动地学习相关专业知识。本书内容可按照64～72学时进行安排，推荐分配学时：项目一为4～6学时，项目二为8～10学时，项目三为4～6学时，项目四为6～8学时，项目五为4～6学时，项目六为4～6学时，项目七为6～8学时，项目八为4～6学时，项目九为8～10学时，项目十为4～6学时。

通过学习该课程，学生应能掌握城市轨道交通车站主要设备的基础知识、基本构造和工作原理，了解各设备在轨道交通运营过程中的实际作用和产生的功能，并具备轨道交通设备的操作、维护等能力。

本教材由四川城市职业学院城市轨道交通专业教材编写组完成，涂丹担任主编，负责全书的审稿工作和项目一、项目二的撰写，以及文稿整理、插图处理等方面的工作；吕杨负责全书的统稿工作和项目三、项目四的撰写；邓雪负责项目五、项目六的撰写；罗吉负责项目七的编写；杨陈负责项目八、项目九、项目十的编写。

本书在编写过程中，参考和引用了国内外大量的文献资料，在此谨向原作者表示衷心的感谢。由于作者水平和涉猎资料有限，加之轨道交通技术发展迅速，书中难免出现错漏之处，恳请广大读者给予批评指正和意见反馈。

编　者

2019年7月

目　　录

项目一　城市轨道交通车站设备概述

项目导学

深圳地铁一期工程在2004年12月28日开通之初，地铁运营在开通线路、客运量、开行列次、平均满载率、运行图兑现率和正点率等方面均创造了国内地铁开通运营的新纪录。

以往国内地铁开通初期都需要试运营，试运营时一般只有部分系统开通，或只开通几个车站和一部分功能，信号继续调试后再逐步开通。唯有深圳地铁实现了1号线所有车站和设备系统当日一次性高水平、高质量地全线顺利开通，且开通初期各项运营表现指标均创造了国内地铁行业之最。开通第一周，乘客流量达140万人次，小时高峰断面客运量2.45万人次，开行1516列次，平均满载率80%，运行图兑现率超过100%，列车正点率99.36%。2005年元旦当天，地铁客流首次超过20万人次，国庆节当天则达到31.6万人次。2004—2005年期间，日均客流超过17万人次，经过4次提速，列车间隔从15 min缩短到高峰时的5 min。深圳地铁以国产化创新为主的高新技术、信息化车辆和机电设备系统经受住了考验，故障率不仅大大低于此前预期，而且明显优于国外进口设备，充分体现了更安全、更高效、更节约的追求目标。

深圳地铁一期工程之所以能达到如此高的开通运营水平，原因主要有两个：一方面，深圳地铁国产化装备技术在整体上达到了国际一流水准；另一方面，深圳地铁车辆和机电设备信息化全方位的自主创新圆满实现了预期目标。换句话说，高水平的开通运营表现是深圳地铁装备国产化创新成果的成功运用，也是对深圳地铁公司及合作伙伴多年来智慧和血汗的最好回报。

学习目标

知识目标：重点掌握城市轨道交通车站设备的分类；掌握城市轨道交通车站设备及设置这些设备的目的；了解城市轨道交通车辆与设备国产化的现状及存在的问题。

能力目标：运用各种轨道设备理论知识解决实际问题的能力；识别各种轨道交通设备的能力。

素质目标：进行城市轨道交通车站设备初步分类。

任务一　城市轨道交通车站

车站是轨道交通系统的重要建筑物，是供旅客乘降、换乘和候车的场所，应保证旅客方便安全、迅速地进出站，并有良好的通风、照明、卫生、防灾设备等，为旅客提供舒适、清洁的环境。车站又是城市建筑艺术整体的一个有机部分，一条线上各车站在结构和建筑艺术上，应既有共性，又有个性。

城市轨道交通车站除了具备供乘客上下车的基本功能外，还应容纳主要的技术设备和运营管理系统，从而保证城市轨道交通的安全运行。设备用房一般布置在车站的两端，其中面积最大的是环控用房。其他的主要设备用房还有信号设备用房、通信设备用房、防灾报警设备用房、设备监控设备用房等。随着科技的进步和工业的发展，自动化程度越来越高，关于车站内设备有效的管理和使用已经引起各地铁公司的重视，新增了车站设备工种。

一、城市轨道交通车站分类

（一）按车站与地面的相对位置分类

根据轨道交通线路铺设在高架、地面或地下，车站也区分为高架车站、地面车站和地下车站。作为建筑物设计，除了交通功能需要以外，高架车站、地面车站设计考虑的问题和普通地面建筑物相仿。高架车站和地面车站的建筑物融合在城市建筑群中，其建筑品位直接影响城市的美观，而车站长宽高的比例导致优秀的建筑物作品很难呈现，这就要求设计师充分发挥想象力，将特殊比例的建筑物设计得美观一些。

地下车站设置在城市地面以下，空气湿度相对较大，特别是上海、广州等城市地下水位较高，车站结构可能就浸泡在饱和水的土体内。地下建筑空间封闭、车站建筑固有的狭长和结构雷同，往往给乘客带来压抑、单调的感觉。因此需要考虑地下车站具有良好的通风、照明、卫生、防灾设备等，给乘客提供舒适、清洁的环境，适当地做一些建筑小品、艺术装修往往能让乘车人感到亲切和温馨。

1. 地面车站

地面车站设置在地面层，建筑风格应与周围的环境协调统一。地面车站由于占用地面空间，最容易造成轨道交通线路所经过的地面区域分割，因此，一般在城乡接合部设置此类型的车站（图 1-1）。它最大的优点是造价很低。

图 1-1　地面车站

2. 地下车站

地下车站一般由地面出入口、中间站厅、地下站台三个主要部分组成。受地面建筑群的影响，轨道交通线路设置于地下，其车站也随之设置于地下，这主要是为了节省地面空间（图1-2）。根据车站埋深，地下车站又可分为浅埋式车站和深埋式车站两种。从造价方面比较，埋深越大的车站造价较高。

图1-2 地下车站

3. 高架车站

高架车站设置于高架桥梁的桥面上，一般位于中心城外，其建筑风格应与周围的环境相协调（图1-3）。高架车站在结构上比较简单，造价大大低于地下车站。高架线路一般建于城市道路的中心线上，也可设置绿化带。由于车站设置于高架上，因此可不考虑环控系统。

图1-3 高架车站

（二）按线路设置功能分类

1. 功能折返站

城市轨道交通的大部分中间站，因受地理位置的限制，基本不设置道岔，直接由上下行正线贯穿。其缺点是后方车辆无法越行，也没有调车作业的条件，当发生车辆故障或其他意外事件时，没有办法进行应急处理。为提高在设施设备发生意外故障后的应变处理能力，设计规范规定每2~4个运营站设置1个具有调车存车作业的车站，在站内增设道岔、渡线存车线、折返线等设备，从而增加车站的通行能力。折返线是指线路两端终点站或中间站，为能开行折返列车而设置的专供改变列车运行方向的线路，如图1-4所示。像这样具有调车、存车或折返能力的车站都可以称为功能折返站。

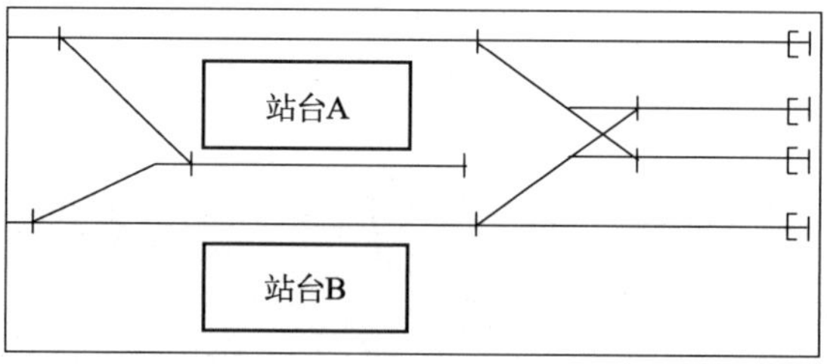

图 1-4　折返线

2. 运转折返站

城市轨道交通在市区与郊区有不同的运量，且每一条运营线都很长，通常从城市的一侧郊区通往另一侧郊区，这样就导致运营线的中段客运密度大、两端客运密度小。为有效地利用运能，可以从客运量出发，在城市的市区范围，选择客流量密集的地段增加列车往返的对数。这既能使客流量密集地段的乘车拥挤得到一定程度的缓解，又能使车辆得到合理的利用，从而折返功能得以实现。运转折返站也在日常客运过程中正式实施。

（三）按车站运营性质分类

按照运营性质，城市轨道交通车站一般可分为中间站、区域站、换乘站、枢纽站、联运站、终点站，如图 1-5 所示。

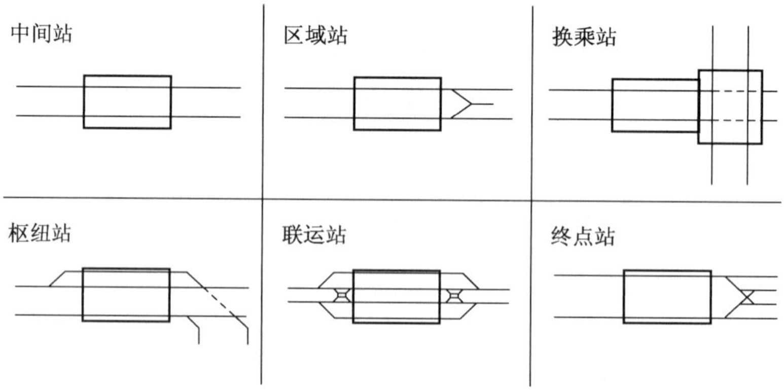

图 1-5　轨道交通车站示意图

中间站（即一般站）仅供乘客上下车之用，功能单一，是地铁路网中数量最多的车站。

区域站（即折返站）是设在两种不同行车密度交界处的车站，设有折返线和设备。区域站兼有中间站的功能。

换乘站是位于两条及两条以上线路交叉点上的车站。它除了具有中间站的功能外，更主要的是还可以从一条线上的车站通过换乘设施转换到另一条线路上的车站。

枢纽站是由此站分出另一条线路的车站，该站可接送两条线路上的乘客。

联运站是指车站内设有两种不同性质的列车线路进行联运及客流换乘的车站。联运站具有中间站和换乘站的双重功能。

终点站是设在线路两端的车站，就列车上下行而言，终点站也是起点站（或称始发站），终点站设有可供列车全部折返的折返线和设备，也可供列车临时停留检修。如线路远期延长后，此终点站即变为中间站。

（四）按结构横断面型式分类

按照结构横断面型式，轨道交通车站可分为矩形断面、拱形断面、圆形断面，以及其他类型断面，如图 1-6 所示。

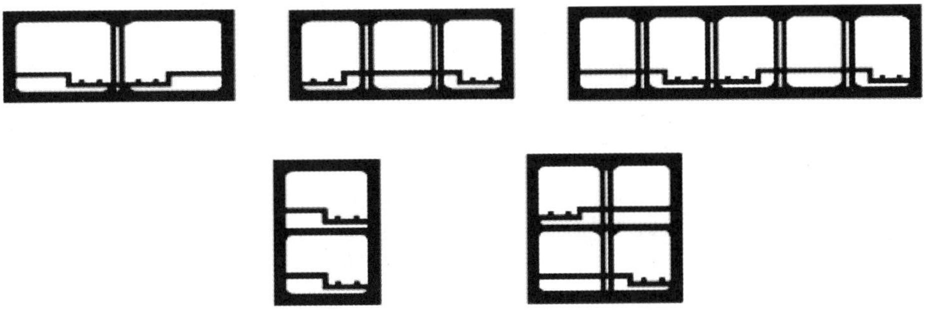

图 1-6　轨道交通车站横断面示意图

二、城市轨道交通车站组成

轨道交通车站由车站主体（站台、站厅、设备用房、管理用房等），出入口及通道，通风道及地面风亭（仅地下车站）三大部分组成。车站主体是列车在线路上的停车点，其作用是供乘客集散、换乘，同时它又是地铁运营设备设置的中心和办理运营业务的地方。出入口及通道是供乘客进出车站的建筑设施。地下车站需要考虑通风道及地面风亭，其作用是保证轨道交通车站具有一个舒适的地下环境。此外，车站还设有自动售检票设备、自动电梯设备、屏蔽门等设备。

（一）车站主体

车站主体建筑根据使用功能的不同，可分为乘客使用空间和车站使用空间两大部分。

1. 乘客使用空间

乘客使用空间又可分为非付费区和付费区，如图 1-7 所示。非付费区是乘客购票未正式进入站台前的流动区域。它一般应有一定的空间供设售检票设施。根据需要还可设银行、公用电话、小卖部等设施。设置在道路上的高架车站如果采用人行天桥与人行道连接，则非付费区常被用作人行过街通道的一部分。同样，设置在道路下的地下车站采用通道与人行道连接，其非付费区也被用作人行过街通道的一部分。非付费区的最小面积一般可以参照能容纳高峰时 5 min 内可能聚集的客流量的水平来推算。

付费区包括部分站厅、站台、楼梯、自动扶梯等。它是为停车和乘客乘降提供服务的设施付费区部分的站厅，实际上是一个乘客进出站闸机和站台间的缓冲区域，一票通轨道交通线路间换乘也在此区域内完成。乘客进出站的快慢取决于进出闸机的数量，国内使用普遍的三杆式自动检票机，每小时可通过的人数为 1500 ~ 1800 人次。

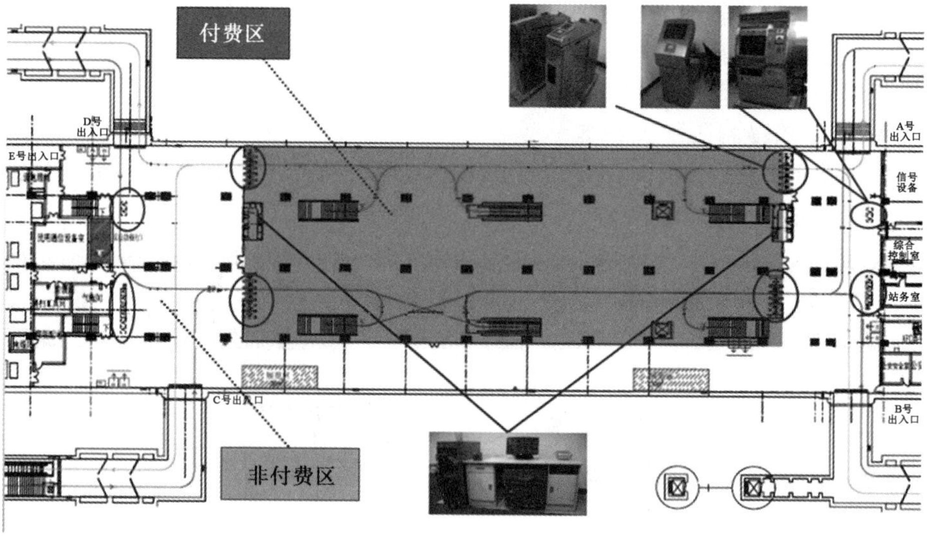

图 1-7　乘客使用空间

车站的“核心”是站台，站台结构柱、楼梯栏杆等至站台边缘的距离要保证不小于2. 5 m。这里是乘客上下列车的区域，距站台边缘400 mm处应设不小于80 mm的纵向醒目安全线，使用ATO车辆的站台还要设置醒目的停车位、乘客上下车候车位。车站站台型式主要有岛式、侧式和岛侧混合式三种。

（1）岛式站台：站台位于上下行行车线路之间的站台布置型式称为岛式站台。具有岛式站台的车站称为岛式站台车站（简称岛式车站）。岛式车站是常用的一种车站型式。岛式车站具有站台面积利用率高、能灵活调剂客流、乘客中途改变乘车方向方便、车站管理集中、站台空间宽阔等优点，因此，一般常用于客流量较大的车站。

（2）侧式站台：站台位于上、下行行车线路两侧的站台布置形式称为侧式站台。具有侧式站台的车站称为侧式站台车站（简称侧式车站）。侧式车站也是常见的一种车站型式。侧式车站站台上下行乘客可避免相互干扰，正线和站线间不设喇叭口，造价低，改建容易，但是站台面积利用率低，不可调剂客流，中途改变乘车方向，经地道、天桥、站厅或更简易地使用进口楼梯平台作为换边通道。侧式车站管理分散，站台空间不及岛式宽阔，因此，侧式站台多用于两个方向客流量较均匀（或流量不大）的车站。

（3）岛侧混合式站台：将岛式站台及侧式站台同设在一个车站内的车站称为岛侧混合式站台车站（简称岛侧混合式车站）。岛侧混合式车站主要用于两侧站台换乘或列车折返。岛侧混合式站台可布置成一岛一侧式或一岛两侧式。

乘客使用空间是车站设计的重点，它对车站类型、总平面布局、车站平面、结构横断面形式、功能是否合理、面积利用率、人流路线组织等设计有较大的影响，设计时要注意人流流线的合理性，以保证乘客方便、快捷地出入车站。

2. 车站用房

车站用房包括运营管理用房、设备用房和辅助用房三部分。

（1）运营管理用房：为保证车站具有正常运营条件和营业秩序而设置的办公用房，由进行日常工作和管理的部门及人员使用。它是直接或间接为列车运行和乘客服务的，主要包括站长室、行车值班室、业务室、广播室、会议室、公安保卫室、清扫员室等。

（2）设备用房：为保证列车正常运行、保证车站内具有良好环境条件及在事故灾害情况下能够及时排除灾情不可缺少的设备用房。它是直接或间接为列车运行和乘客服务的，主要包括环控机室、变电所、控制室、通信机械室、信号机械室、泵房、票务室、工区用房、附属用房及设施等。技术设备用房是整个车站的心脏所在地。由于这些用房与乘客没有直接联系，因此，一般设在离乘客较远的地方。

（3）辅助用房：为保证车站内部工作人员正常工作生活所设置的用房。它是直接供站内工作人员使用的，主要包括厕所、盥洗室、更衣室、休息室、茶水间、储藏室等。这些用房均设在站内工作人员使用的区域内。

（二）车站出入口

车站出入口的主要作用在于吸引和疏散客流，因此，车站出入口位置最好选择在沿线主要街道的交叉路口或广场附近，尽量扩大服务半径，方便乘客。车站出入口的方向应与车站主要客流量的方向一致，宜与过街天桥、过街地道、地下街、临近公共建筑物相结合或连通，统一规划，同步或分期实施。如兼作过街地道或天桥，其通道宽度及其站厅相应部位应计入过节客流量，同时考虑地铁夜间停运时的隔离措施。

车站出入口不得少于 2 个。每个出入口的宽度与该方向远期客流量有关。地下车站出入口通道力求短、直，通道的弯折不宜超过 3 处，弯折角度宜大于 90°，地下车站出入口通道长度不宜超过 100 m，超过时应采取满足消防疏散要求的措施，有条件时宜设自动人行道。

车站地面出入口的建筑形式，应根据车站所处的具体位置和周围建筑规划要求确定。地面出入口可做成合建式或独立式，但应该优先采用与地面建筑或风亭合建式。

车站出入口通道是乘客进出车站的咽喉，其位置的选择和规模大小应满足城市规划和交通的要求，并应便于乘客进出站。地铁车站出入口平面一般有“一”字型、“L”型、“T”型三种基本型式和由基本型式变化的其他型式。

（三）车站风亭

埋设于地下的车站四周封闭，空气不流通。由于客流量大，机电设备多，站内湿度较大，空气较污浊，为了及时排除车站内的污浊空气，给乘客创造一个舒适的环境，需在轨道交通车站内设置环控系统，即通风和空调系统。

早期国内外修建的地铁工程，大多采用自然通风方式，即利用地面风、列车在隧道内运行的活塞风、站内外温差等来与地面空气进行交换，但这种通风方式效率比较有限，通风效果不好。随着社会的发展和科学技术的进步，在近期国内外修建的轨道交通车站中，逐步采用了以机械强制通风为主的通风方式，普遍采用了环控设备，车站内的温度和湿度得到了控制，地下环境得到了很大的改善。但环控设备的增加势必导致车站规模的增大。为了控制车站规模、缩短轨道交通车站的总长度、节约投资，部分环控设备可设在通风道内。

地下车站按通风和空调工艺要求设置活塞风井、进风井和排风井。活塞风井是为了站间隧道的通风而设置的。在车站一端设置一个进新风井和一个排风井，以及两个进出隧道的活塞风井。风井可以集中布置也可以分散布置，这取决于地面建筑的现状和规划要求。

地面风亭的设置应尽量与地面建筑相结合。对于单建的风亭，可采用敞口低风井，风井底部应设置排水设施，风口最低高度应满足防淹要求，开口处应有安全设置。单建或与其他建筑物合建的风亭，其开口部距其他建筑物距离应不小于 5 m。当风亭设于路边时，风亭开口底部距地面的高度应不小于 2 m。

地面风亭的位置、数量与采取的通风和空调方式有关，一般按周围地区环境及环控要求确定。车站出入口数量可根据进出站客流的数量和方向确定，首先要满足进出站客流的通过能力；其次，应尽可能照顾各个方向的客流，以方便乘客进出站。

任务二　城市轨道交通车站设备的分类

城市轨道交通车站系统运营设备所包含的范围比较广泛，具体包括自动售检票系统、自动扶梯及电梯系统、屏蔽门系统、火灾防护系统、通风空调系统、信号与通信系统、车站照明系统、给排水与环控系统、城市轨道交通 IBP 盘等。这些设备是城市轨道交通的“硬件”，是正常运营的物质基础，是安全的技术保证。城市轨道交通中采用了以计算机处理技术为核心的各种自动化设备，代替了人工的、机械的和电气的行车组织、设备运行和安全保证系统，从而使城市轨道交通运营更可靠、安全。

一、自动售检票系统

自动售检票（Automatic Fare Collection，AFC）系统用于自动售票、自动检票和自动统计与结算。它是集机械、电子、计算机应用、计算机网络管理、通信传输、票务政策、票务管理等功能于一体的控制系统和信息管理系统。AFC 系统通常由中央计算机、车站计算机、票房售票机、自动售票机、进/出闸机、验票机、车票等部分组成。

二、自动扶梯及电梯系统

自动扶梯和电梯设置在车站内和出入口。自动扶梯将地面上的乘客送入地下站台或高架站台，以及将地下站台或高架站台上下车的乘客送到地面。电梯、楼梯升降机主要为行动不方便的乘客提供一条出入城市轨道交通的无障碍通道，也可在设备更换维修时运输设备零部件。

三、屏蔽门系统

屏蔽门系统是为了在城市轨道交通地下车站达到节能与保护乘客安全的目的而设置的。为了起到保护乘客的目的，在高架车站常常设置全高安全门或半高安全门。屏蔽门系统主要由门体、门机、电源与控制等部分组成。其中，控制系统主要由屏蔽门中央接口盘、屏蔽门就地控制盘、门控单元，通信介质及通信接口构成。屏蔽门/安全门的控制系统可实现系统级控制、站台级控制和手动操作三级控制方式。

四、火灾防护系统

火灾报警系统（Fire Alarm System，FAS）可对城市轨道交通全线进行火灾探测、报警和控制。FAS 有中央和车站两级监控，并由图形控制中心系统、车站级火灾自动报警系统和现场设备组成。城市轨道交通的主变电站、变配电站、信号设备室及车站控制室等一些电子电气用房采用自动灭火系统进行保护。自动灭火系统由存储、输送灭火介质的网管子系统和探测报警的控制子系统组成，平时由自动灭火系统的控制子系统来监视防护区的状态，火灾时能自动报警，并按预先设定的控制方式启动灭火装置，达到扑救防护区火灾的目的。

五、通风空调系统

城市轨道交通地下车站的内部空气环境采用通风或空调系统进行控制，分为通风系统和空调系统。通风空调系统按控制区域不同，可分为隧道通风系统和车站通风空调系统两大部分。隧道通风系统可分为区间隧道通风系统和车站隧道通风系统。车站通风空调系统可分为车站公共区通风空调系统（大系统）、车站设备管理用房通风空调系统（小系统）和空调水系统。

六、信号与通信系统

城市轨道交通信号系统是城市轨道交通的重要设施之一，是确保列车的运行安全和提高行车效率的保障。而一个可靠的通信系统是其信息基础建设中的重要组成部分，是保证轨道交通系统运营效率和服务水平的综合性信息传递平台，是其他支持系统的基础。一个完整的轨道交通信息系统由多个子系统组成，包括通信传输子系统、图像监控子系统、数据网络子系统、无线调度子系统、电源子系统、时钟子系统等。

（一）信号

信号设备的主要作用是保证行车的安全和提高线路的通过能力，是城市轨道交通的主要技术装备，包括信号装置、连锁装置和闭塞装置等。信号装置是指示列车运行条件的信号及附属设备；连锁装置是保证在车站范围内行车和调车安全及提高通过能力的设备；闭塞装置是保证在区间内行车安全及提高通过能力的设备。城市轨道交通信号系统具有完善的列车速度监控功能、连锁关系不复杂、车辆段独立采用连锁设备、自动化水平高等特点。

在车站上，铺设有许多条线路，线路之间用道岔连接。列车在车站内运行的路径叫作进路。进路由道岔位置决定。进路要有信号机防护，道岔位置不对，或者进路上有车，防护此条进路的信号机就不能开放，从而保证列车运行安全。道岔、进路和信号三者之间相互制约、相互依存的关系称为连锁。实现连锁的设备叫作连锁设备。连锁设备是城市轨道交通的重要信号设备，用来在车站或车辆段实现连锁关系，建立进路和控制道岔的转换、信号机的开放及进路解锁，以保证行车安全。连锁设备分为正线车站连锁设备和车辆段连锁设备。连锁设备早期采用继电集中连锁，现在多采用计算机连锁。

（二）通信

通信是构成城市轨道交通各部门之间有机联系、实现运输集中统一指挥、行车调度自动化、列车运行自动化、提高运输效率的必备工具与手段。为保证城市轨道交通列车运行安全、可靠、准点，城市轨道交通必须配备专用的、完整的、独立的通信系统。

城市轨道交通通信网由光纤数字传输、数字电话交换、广播、闭路电视监控和无线通信等系统组成，包括传输系统、公务电话系统、专用电话系统、无线通信系统、广播系统、时钟系统、闭路电视监视系统和电源及接地系统。城市轨道交通通信按其用途不同，可分为地区自动通信、专用通信、有线广播通信、闭路电视、无线通信，以及子母钟报时系统、会议系统、传真及计算机通信系统；按信息传输的媒介不同，可分为有线通信和无线通信，有线通信又可分为光缆和电缆通信。地铁通信是既能传输语言又能传输文字、数据和图像等各种信息的综合数字通信网。

七、车站照明系统

动力照明供电范围为各车站、区间、车辆段、综合维修基地的所有动力照明用电及城市轨道交通物业用电。

八、给排水与环控系统

城市轨道交通给排水系统包括给水系统、排水系统和水消防系统。给水系统包括车站、区间生产和生活给水系统。排水系统由雨水系统、污水系统和废水系统组成。

为防止突发事故造成隧道破裂后江水、湖水涌进车站和地下区间而使事故扩大，在穿越河湖的地下区间进出水域两端的适当位置应设防淹门。防淹门包括闸门、门槽、启闭机、锁定装置和密封等部件。防淹门控制系统以每个门体为相对独立的控制子系统，以完成防淹门的开关门控制。在控制中心及相关车站可通过主控系统网络监视设备的运行状态。

九、城市轨道交通 IBP 盘

在城市轨道交通监控系统中，车站监控室内的综合后备控制盘（Integrated Back-up Panel，IBP）在越来越多线路中得到了应用，集中显示火灾自动报警系统（FAS）、环境与设备监控系统（BAS）、供电系统（PSCADA）、安全门系统（PSD）、自动售检票系统（AFC）、信号系统（ATS）、广播系统（PA）、闭路电视监控系统（CCTV）等主要设备的运行状态，并在紧急状态下对车站内相应的系统设备进行紧急操作。

任务三　城市轨道交通车站设备的现状及发展趋势

我国从 1965 年开始建设地铁，北京地铁 1 号线是我国依靠自身力量建成的第一条地铁，车辆和机电设备全部国产。改革开放后，北京、上海、广州等大城市开始加快轨道交通建设，上海地铁 1 号线、北京地铁复八线和广州地铁 1 号线相继开工建设，标志着我国轨道交通进入一个快速发展时期。我国城市轨道交通设备经过 10 多年国产化政策的实施，城市轨道交通车辆与机电设备国产化工作取得了很好的成绩，城市轨道交通建设单位面积投资大幅度降低（地铁造价每千米降低了 30% ~50%），城市轨道交通设备综合国产化率达到70%以上，设备价格和运行维护费用大幅度降低。此外，我国培育了一批城市轨道交通设备生产企业和科研院所，形成比较完备的轨道交通设备制造体系；大批产品实现了国产化，且部分国产化设备运行状况还优于进口产品，已开始销往国外市场。

一、我国城市轨道交通设备的现状

我国城市轨道交通设备的发展经历了启蒙、实践、调整3个阶段。由于车辆、信号、自动售票等系统的国产化工作进展不是十分理想，所以严重影响了综合国产化率的进一步提高。随着我国城市轨道交通建设的高速发展，应进一步加大力度支持国产化工作，创造国产设备应用条件，实现在同等条件下国产与进口设备的公平竞争。在车辆方面，为国产牵引和制动系统的装车运用提供有利条件；在信号、自动售票等方面，鼓励企业进行自住开发，并促成实际应用。同时，加快市场准入制度的建立，加大城市轨道产品标准体系的建设，为我国城市轨道交通车辆与设备的国产化工作进一步向前发展提供基础条件。

（一）城市轨道交通设备国产化取得的成绩

1. 初步达到设备国产化预期目标

已建成通车的广州地铁2号线和3号线，上海地铁3号线、4号线和5号线，北京城铁13号线和八通线，深圳地铁1号线，天津滨海线，大连快轨3号线，武汉轻轨1号线和南京地铁1号线，都认真贯彻执行城市轨道交通设备国产化政策，车辆与机电设备平均国产化率达到70%以上。供电、电扶梯、环境通风、综合监控和给排水设备等系统设备国产化率远高于70%，从而保证每条线路机电设备平均国产化率能达到70%以上。

2. 车辆和机电设备价格大幅度下降

自实施国产化以后，通过不断总结城市轨道交通建设经验，尤其是在项目研究、工程设计、施工组织、车辆及设备国产化等方面的经验，我国城市轨道交通建设造价已呈明显下降趋势。地铁造价从20世纪90年代初的7亿元/千米下降到90年代末的5亿元/千米；轻轨造价由4亿元/千米下降到2亿元/千米；车辆与机电设备投资占工程总投资比例下降到30%以下。

3. 提高了国内车辆与机电装备生产技术水平

由于国产化政策的支持，国内车辆制造企业通过技贸结合、技术转让、消化吸收和自主创新，完全掌握了铝合金车体和不锈钢车体、车内装修、转向架、车钩缓冲装置、基础制动、车门、贯通道、空调、广播、旅客信息和系统集成等设计和制造技术。根据国家统计局统计，2016年，我国铁路运输设备制造行业规模以上企业有776家；实现销售收入4155亿元，同比增长6.57%；实现产品销售利润608.1亿元，同比增长11.48%；实现利润总额348.7亿元，同比增长7.05%。此外，国内众多厂家能为城市轨道交通车辆、供电、通信、信号、自动售检票、电扶梯、综合监控、环控通风、防灾报警、给排水、车辆段设备等系统批量提供配套产品，初步形成比较完备的轨道交通设备制造体系，促进了城市轨道交通产业的发展。

4. 带动了相关产业经济的发展

为加快车辆和机电设备国产化步伐，国内已有许多厂家参加到车辆及机电设备部件国产化的市场竞争中来，促进了国内民族工业的发展，扩大了国内需求。车体铝合金型材生产，不但有定点企业西南铝合金加工厂，还有天津柯鲁斯铝型材公司、山东龙口丛林铝业集团和辽源麦达斯铝型材公司等，它们都可提供车辆用大型铝合金型材。其他车辆配套产品如车门、空调、采暖设备、列车广播、信息显示系统、通道、车内设备等都由国内厂家供货。此外，电扶梯、供电、车站监控、环控通风、防灾报警和给排水等系统设备也都由国内厂家供货。因此，这些车辆和机电设备配套厂家所提供的合格产品不但满足了城市轨道交通设备的需求，促进了企业的自身发展，而且还带动了相关产业经济的发展。

（二）车辆与机电设备国产化存在的主要问题

1. 部分系统设备国产化率未达到预期值

在城市轨道交通车辆与机电设备十大系统中，信号系统国产化率只有 50% ~ 60%，自动售检票系统的国产化率为 60% ~ 70%。深圳地铁 1 号线信号系统国产化率为 53.91%，通信系统国产化率为 54.6%，屏蔽门国产化率为 54.4%，火灾报警系统国产化率为 66%，车辆段设备国产化率为 72.9%。广州地铁 2 号线车辆国产化率为 61.83%，自动售检票系统国产化率为 62.5%，屏蔽门国产化率为 77.2%。由于这些设备系统国产化率偏低，所以，设备综合国产化率只能徘徊在 70% 左右。

2. 车辆与机电设备关键技术尚未完全国产化

（1）车辆：车辆国产化率虽然达到 70% 的目标，但牵引传动和控制技术仍掌握在西门子、阿尔斯通、庞巴迪、东芝等几家大公司手中，制动关键技术仍掌握在克诺尔、NABCO 等公司手中，这些公司的产品占有国内绝大部分市场份额。A 型车的总体设计仍由国外供货商负责，且其列车试验仍由国外公司主导。

（2）信号系统：国内城市轨道交通信号系统全部采用国外的信号系统，主要由世界上的信号系统供货商 USSI、西门子、西屋、阿尔卡特和阿尔斯通等公司提供，国产化率只有 50% 左右，关键技术仍控制在国外公司手中。北京地铁采用了以西屋公司设备为主的信号系统。上海地铁 1 号线引进了美国 GRS 公司的信号系统，2 号线引进了 USSI 公司的信号系统，明珠线引进了阿尔斯通公司的 SACEM 系统。广州地铁 1 号线和 2 号线的信号控制设备是德国西门子公司的产品，3 号线则引进了阿尔卡特的 SELTRAC 信号系统。这将出现同一城市信号系统引进多国多制式、各线互不兼容的状况，既不利于系统资源统一调度、维护和管理，也不利于引进技术国产化。

（3）AFC 系统：城市轨道交通 AFC 系统国产化是用户和系统集成商共同关注的问题。纵观我国目前的轨道交通 AFC 市场，系统设备的国产化正逐步推进，国际知名的专业厂家为获得中国市场的更大份额，纷纷与国内厂家联手，在中国制造高品质的 AFC 现场设备，一些核心部件也逐步实现国产化，形势非常喜人。国内的集成商有深圳现代、北大方正、上海邮通、上海华虹、沈阳新松等，都能承担 AFC 系统工程任务，但关键技术主要是终端设备和应用软件，仍靠引进。终端设备中的硬币处理模块、纸币处理模块、门挡装置、读卡器编码分析机及终端设备控制软件，仍由国外供货商提供。

与此同时，国内目前还没有非常成熟的城市轨道交通 AFC 系统软件开发商，原因在于开发商必须具备丰富的票务管理经验并将其融入程序设计中，而不是简单地按业主的需求编程序。目前，国外的专业厂家对于软件设计并没有开放，导致用户在项目维护和升级方面对其依赖性很强，而国内厂家也暂时无法提供很有效的帮助。

鉴于这种情况，国内的 AFC 设备厂家和系统集成商应主动寻找合作机会，以弥补系统开发能力不足的缺陷，使 AFC 系统国产化得以全面实现。

（4）屏蔽门：根据目前国内地铁既有屏蔽门的情况，以及国内屏蔽门生产厂的技术水平，屏蔽门的生产厂均采用与国外厂商合作的方法，为城市轨道交通屏蔽门系统提供设计、生产、销售、安装及售后服务。但是设备关键部件，如门机、主控制、门控单元及控制系统等仍由国外进口，核心技术仍由外国公司掌握。其他设备系统也有部分关键技术（主要有通信系统的传输网络和数字集群设备、供电系统的直流 1500 V 快速开关设备和分段绝缘器、综合监控系统的服务器和系统软件等）仍由国外公司控制，产品尚未实现国产化。

3. 部分系统研发应用进度缓慢

这一点主要体现在交流牵引传动与控制系统、制动系统、信号系统国产化工作进展缓慢，此处不加赘述。

4. 城市轨道交通系统市场准入制度尚未建立

城市轨道交通属于安全性要求极高的运行系统，如何有效地保证符合安全要求和质量要求、具有我国自主知识产权的车辆和机电设备产品及其服务进入城市轨道市场，并充分利用世界贸易组织（World Trade Organization，WTO）框架下的技术贸易壁垒协议（Technical Barriers to Trade，TBT）和相关国际惯例，保护自己的合法权益，必须建立一套完善的城市轨道交通市场准入制度。我国城市轨道交通市场准入制度尚未建立，车辆和机电设备采购基本采用甲方采购、甲方验收的合同方式。一些业主认为国外产品可靠、技术先进，只由供应商委托国外认定机构认定即可，而无须再经过国内进行合格认定。对国内研发的具有自主知识产权的车辆与机电设备产品，由于没有专门城市轨道交通产品认可条例遵守，也没有得到相应的认证机构认可，所以，业主单位难以冒安全和质量风险使用国内已开发成功的车辆和机电设备产品。

5. 产品技术标准制定、修订工作滞后

城市轨道交通设备技术标准是进行车辆与机电设备国产化的前提。虽然已经制定多项城市轨道交通国家标准和行业标准，如地铁车辆通用技术条件等。这些标准在车辆和机电设备产品国产化中已成为指导性文件，但是在标准数量和质量上还远不能满足城市轨道交通发展的要求，在信号、通信、自动售检票、屏蔽门、电扶梯等些关键设备和产品上还缺乏标准，只能引用其他国家的相关标准。

二、城市轨道交通设备的发展趋势

《2018—2023 年中国城市轨道交通市场调查及未来前景预测报告》显示，“十三五”期间在建城市和运营城市数量较“十二五”翻番，预计将有 80 个以上城市同时建设城轨交通；在建线路 6000 公里左右，新建里程 3000 公里左右，比“十二五”增加50%，预计对应投资将达1.7万亿~2万亿元，比“十二五”完成投资1.15万亿元增长50%~70%。

2016年7月13日，发展改革委、交通运输部和铁路总公司正式印发《中长期铁路网规划》。本次规划期限为2016—2025年，远期展望到2030年。计划到2020年，一批重大标志性项目建成投产，铁路网规模达到15万公里，其中高速铁路3万公里左右，网络覆盖80%以上的大城市。到2025年，铁路网规模达到17.5万公里左右，其中高速铁路3.8万公里左右，网络覆盖进一步扩大，路网结构更加优化，骨干作用更加显著，更好发挥铁路对经济社会发展的保障作用。展望到2030年，基本实现内外互联互通、区际多路畅通、省会高铁连通、城市快速通达，县域基本覆盖“十三五”规划预计投资3.5万亿~3.8万亿，较十二五（2.8万亿）提升25%~35%，与“十二五”完成额（3.58万亿）大致持平，其中基建投资近3万亿，较“十二五”规划（2.1万亿）提高近43%。

（一）国际发展趋势

以动车组为例，从各国动车组的发展情况和运用经验可以看出，目前动车组的发展趋势具有以下几方面的特点：

1. 车内环境和设备不断改善，旅客乘坐的舒适度和受到的服务质量有所提高

车体结构和动力设备不断轻量化。车体结构和部分机械零部件大量采用铝合金、大型挤压型材、蜂窝结构和高分子复合材料等新材料、新工艺，在保证强度的前提下大幅度减轻重量，例如，日本500系列车轴重已降到108 kN左右。减轻车体及设备重量，一方面可以增加载客量（如日本E4系双层客车，单节车厢定员达到133席），另一方面可以减轻轴重，降低线路维修费用。

2. 动力牵引传动系统向功率大、体积小、重量轻、可靠性高和成本低方向发展

这种发展方向主要是源于新型电力电子器件和现代控制技术的发展应用。针对轮轨黏着系数随速度提高而下降的物理现象，在轮轨黏着牵引力的限制下，车辆不得不增加动力轮对数量，自然形成向动力分散布置方向发展。例如，原采用动力集中方式的德国ICE列车，开发的ICB－3改为动力分散型；法国也已将铰接式拖车转向架发展成为动力转向架，设计了动力分散式AGV列车。所以，动力分散布置型高速列车是列车增加载客量、提高速度、提高加速能力提高运输能力和降低运输成本的需要。

3. 速度不断提高

这一点表现在以提高试验速度为基础，不断提高运营速度，将列车的安全防护系统通过网络通信技术与轨道的安全保障系统，列车检修、运用系统构成统一的运营系统，实现列车运行及安全保障自动化，提高列车使用效率，降低运营成本。

4. 环境保护是制约轨道交通发展的一大难题

除提速、节能之外，降噪、减振是轨道交通技术进步的另一个方向。各国轨道交通技术竞争的重点在节约能耗、降低轨道噪声、降低生命周期成本及其他全方位的比较上。

（二）国内技术发展趋势

2006 年 2 月 9 日，《国家中长期科学和技术发展规划纲要（2006—2020 年）》正式发布实施，对轨道交通技术的发展提出了具体要求：重点研究开发轨道交通、大型桥梁、隧道和综合立体交通枢纽等高难度交通运输基础设施建设和养护关键技术及装备；重点研究开发高速轨道交通控制和调速系统、车辆制造、线路建设和系统集成等关键技术，形成系统成套技术；开展工程化运行试验，掌握运行控制、线路建设和系统集成技术；重点研究开发重载列车、大马力机车、特种重型车辆、城市轨道变通等新型运载工具。

开展城市快速轨道交通及新型交通系统成套技术研究的作用是提升我国城市轨道交通的整体技术水平，完成本行业的技术跨越，打破国外的技术垄断，促进行业发展。

技术研发的总体目标是提升轨道交通的整体建造及技术装备水平；形成标准化、模块化的系统模式体系及标准体系；实现城市轨道交通智能化、信息化及无人驾驶卫星定位控制；建立整套高度智能化的事故防范预警系统和应急疏散系统；建立多数据源的城市轨道交通三维数据库；建立便捷、安全、环保、节能、低维护的新型交通体系，使城市轨道交通成为城市交通的骨干方式，并带动相关经济及行业的发展。

项目习题

1. 简述城市轨道交通车站的概念和分类。
2. 简述车站通信和信号系统的组成。
3. 简述城市轨道交通车站设备的发展趋势。

项目二　车站自动售检票系统

项目导学

自动售检票（Automatic Fare Collection，AFC）系统是基于计算机、通信、网络、自动控制等技术，实现轨道交通售票、检票、计费、收费、统计、清分、管理等全过程的自动化系统，是城市轨道交通系统中的运营核心子系统，是国际化大城市轨道交通运行中普遍应用的现代化联网收费系统。随着自动售检票系统的启用，乘客现在可以通过各入口处的自动售票机购买电子票。目前，上海、北京、广州、天津、深圳、南京等大城市的轨道交通地铁站都广泛使用了 AFC 系统作为重要客运管理应用，更多的应用场合包括电影院、体育馆、歌剧院、火车站、机场等。

我国城市轨道交通车站自动售检票设备的发展经历了从无到有的过程，最初全部是来自国外，近年来我国已进行了大量的研发，提供了多种形式的产品，技术水平也在不断提高。随着计算机技术和软件的发展，我国大多数城市的轨道交通 AFC 系统已与城市一卡通系统接轨，并具备与城市公交一卡通进行自动收益清分能力的电子支付系统，实现城市内甚至城市之间的一卡通，为广大市民出行提供了极大的票务便利。自动售检票系统是城市轨道交通系统发展的一个趋势，也是城市信息化建设的一个重要体现。

学习目标

知识目标：掌握车站自动售检票系统的架构层次；理解车站自动售检票系统各层次的主要功能；了解车站自动售检票终端的内部组成；掌握车站自动售检票终端的功能；掌握自动售检票机的设备处理和维修。

能力目标：具备车站自动售票机的操作能力。

素质目标：具备售票员岗位应具备的一定的岗位能力和技能要求。

任务一　车站自动售检票系统的组成及功能

目前国内外城市轨道交通已建和在建线路的 AFC 系统都是按照“系统结构简单、扩充灵活、经济合理、管理方便”的原则设计，基于此原则构建的五层架构 AFC 系统已经是目前国内外各城市的主要设计方案，并大量开花结果，如在广州、上海等城市地铁中已广泛应用。

AFC 系统的层次结构是按照全封闭的运行方式，以计程收费模式为基础，采用非接触式 IC 卡为车票介质，根据各层次设备和子系统各自的功能、管理职能和所处的位置进行划分的。五层架构 AFC 系统总体结构如图 2-1 所示。

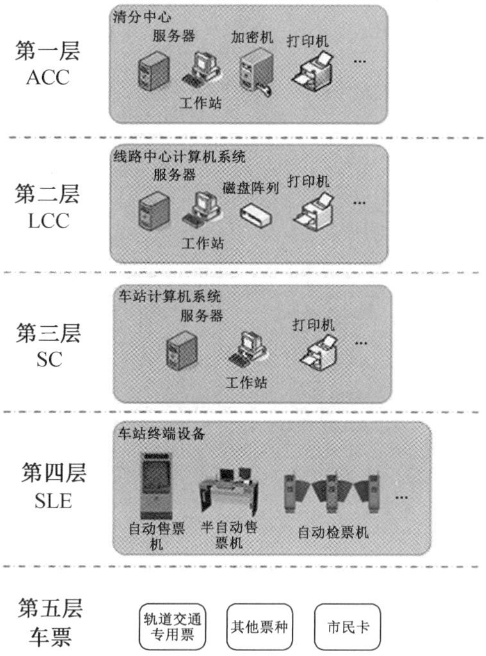

图 2-1 五层架构 AFC 系统总体结构图

第一层是轨道交通清分中心，第二层是线路中心计算机系统，第三层是车站计算机系统，第四层是车站终端设备，第五层是车票。主要设备包括中央计算机（或线路中央计算机）、系统工作站、编码分拣机、车站计算机、自动售票机、自动检票机、自动查询机、半自动售票机、便携式验票机等。

一、轨道交通清分中心（AFC Clearing Center，ACC）

ACC 为各线路统一制定、发行和管理轨道交通专用车票，实现互联互通，并实现城市公共交通一卡通系统在地铁各线路中的应用（即“一票通”和“一卡通”），负责对各联网线路“一票通”收益作清算、对账、系统安全管理及有关数据处理等和各联网线路与 IC 卡公司之间的“一卡通”清算、对账等业务。ACC 作为城市轨道交通线网 AFC 系统最上层的管理中心，它代表所有轨道交通线路负责向其他部门和单位进行票务事宜的联系和协调工作。在正常运营情况下，ACC 对各线路运营起监控作用并提供协调各线路的票务服务，在降级情况或紧急情况下，ACC 负责协调各线路的运营。

ACC 是 AFC 系统联网收费清分中心，负责轨道交通“一票通”、“一卡通”所必需的运行管理。它制定所有与 LCC 接口相关的接口及 AFC 系统的技术标准和业务规则，ACC 对各个线路进行统一的业务规范管理（通过参数制定统一的交易规则、清算规则)、票务管理（票卡格式制定、票卡采购、制票与分发)、安全管理（SAM 卡发行、安全认证)，并实施清算（轨道交通与公交“一卡通”系统之间的清算、ACC 与各轨道交通线路之间的清算)。就清分系统本身而言，由收益清分管理需要确定功能定位，决定了系统的架构和设备组成。ACC 主要由中央清算系统、制票系统、密钥系统、运营管理系统、数据交换系统、报表管理系统、异地容灾系统、不间断电源系统、网络管理系统、系统维护与开发系统、测试系统等组成，其总体逻辑构架、地理位置和数据工作流分别如图 2-2、2-3、2-4 所示。

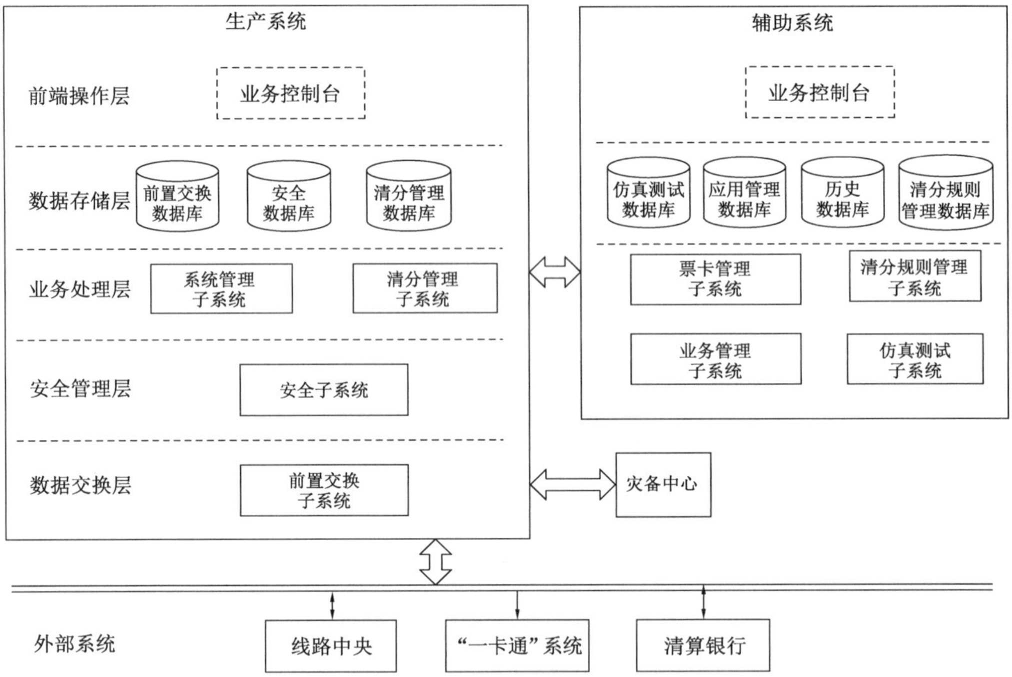

图 2-2　ACC 系统总体逻辑构架

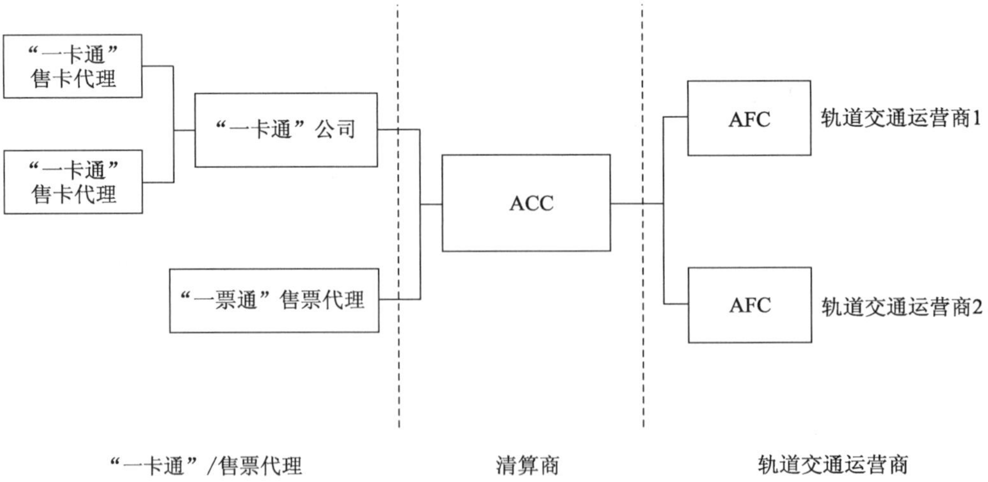

图 2-3　ACC 系统的地理位置

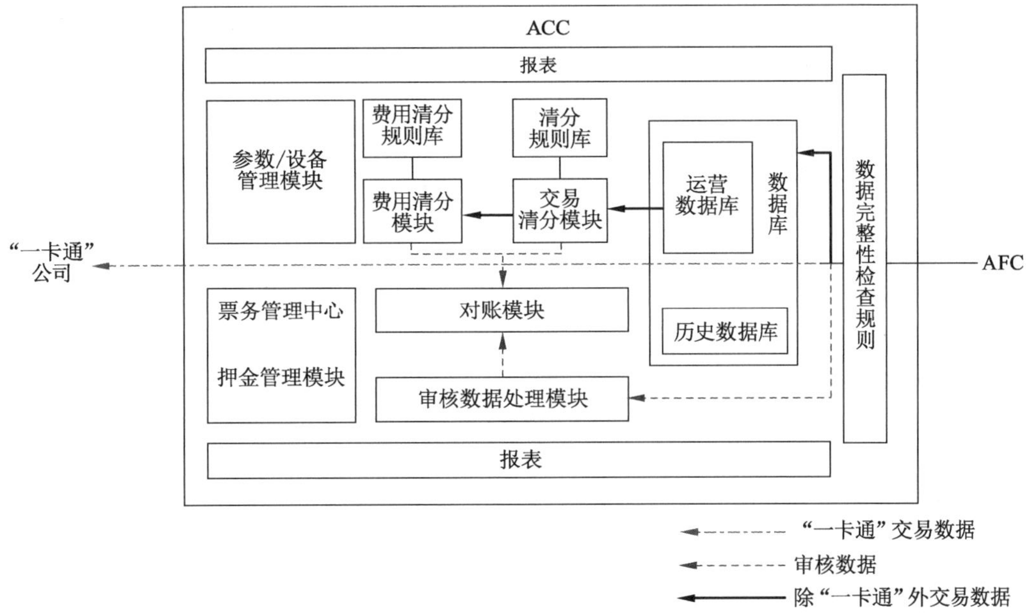

图 2-4 ACC 系统的数据工作流

ACC 的具体功能主要包括以下几个方面：

① 负责轨道交通与公交“一卡通”系统的清算对账及轨道交通各线路间的清分对账；

② 下设票务管理中心，负责轨道交通各线路统一的票务管理、车票调配及车票跟踪；

③ 实现设置并下载票价表、费率表、车票种类、运营模式、联乘优惠率等参数；

④ 完成 ACC 内部及接入系统间的网络管理；

⑤ 提供与 LCC 系统、“一卡通”系统及其他系统相连的接口；

⑥ 提供系统标准时钟；

⑦ 接收、生成、上传、下载黑名单；

⑧ 根据有关规定建立安全密钥体系，产生系统密钥，进行密钥管理；

⑨ 发行系统内使用的 SAM 卡，完成交易数据 TAC 码认证；

⑩ 入网设备注册、认证及授权。

二、线路中心计算机系统（Line Center Computer，LCC）

线路中心计算机系统是整个系统承上启下的重要环节，完成数据交易、审核、统计、传送等工作，收集本线路 AFC 系统产生的交易和审计数据，并将此数据传送给城市轨道交通清分系统及与其进行对账，规定了对该线路的车票票务管理、运营管理及系统维护的技术要求。在实际工程应用中，LCC 主要由结算系统、线路运营管理系统、数据交换系统、报表管理系统、网络管理系统、网络设备及各部门操作工作站（包括票务管理、财务管理、计划管理、审核管理等终端工作站）、打印机等组成。

其中，结算系统主要由 AFC 主服务器和历史数据服务器等设备组成。此外，还需配置磁盘阵列、磁带库等外部存储设备。线路运营管理系统主要包括线路运营管理服务器及工作站等。数据交换系统由数据交换服务器、前置通信服务器组成，数据交换服务器是 LCC 与 ACC 之间进行交易数据上传、下载参数传递、清算对账等数据交换的平台，管理 LCC 与 ACC 互联的通信接口，具有硬件接口、软件协议转换的能力，前置通信服务器则是 LCC 与 SC 间进行数据交换的平台。报表管理系统包括报表服务器、报表查询工作站等。网络管理系统包括网管服务器、网管工作站等。网络设备包含网络交换机、路由器、防火墙、入侵检测系统等，为了能够保证本系统 LCC 与 ACC 等其他系统有效通信，需设置两套路由器，用于规划本系统对外的路由管理。

线路中心计算机系统具有对本线路区域内的 AFC 系统设备进行监控、票款清算、对账、数据审核、设备维护、管理等功能，主要功能如下：

① 接收 ACC 下载的车票种类、票价表、运营模式等参数并通过 SC 下载到 AFC 车站终端设备；

② 能自动采集各车站上传的各种交易数据，产生各种报表，审计每站每日票务、核准所售票值及现金数额、统计分析票务数据、客流分析、财务记账和结/转账管理、查询和报表处理，完成与 ACC 清算对账和收益管理的工作，为运营管理决策提供有效依据；

③ 运营管理：对 AFC 车站终端设备进行管理，下载运营参数、运营模式、控制参数、同步时钟、黑名单等，含操作权限和设备运行状态监控等，并能建立维修档案、向维修部门反馈各车站 AFC 车站终端设备故障报警信息和故障类型；

④ 通信处理：线路中心计算机系统通过通信专业的通信传输网与各车站计算机进行数据传输及交换；

⑤ 时钟校对功能：能接收清分中心下载的时钟信号、自动校对本地主机时钟，同时实时下发给各车站计算机系统；

⑥ 权限管理：设置工作站，管理和设置操作权限，负责系统内各层面操作权限的设置和管理；

⑦ 系统电源中断时，依靠 UPS 的供电，能保证系统正常工作一定时间。

三、车站计算机系统（Station Computer，SC）

车站计算机系统是 AFC 系统中的重要组成部分，在整个 AFC 系统中，车站计算机系统负责对本车站内部的所有设备进行实时监控，并可对车站 AFC 系统运营、票务、收益、维修等功能进行集中管理。车站计算机能够收集、处理车站内各类数据，并上传到 LCC，接收 LCC 下传的各类系统参数，并下载到车站各终端设备；可接收 LCC 下达的系统各类命令，并下传到各终端设备，同时可根据需要自行向车站设备下达控制命令，并将该操作记录上传到 LCC。

车站计算机系统主要包括车站服务器、监视管理工作站、票务工作站、维修工作站、紧急按钮控制箱、打印机等。其中，车站计算机系统工作站和服务器之间，以及各 SLE 与车站服务器之间通过车站以太网连接，并通过轨道交通通信骨干网与中央计算机系统相连，完成数据的上传和下载。

车站计算机系统的主要功能有：

① 对车站设备的操作控制，包括关闭、开启及设置工作模式等；

② 监视车站 AFC 设备运行状态；

③ 采集、保存相关信息；

④ 提供车站一级的票务统计，能以要求的格式和内容进行车站报表打印；

⑤ 自动完成与中央计算机及各终端设备的时钟同步；

⑥ 与中央计算机实时通信，实时中央数据下载、下发和车站数据上传。

四、车站终端设备（Station Level Equipment，SLE）

AFC 系统的服务功能主要是通过设置在车站现场的自动售检票设备来进行完成的，车站终端设备安装在各车站的站厅，是直接为乘客提供售检票服务的设备。按应用分类，车站终端设备主要包括自动售票机、半自动售票机、自动检票机（进站自动检票机、出站自动检票机、双向自动检票机）、自动查询机等。

（1）自动售票机（Ticket Vending Machine，TVM）：TVM 一般被安装在非付费区内，主要用于乘客自助式购买轨道交通单程票及对轨道交通储值票进行充值操作，同时自动售票机通过车站局域网与车站计算机连接，接收有关参数及控制命令，同时上传有关的交易、现金、钱箱更换、票箱更换及设备状态等数据。

（2）半自动售票机（Booking Office Machine，BOM）：BOM 为功能较全面的终端设备，设于车站售票亭和补票亭。半自动售票机可以同时向付费区乘客提供售票服务和向非付费区的乘客提供补票服务，也可以只向付费区或非付费区乘客服务，具体根据其所在票亭位置的不同，通过设置来实现其向乘客提供不同的服务。

（3）自动检票机（Automatic Gate Machine，AGM）：AGM 包括进闸机、出闸机、双向闸机，自动检票机设在公共区付费区和非付费区的分隔带上。自动检票机满足乘客右手持票快速通过闸机，同时通过车站局域网与车站计算机连接，接收有关参数及控制命令，并上传有关的交易、班次及设备状态等数据。在时段客流方向明显的车站，如果站厅面积狭窄，可根据实际情况设置可调的双向闸机。

（4）自动查询机（Ticket Check Machine，TCM）：TCM 一般被安装在非付费区，主要是供乘客自助查看车票的信息及有效性，显示车票基本信息（票种、车票有效期等）及车票内记录的使用历史（交易类型、交易时间、交易地点、交易金额等），同时读取过程不修改车票上的任何数据。

（5）便携式验票机（Portable Ticket Check Machine，PTCM）：PTCM 是供票务及稽查人员使用，以方便其随时随地检查乘客车票及车票的交接。便携式验票机的主要功能包括：对各种车票进行限时、限程的有效性核查；对越站、超时及无效票除有显示外，还具有声音提示；可检验轨道交通及公交“一卡通”系统发行的车票；具备乘客显示屏显示车票的有效期、余值、历史交易等信息；可与车站计算机或工作站连接，接收有关参数等功能。

五、车票

城市轨道交通常用的车票种类有：单程票、储值票、乘次票、出站票、纪念票、赠卡、员工票、测试票等。车票是记录乘客乘车信息的媒介和载体，能记录车票的系统编号、安全信息、车票种类、个人信息、进出站信息、金额、有效期、历史交易记录等信息，与车站售检票终端设备共同完成系统自动售检票功能。

单程车票目前常见的车票主要分为三种：纸质车票、磁卡车票和智能卡车票。

1. 纸质车票

常见的纸质车票有普通纸票和条形码纸票。

（1）普通纸票。普通纸票是指将车票的所有信息都直接印制在车票上，由票务人员视读确认。

（2）条形码纸票。条形码纸票是将车票的相关信息通过条形码编码存储，由条形码扫描仪完成信息识别，标识的信息只供读取而不能改写。

2. 磁卡车票

磁卡车票是指在基质上设置磁记录区域，通过磁性载体记录有关信息，由磁卡读写设备获取相关信息。磁卡车票是可以修改的。常见的磁卡车票有单程磁卡和储值磁卡。

3. 智能卡车票

智能卡车票是将车票的所有信息储存在车票的集成电路中，由智能卡读写设备获取相关信息。信息存储量大且可修改。智能卡按其与外界数据的交换方式分为接触式卡和非接触式卡。

任务二　车站自动售检票终端的原理及操作方法

AFC 系统开通后增加了自助服务功能，一是在原有人工售票基础上，增设了自动购票机，实现了乘客自助购票，并减少了排队等候的时间；二是增加了自动查询机的数量，方便乘客自助查询；三是增设了“一卡通”卡自动充值机，实现自助充值，方便乘客。

售检票系统扮演着售票员、检票员、统计员、审计员等角色。整个系统以票卡为基础，利用计算机管理购票、检票、计费、收费、统计的全部过程，可减少票务管理人员的投入；减少人为造成的差错；加快售检票速度，也为乘客带来了便捷。

一、自动售票机

（一）自动售票机的组成

自动售票机（TVM）设于车站非付费区，用于乘客自助式购买地铁单程票和对储值票进行充值。自动售票机主要以主控单元，辅以现金处理装置、车票处理装置、乘客显示器、打印机、电源等模块组成，根据需要，配置触摸屏、运营状态显示器、银行卡读写器及密码键盘等部件。自动售票机外观结构如图 2-5 所示，自动售票机内部结构如图 2-6 所示。自动售票机结构说明如下：

① 电源模块：直流开关电源，为内部各模块提供直流电。

② 不间断电源：外部供电异常时保证最后一笔交易的完整性。

③ 硬币模块：接收乘客投入的购票硬币及实现硬币找零。

④ 纸币模块：识别并接收购票或充值的纸币，逐张插入或返还（最多 15 张）。

⑤ 维护面板：操作员登录接口，通过其实现设备检测维修及运营结账。

⑥ 凭条打印机：打印充值交易凭证及运营维护信息。

⑦ 票卡发售单元：对单程票进行赋值、发放，单次最大张数可进行设定。

⑧ 主控单元（也称为工控机）：负责运行控制软件，完成车票处理、现金处理显示、数据通信、状态监控等功能。

图 2-5　自动售票机外观结构图

图 2-6　自动售票机内部结构图

（二）自动售票机的功能

自动售票机的基本功能是通过乘客的自助式操作完成自动售票。自动购票的基本过程包括购票选择、接收购票资金、自动出票及找零等，在必要时还可以打印充值凭证等。自动售票机可接收硬币和纸币，可以购买单程 IC 票卡，也具有对“一卡通”和地铁专用储值票进行充值的功能。同时，自动售票机预留了银行卡的数据接口和电气接口的物理空间，方便支付方式的扩展。自动售票机主要实现如下功能：

① 接受乘客的购票选择，并在购票过程中给出提示信息及操作指导；

② 可以接收乘客投入的现金（或储值票、信用卡等其他付费介质）并自动完成识别，对无法识别的现金（或储值票、信用卡）予以退还；

③ 自动计算乘客投入的现金数量及购票金额，自动找零；

④ 自动完成车票校验、车票发售及出票；

⑤ 对各部件的工作状态进行自动监督，并向车站计算机系统上报工作状态；

⑥ 接收车站计算机系统下发的参数和控制命令，并执行相应的操作；

⑦ 存储并上传交易信息；

⑧ 对本机接收的现金及维护操作进行管理。

（三）售票机的操作方法

1. 购票方法介绍

第一步：选择地铁线路，如图 2-7 所示。

站在自动售票机前，可以看到地铁网络化运营的线路图，用手指轻触要去往的地铁线路，就会出现该条线路的界面。

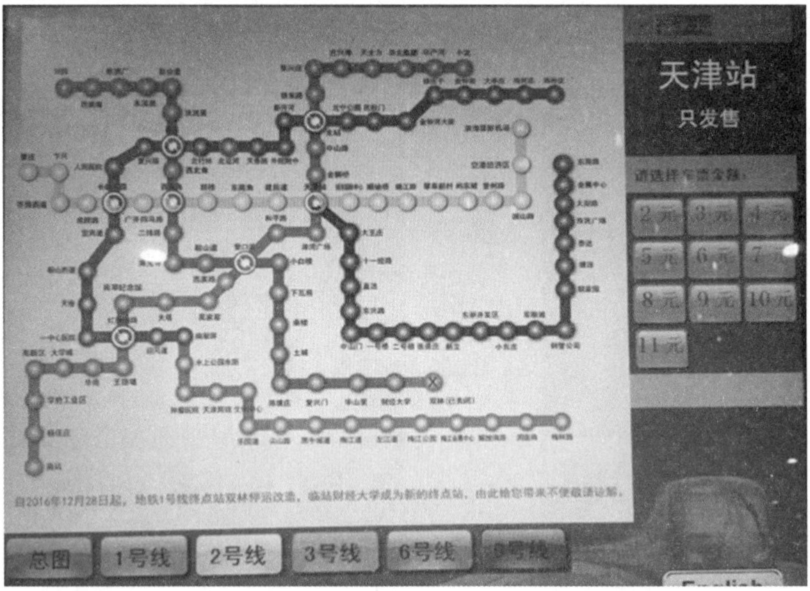

图 2-7　地铁线路图

第二步：选择目的地车站，如图 2-8 所示。

选择完线路后，就进入整条线路的画面，用手指轻触目的地车站的站名，就会出现购票的界面。

温馨提示：必须准确点击车站站名的触点。

图 2-8　整条线路图

第三步：选择购票数量，如图 2-9 所示。

选择完车站后，进入购票界面。在屏幕左方将显示“目的车站”“车票单价”“应付金额”等信息，右方可直接选择所要购买的车票数量。

温馨提示：操作过程中如有错误，可以按屏幕下方蓝色的“交易取消”按钮，以取消正在进行的操作。

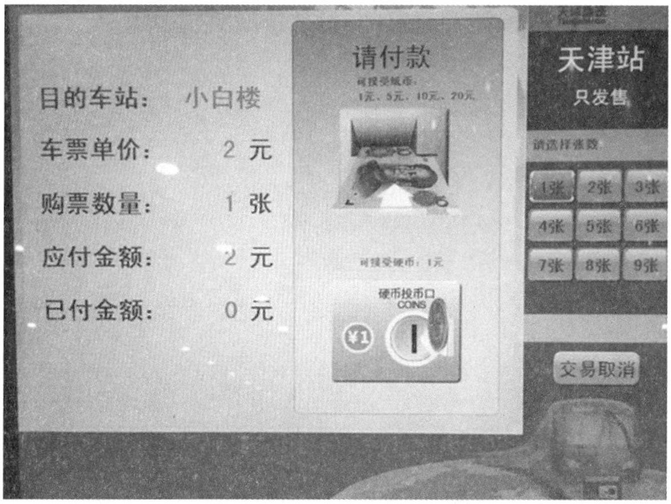

图 2-9　购票选择

第四步：付款，如图 2-10 所示。

根据屏幕中显示的“应付金额”，将纸币或硬币投入自动售票机右上方的车费投币口。

温馨提示：屏幕上方会提示可以投入的人民币面值和硬币面值；投放纸币时，请注意纸币的平整。

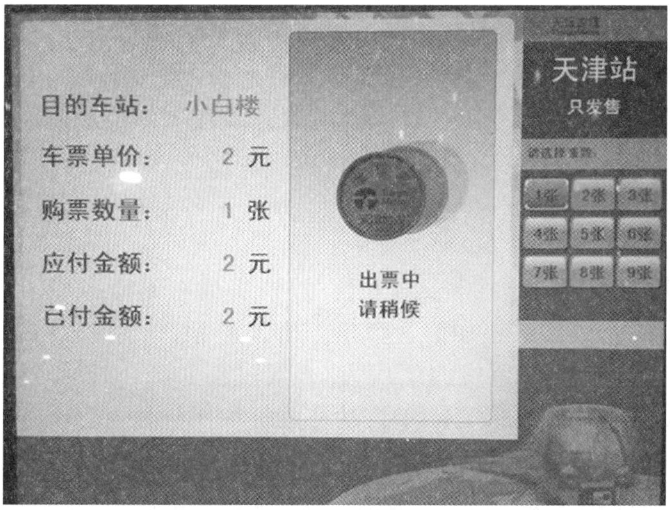

图 2-10　付款出票

第五步：取走车票和找零，如图 2-11 所示。

待车票及找零全部落入托盘后再取出，以避免车票及找零散落到地面上。

图 2-11　取票和找零

2. 充值操作介绍

第一步：在主界面右下方选择充值按钮，切换到充值界面，提示插入储值卡，此时选择线路按钮和地图按钮均无效。

第二步：将储值卡插入面板上的插卡口，系统会自动识别卡的类别，此时按取消按钮可取消当前的充值操作，并退出乘客储值卡。

第三步：根据界面提示，输入充值金额，提示投入充值现金，通过纸币接收器支付充值款。此时按“取消”按钮可取消当前的充值操作，将返还乘客投入的所有现金并退出乘客储值卡。乘客投入纸币后，纸币接收器将对面额进行识别；如果乘客放入其他面额的纸币，或其他不可识别的货币，纸币接收器将拒绝接受。

二、半自动售票机

半自动售票机（BOM）通常安装在售/补票房或车站服务中心内，采用人工方式完成票务处理、车票发售、加值、车票分析（验票）、退票及其他票务服务。因此，BOM 又称为人工售/补票机或票房售/补票机，如图 2-12 所示。功能单一的半自动售票机应部署于非付费区，而半自动补票机则用于付费区内服务。功能结合的 BOM 机可以同时为非付费区与付费区服务，兼顾售票及补票功能，使用同一车票处理设备，但需对两个区域分别设置单独的乘客显示器，分别处理不同区域的乘客服务。

图 2-12　半自动售票机

（一）半自动售票机的功能

BOM 机是在车站中以人工方式为乘客提供服务的售/补票设备，放置于车站售票和补票室内，BOM 机的主要功能是：售票、补票、充值、更新、替换、退款、记名车票申请、车票挂失、车票分析、车票处理、车票查询、收益管理、审核、报表、打印、操作员操作和间休等功能。半自动售票机通过网络与车站计算机连接，可以接收车站计算机下达的各种参数和指令，也可以向车站计算机及线路中心计算机上传各种数据，还具备离线、在线状态自动检测切换的能力。

（二）半自动售票机的结构组成

BOM 机以主控单元为核心，辅以车票读写器、乘客显示器、打印机、电源等模块，可以根据需要配置触摸屏、车票处理装置、银箱等部件，主控单元可选用高可靠性工业级计算机设备，也可以选用高档的商用计算机，需要具有丰富的外部接口以支持外部设备的连接，并需要保留部分接口以支持未来设备的扩展。BOM 机可以使用鼠标、键盘等通用输入设备，也可以配置触摸屏。半自动售票机还可以配置支持自动发售车票的车票处理装置以完成车票自动发售功能。自动发售车票的车票处理装置与自动售票机中的车票处理装置类似。在接收到主控单元的命令后，可以自动完成供票、车票读写及出票功能。

半自动售票机的主要结构见表 2-1。

表 2-1　半自动售票机的主要结构

序号	名称	说　明
1	主控单元 MCU	BOM 专用主机，采用工业型计算机
2	电源模块	为 MCU、TIU 及 MCU 外围设备提供电源
3	IC 卡发售单元 TIU	发售单程 IC 卡地铁票
4	操作员显示器	触摸式液晶显示器，方便票务员操作
5	票据打印机	为购票、充值乘客打印数据

续表

序号	名称	说　明
6	IC 卡读写器	读写 IC 票
7	乘客显示器	为乘客提供文字信息

三、自动检票机

自动检票机，简称闸机（AGM），位于非付费区和付费区中间，是实现乘客自助进出站检票交易的设备。对有效车票，自动检票机通过门扇开启或释放转杆，实现通道阻挡解除，允许乘客进出站，如图 2-13 所示。

图 2-13　自动检票机

（一）自动检票机的分类

自动检票机根据功能的不同，可以分为进站检票机、出站检票机和双向检票机三种。其主要功能是检查乘客所持车票的有效性，即检查该车票是否为本运输系统的车票是否有值，是否在有效期内，是否有信息码等？如果检查结果符合上述条件，则闸机在该车票上记录时间、站号、设备号，编上信息码等，提示乘客是进站、出站还是去补票亭更新。

1. 进站检票机

乘客按照指示将车票（非接触式 IC 卡）放到进站闸机的非接触式 IC 卡读写器天线（简称“读写器天线”）上。进站闸机将对车票进行有效性检查，如果车票有效，进站闸机将提示并准许乘客进入付费区；如果车票无效，进站闸机将给出相应的声音和文字提示，不准许乘客进入付费区并且引导乘客到票务处。

2. 出站检票机

单程票乘客在完成旅程离开付费区时，必须将单程票塞入出站闸机，出站闸机对车票进行有效性检查。如果车票有效，出站闸机将回收单程票，并提示和准许乘客离开付费区；如果车票无效，出站闸机将给出相应的声音和文字（图形）提示，不准许乘客离开付费区，并且引导乘客到票务处。

持其他票种的乘客在完成旅程离开付费区时，必须将车票放在出站闸机的读写器上，出站闸机对车票进行有效性检查。如果车票有效，出站闸机将提示和准许乘客离开付费区；如果车票无效，出站闸机将给出相应的声音和文字提示，不准许乘客离开付费区，并且引导乘客到票务处。

3. 双向检票机

双向检票机既可完成进站检票也可完成出站检票，在非付费区和付费区可分别按照进站和出站的处理规则完成检票功能。

（二）自动检票机的组成

自动检票机以主控单元为核心，辅以阻挡装置、车票处理装置、声光提示装置等模块。主控单元一般选用高可靠性、低功耗的商用型嵌入式计算机设备或工业级计算机设备，需要具有丰富的外部接口以支持外部设备的连接，并需要保留部分接口以支持未来设备的扩展。

1. 自动检票机上部结构

自动检票机上部结构包括票卡读写器、乘客显示器、优惠票指示灯，如图 2-14 所示。

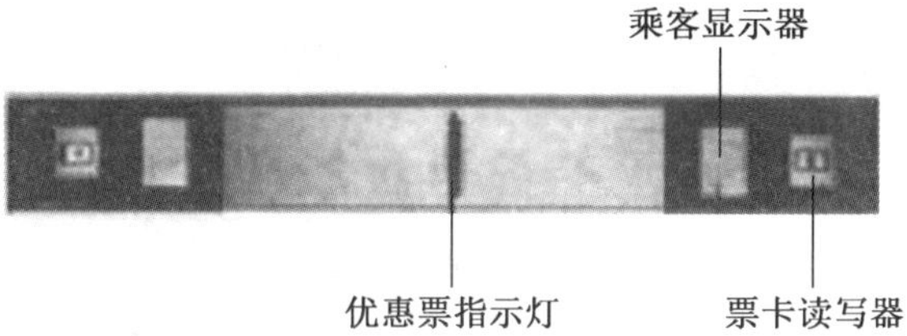

图 2-14　自动检票机上部结构

（1）票卡读写器

票卡读写器的安装位置符合乘客右手持票的习惯，有醒目的标识指示乘客刷卡位置。票卡读写器提供高级应用程序编程接口，支持对 ISO 14443A/B 标准卡片的读写操作，如图 2-15 所示。读写器设计有 4 个安全认证模块 SAM 卡座，提供读写器与安全认证模块 SAM 之间的接口和数据传输。扩展安全认证模块 SAM 不会造成读写器性能的降低。

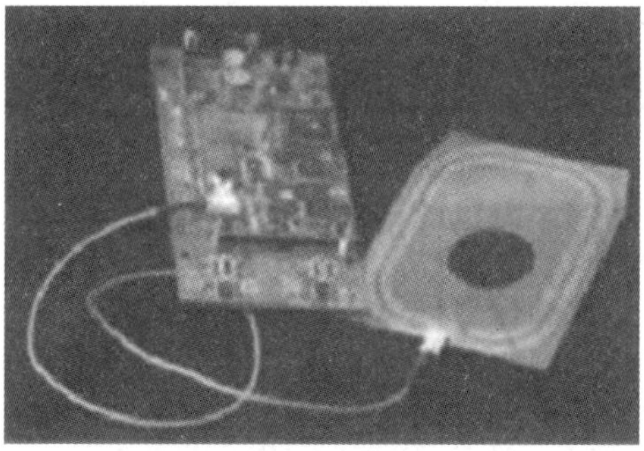

图 2-15　票卡读写器及天线

针对不同的设备应用，相应的票卡读写器执行充值和消费操作。读写器交易速度为

200～1000 ms。读写器对票卡的操作满足“一卡通”对票卡应用流程标准要求、安全认证模块 SAM（Security Access Module）的安全保密处理要求和交易数据处理要求。

（2）乘客显示器

乘客显示器为可变显示，能够显示中文、英文、数字及图片，以引导乘客正确使用检票机。

2. 自动检票机侧向外观结构

自动检票机侧向外观结构，包括通行传感器、高度传感器、扇门，如图 2-16 所示。

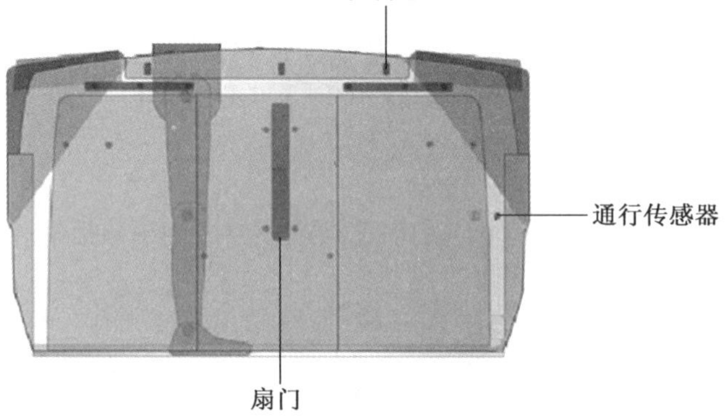

图 2-16　自动检票机侧向外观结构

（1）通行传感器

通行传感器能够监控乘客通过自动检票机的整个过程及监测通过自动检票机的人数。自动检票机一般采用两种传感器：透过型传感器和漫反射传感器。

每对（个）传感器都不是单独使用的，通行控制单元对一组或所有传感器的检测反馈信息进行分析处理，保证通行控制的准确性和安全性。自动检票机通行传感器的分布和主要功能如图 2-17 所示。

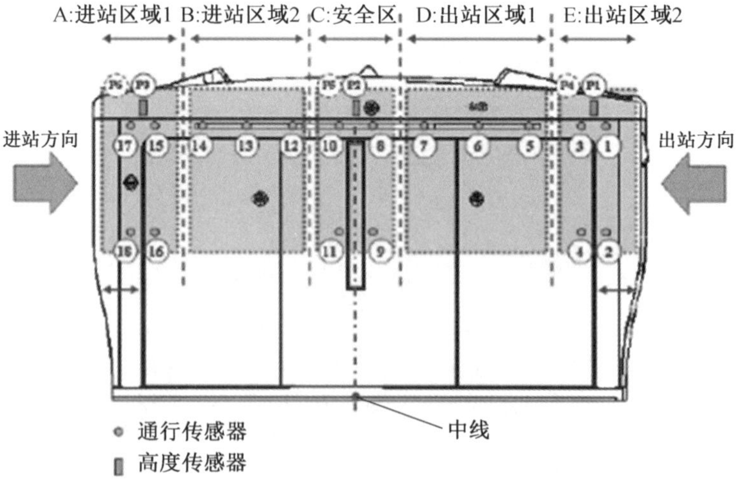

图 2-17　自动检票机通行传感器分布图

A：进站区域1，组传感器采用透过型传感器，主要监测是否有乘客进入通道。

B：进站区域2，组传感器采用透过型传感器和反射型传感器组合使用，判断无票乘客的通行行为。

C：安全区，组传感器采用透过型传感器，安装于不同的高度，监测通行情况，反馈信号控制闸门，保护已进入通道的乘客，防止闸门夹住乘客。

D：出站区域1，组传感器采用透过型传感器，检测乘客是否已经通过闸门，如果发现乘客已经通过闸门，如有跟随通行行为，反馈信号控制闸门关闭，以防止第二个乘客通过。

E：出站区域2，组传感器采用透过型和漫反射型传感器的组合，检测与自动检票机设定方向相反进入通道的乘客，如有逆行行为，检票机将关闭闸门并报警。

（2）高度传感器

自动检票机上装有检测身高的反射型传感器，用于检测通过的乘客是否是身高为1.2～1.4 m或以下的儿童。从检票机中部呈向斜上方的反射型传感器，可以检测到1.2～1.4 m及以上位置的物体。当这个反射型传感器未检测到任何物体时，即使其他的传感器检测到有物体通过，也不认为是通过的乘客。因此，身高1.2～1.4 m和以下的儿童可以安全地通行。但是在实际通行当中，由于乘客通过时身高变化较大，所以不能非常精确地利用身高作为识别儿童乘客的依据。儿童安全检测示意图如图2-18所示。

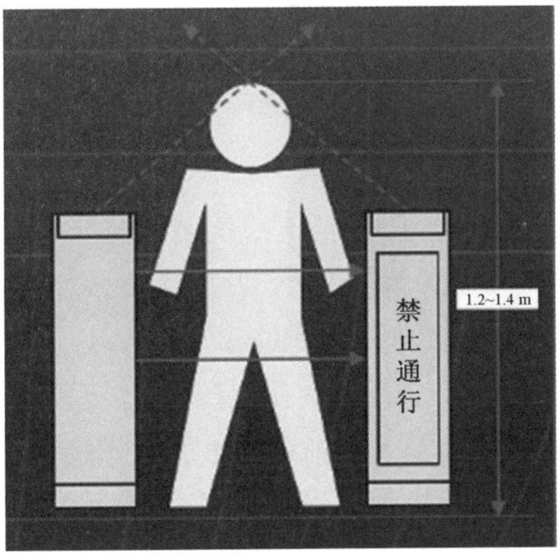

图2-18　儿童安全检测示意图

（3）扇门

扇门装置是另一种得到广泛应用的检票机阻挡装置。扇门装置由扇形门、机械控制结构和控制板组成。扇形门由软性塑料盒内置钢板组成，如图2-19所示。门的边缘部分采用软性塑料材料制作，从而能最大限度地减少强行通过时对人体的损害。其内部的钢板可保证扇形门有效地快速关闭和阻止强行推动扇形门。当扇形门需要动作时，控制板驱动电动机，通过减速齿轮提供动力给转换器，在操作杆连接处产生力矩，通过电磁铁传递运动，带动扇形门运动。控制板负责对机械的控制功能及对传感器信号的管理。

图 2-19　扇形门示意图

3. 自动检票机立面结构

自动检票机立面结构包括方向指示器和车票处理装置，如图 2-20 所示。

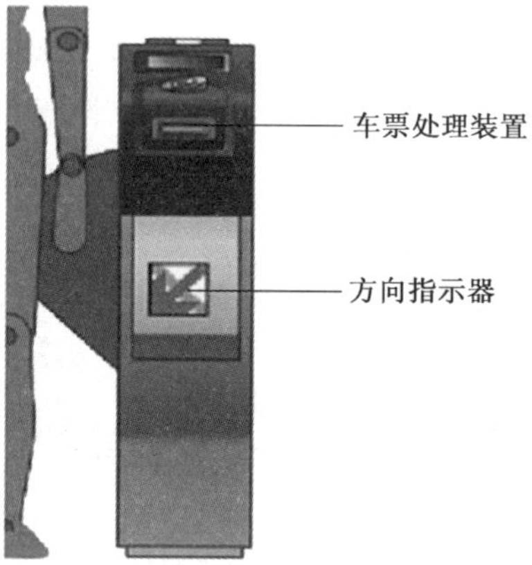

图 2-20　自动检票机立面结构

（1）方向指示器

方向指示器位于检票机面向乘客的前面板上，显示通道的通行方向标志，远距离指示乘客通道的通行状态。方向指示器确保乘客在 30 m 外的距离可以明辨标志的内容和含义，各标志的含义如图 2-21 所示。

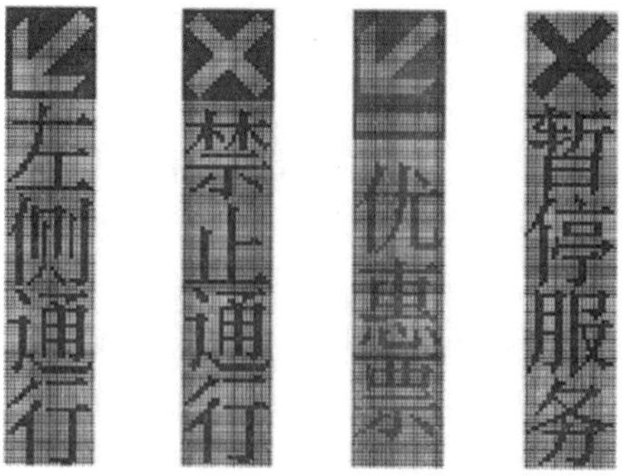

图 2-21　各标志的含义

（2）车票处理装置

车票处理装置是自动检票机的关键部件，负责完成车票读写、传送及回收处理。车票处理装置主要包括车票读写设备和车票传送装置，如图 2-22 所示。

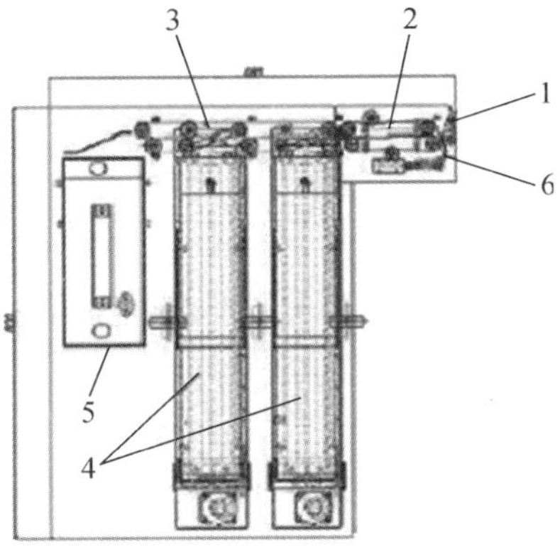

1—车票投票口；2—车票信息读写装置；3—车票回收装置；
4—车票回收箱；5—废票回收箱；6—电磁快门

图 2-22　车票处理装置结构图

（三）自动检票机对错误票卡的处理

错误票卡使用有以下三种情况：

① 刷卡过快造成数据处理不能及时完成，这种情况下界面会显示“请重新刷卡”。

② 使用无效票刷卡，这种情况下界面会显示“此票卡是无效票卡”。

③ 单程票没有投入回收口，在面板上刷卡出站的情况下，面板上会显示“请投入回收口”。

四、自动验票机

自动验票机（TCM）安装在非付费区，位于自动售票机旁边，用于给乘客自助式查询检查车票的余额、有效使用时间、车票内记录的历史信息等，主要功能如下：

① 车票有效性检查，显示有效车票的类型、剩余金额、计次票剩余次数等；

② 可提供至少 10 条最近的交易记录查询，每条历史交易记录数据包括扣费时间和扣费金额；

③ 具有声音提示且乘客显示器具备显示中英文双语的功能；

④ 能够实现自检及自诊断。

五、使用方法和注意事项

（一）使用方法

乘客使用自动售检票系统主要是在 TVM（自动售票机）前购票，应提前准备好面值 1 元的硬币或面值 5 元、10 元的八成新纸币，按照显示屏提示进行操作。如果购票出现余额，TVM 会以硬币或纸币方式找零。

自动售票机和自动充值机可以有效识别纸币和硬币的真伪，对于使用假币者，一经发现将会移交有关部门处理。

购票后，自觉排队在出入闸机前刷卡。刷卡时，要正确选卡、一人一卡、右手持卡、进站刷卡、保存好卡、出站刷（插）卡。同时在广大乘客中大力提倡“文明刷卡、有序进站、顺序出站、出入同检”。

（二）注意事项

（1）顺序刷卡。要有序通过闸机，不要拥挤，人多时请选择相邻闸机均衡进、出站。

（2）规范刷卡。“一卡通”卡刷进刷出，单程票卡刷进插出。刷卡时都要将卡轻触刷卡区，听到确认提示音，看到闸门打开即可通过闸机。

（3）遇有问题时，请找车站工作人员处理。

（4）一张“一卡通”卡不能多人同时使用，仅限本人当次进、出站使用。因为一个完整的交易过程必须有进、出站记录，只有形成一个完整的交易记录，才能进行下一次交易。

（5）地铁在每个车站均安装了多台售检票设备，一旦某台设备发生故障，乘客可选择使用其他同类设备。

任务三　自动售检票系统设备的维护

车站自动售检票机是自动售检票系统的核心部分，乘客通过在售票机进行自助购票，通过检票机验票进入车站付费区，方便乘客的出行。所以在车站日常的运营过程中，保证自动售检票系统终端设备的正常工作极其重要。

一、自动售票机简单故障处理

当站内部分自动售票设备（TVM）故障时，若为职责范围内的故障情况，则由客运值班员进行简单的故障处理；若非职责范围内或无法处理的设备故障，及时向相关部门报修，并做好报修记录。

全部自动售票机故障时，值班站长安排售票员在半自动售票机上出售单程票。根据客流情况，当半自动售票机售票不能满足乘客购票需求时，值班站长需要报告站长确定是否出售预制票或纸票，并报告控制中心行车调度员，由行车调度员通知其他车站做好给乘客检票的准备工作，同时安排人员引导持纸票的乘客从边门进站，设备恢复正常或客流有效缓解后车站恢复正常运作，值班站长决定停止售卖纸票并上报控制中心行车调度员。

二、半自动售票机的故障处理

若只有部分半自动售票设备（BOM）发生故障，售票员会通知客运值班员进行故障处理，在售票窗口摆放“设备故障，暂停服务”提示牌，同时，客运值班员安排人员引导乘客至TVM购票充值，以及到其他票务处（即半自动售票机正常的票务处）办理相关票务业务。

当全部半自动售票机故障时，对于乘客票务事务处理需视乘客是否在付费区进行处理。

（1）乘客在非付费区：当全部半自动售票机发生故障，乘客在非付费区时，引导其从边门进站，并告知将在出站时由出站的车站进行车票处理。

（2）乘客在付费区：当全部半自动售票机发生故障，乘客在付费区时，对持单程票的乘客，由站务员回收其单程票并引导其从边门出站。

当车站发生自动售票机和半自动售票机全部故障时，将无法出售单程票，乘客所持车票也不能在半自动售票机上进行分析、处理操作。值班站长立即将车站现场运营处置情况上报中心站站长，并由中心站站长逐级上报公司，由中心站站长根据客流情况下令发售预制票。

三、自动检票机简单故障处理

在日常地铁的运行中，自动检票机的故障集中在机械故障、车票误用和票箱已满等几个问题上。

（一）机械故障

卡票是机械故障中最常见的，车票在读取中被卡在闸机内，没有识别出卡，乘客无法通过闸机进入站厅，更无法取回车票。这时乘客可选择按压求助按钮发出求助信息。站务人员收到信息会立刻赶到现场，站务人员可以根据显示屏显示的错误代码判断闸机是否卡票（卡票可以使用闸机记录进行查询），打开闸机维修门帮助乘客寻找车票，按照相关地铁运营乘务事项处理规定进行处理。若发现不是卡票，而是其他相关故障，站务人员应该在该闸机上方放置“设备故障”标志，联系维修人员进行处理和维修。

（二）车票误用

车票误用包含进出次序错误、无法读取卡票、超时超程乘车和无效票等。这时候我们要确定闸机本身没有出现机械故障。站务可以根据闸机显示的错误代码进行确定是否是乘客误用车票，引导乘客到票亭，由售票员进行处理。

（三）票箱已满

票箱已满时，会自动提示车站计算机，在车站计算机显示器上会发出相应警示。更换自动检票机票箱时，打开维修门后，按维修面板显示要求输入正确的操作员号和密码，选择运营服务中的更换票箱操作，在更换票箱操作中选择取下票箱，当票箱电动机完全降下后，双手取出票箱。

1. 取下票箱

（1）开启维修门，操作维修面板。

（2）推回对应票箱盖板并将锁打至“关”的位置。插入钥匙顺时针扳动至“开”，逆时针扳动至“关”。

（3）向下拨动“开关”，使托槽下降。

（4）逆时针拨回“杠杆”，双手取下票箱。

2. 安装票箱

（1）利用票箱前面的把手，以水平方向把票箱小心地安装在 ID Connector 上。

（2）检测票箱安装到位。

（3）向上拨动“开关”，即将拨动开关打到“ON”位。

（4）托槽移动机构带动托盘向上移动。

（5）检测车票最高位置：当检测到车票最高位置到达指定的位置时，托盘停止移动。

（6）将票箱顶部工作锁打至“开”位。

（7）固定托槽的机构松开，打开票箱盖板。

（8）回收模块初始化。

（9）票箱安装完毕后，在维修面板中选择安装票箱，退出维护面板并注销，关好维修门。

项目习题

1. 简述自动售票机结构组成及其结构功能。
2. 简述自动检票机结构组成及其结构功能。
3. 简述自动售票机的故障处理。
4. 简述自动检票机的故障处理。

项目三　自动扶梯与垂直电梯系统

项目导学

地铁作为城市的重要公共交通工具，是中国城市化进程不断推进的重要标志之一。随着人民生活水平的不断提高，人们对出行的环境、质量和舒适度有着越来越高的要求，作为地铁客运服务重要设施之一的自动扶梯和电梯，在城市轨道交通的建设和运营中越来越受到人们的关注。

地铁车站电梯设备是城市轨道交通地铁车站最为重要的机电设备之一。自动扶梯与垂直电梯是地铁车站建筑中必不可少的运输工具，其运行质量直接关系到人员的生命安全，所以电梯运行的安全性必须放在首位。为保障电梯的安全运行，针对各种可能发生的危险，设计应急事故处理措施。

学习目标

知识目标：了解自动扶梯和电梯的基本参数、基本构造和原理；掌握自动扶梯和电梯在地铁运行中的作用。

能力目标：具备地铁站自动扶梯和垂直电梯应急事故处理的能力。

素质目标：具备自动扶梯和垂直电梯应急事故处理的能力和技能要求。

任务一　自动扶梯系统

图 3-1　自动扶梯

自动扶梯是由一台特种结构型式的链式输送机和两台特殊结构型式的胶带输送机组合而成的，用以在建筑物的不同层高间运载人员上下的一种连续输送机械，如图 3-1 所示。

一系列的梯级与两根牵引链条连接在一起，在按一定线路布置的导轨上运行即形成自动扶梯的梯路。牵引链条绕过上牵引链轮，下张紧装置，并通过上、下分支的若干直线、曲线区段构成闭合环路。这一环路的上分支中的各个梯级（也就是梯路）应严格保持水平，以供乘客站立。上牵引链轮（也就是主轴）通过减速器等与电动机相连以获得动力。扶梯两旁装有与梯路同步运行的扶手装置，以供乘客扶手之用。扶手装置同样由上述电动机驱动。为了保证自动扶梯乘客绝对安全，要求装设多种安全装置。

自动扶梯由电力驱动，是带有循环运动阶梯连续运送乘客的斜置运输机械。行人在扶梯的一端站上自动行走的梯级，会自动被带到扶梯的另一端，途中梯级会一路保持水平。扶梯在两旁设有跟梯级同步移动的扶手，供使用者扶握。自动扶梯可以向一个方向行走，也可以根据时间、人流等需要，由管理人员控制行走方向。其具有结构紧凑、安全可靠、安装维修简单方便等优点，在客流大而集中的场所，如地铁车站、大型商场等处被广泛应用。

另外，自动人行步道也是一种运载人员的连续输送机械。它与自动扶梯的不同之处在于：运动路面不是形成阶梯形式梯路，而是平的路面。自动人行道主要用于平面输送，也能进行一定角度的倾斜输送，同样适用于人流集中的公共场所。自动人行步道如图 3-2 所示。

图 3-2　自动人行步道

一、自动扶梯基本参数

地铁车站所使用的自动扶梯的主要技术参数包括输送能力 Q、额定速度 v、倾斜角 α、提升高度 H、梯级宽度 B 等。

（一）理论输送能力

理论输送能力指每小时理论输送的人数。自动扶梯每小时理论输送的人数见表 3-1。

表 3-1　自动扶梯每小时理论输送的人数

宽度/mm	速度		
	0. 5 m/s	0. 65 m/s	0. 75 m/s
600	4500 人/h	5850 人/h	6750 人/h
800	6750 人/h	8775 人/h	10125 人/h
1000	9000 人/h	11700 人/h	13500 人/h

（二）输送能力 Q

输送能力是指每小时运载人员的数目。当自动扶梯或自动人行步道各梯级、踏板或胶带被人员站满时，理论上的最大小时输送能力计算公式为

$$Q=3600Nv\varphi/t_{级}$$

式中：$t_{级}$——两个梯级之间的节距，m；

N——每一梯级可以站立人员的数目；

v——梯级、踏板或胶带的速度，m/s；

φ——满载系数。

利用上式可计算出理论输送能力，而实际值应考虑到乘客登上自动扶梯或自动人行步道的速度，也就是梯级速度对自动扶梯或自动人行步道满载的影响。因此，用一个系数来考虑满载情况，这一系数称为满载系数 φ。

（三）额定速度 v

额定速度指梯级、踏板或胶带在空载运行下的速度。根据 *GE* 规范，自动扶梯的速度有如下规定：

（1）自动扶梯倾斜角 α 不大于 30°时，额定速度不应超过 0.75 m/s。

（2）倾斜角 α 大于 30°且不大于 35°时，额定速度不应超过 0.5 m/s。

（3）自动人行道的额定速度不应超过 0.75 m/s。

（4）当踏板的宽度不超过 1.1 m 时，额定速度最大允许达到 0.9 m/s。

（5）当自动扶梯无人使用时，其速度可以为节能速度 0.13 m/s。

（四）倾斜角 α

倾斜角 α 是指梯级、踏板或胶带运行方向与水平面构成的最大角度。倾斜角越大，安装长度越小。自动扶梯倾斜角不应超过 30°。当提升高度不超过 6 m，且额定速度不超过 0.5 m/s 时，倾斜角允许增至 35°。倾斜角一般采用 27°、30°、35°等系列。自动人行道的倾斜角不应超过 12°。

（五）提升高度 H

提升高度是指自动扶梯进出口两楼层板之间的垂直距离。我国目前生产的自动扶梯系列为：商用型 $H\leqslant7.5$ m，公共交通型 $H\leqslant50$ m。

（六）梯级宽度 B

目前国内自动扶梯一般采用的梯级宽度分为：

（1）小提升高度，单人的为 0.6 m，双人的为 1.0 m。

（2）中大提升高度，双人的为 0.8 m 或 1.0 m。

（3）踏板或胶带的宽度一般有 0.8 m 和 1.0 m 两种。

其中，相对应平均每个梯级承载的人数为：0.6 m 的承载 1 人、0.8 m 的承载 1.5 人、1.0 m 的承载 2 人。

二、自动扶梯的基本构造

自动扶梯的基本构造一般可以分为金属框架结构部分、动力驱动部分、梯路部分、带路部分和其他部分。金属框架结构用于自动扶梯各零部件的组成和定位，以及在现场的定位安置；动力驱动装置完成梯路的提升和连续循环运转；梯路部分供乘客

站立并能连续提升，包括梯级、牵引构件和梯路导轨系统；带路部分供乘客扶握；其他部分包括控制与安全装置。

（一）金属框架结构部分

金属框架结构部分是装载自动扶梯所有部件的金属骨架，由不同规格的型钢焊接而成，可分为上桁架、中桁架、下桁架，如图 3-3 所示。

图 3-3　金属框架结构部分

（二）动力驱动部分

动力驱动部分是向梯级及扶手带运动提供动力的装置，由主机、皮带传动、减速箱、电磁制动、驱动链等部件组成，如图 3-4 所示。

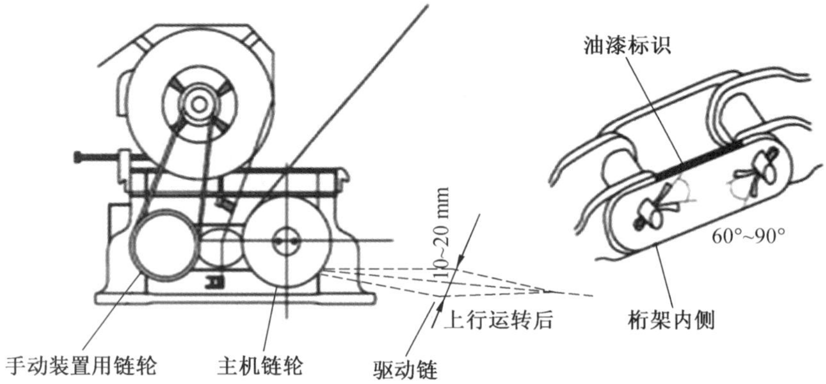

图 3-4　动力驱动部分

（三）梯路部分

梯级运动的路线称为梯路。它是由两条闭合的牵引链所组成的梯级系统，包括上部终端齿轮组、下部终端齿轮组、导轨、梯级转向导轨、梯级链、梯级链张紧装置、梯级等部件组成。进入扶梯的楼层板（上下平台）不是梯路的组成部分，但它的设计与梯路有关。

（四）带路部分

扶手带运动的路线称为带路。它由扶手带框架、扶手带、扶手带驱动装置、中间传动、驱动链、扶手带托轮、导向板、张紧装置等部件组成，如图 3-5 所示。

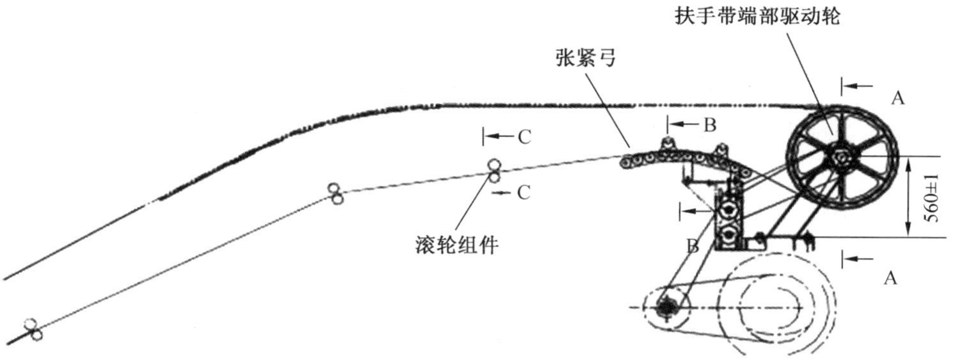

图 3-5　带路部分

（五）控制部分

控制装置由控制箱、上下部检修箱、检修按钮盒、中间接线盒、钥匙开关等组成。

（六）安全部分

安全装置是保护扶梯安全运行及乘客安全的装置，包括扶手带及桁架内部扶手带出入口安全装置（TIS）、扶手带断带安全装置（HRS）、裙板安全装置（SGS）、梯级前轮下陷安全装置（STS）、梯级后轮下陷安全装置（CTS）、梯级运行安全装置（SRS）、梳齿板安全装置（CMS）、驱动连断链及磨损伸长安全装置（DCS）、梯级链断链及磨损伸长安全装置（TCS）、非操作逆转安全装置（URS）—RSD、RSU 梯级缺失检测传感装置，如图 3-6 所示。

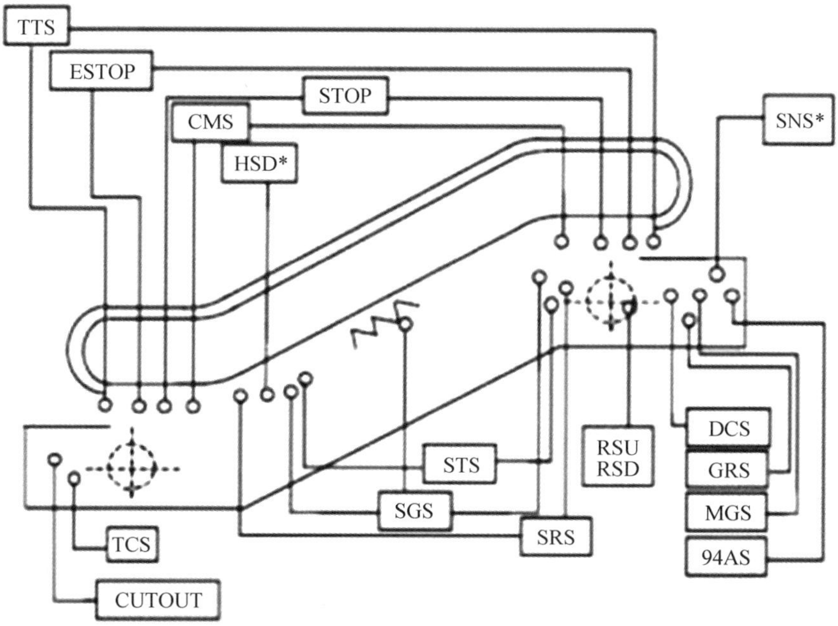

注：带*的开关装置为特性配置

图 3-6　安全装置部分

三、自动扶梯的工作原理

自动扶梯的核心部件是两根链条，它们绕着两对齿轮进行循环转动。在扶梯顶部有一台电动传动卤轮，以转动链条。典型的自动扶梯使用100马力（1马力≈0.736 kW）的电动机来驱动齿轮。发动机和链条系统都安装在桁架中，构架是指在两个楼层间延伸的金属结构。

与传送带移动一个平面不同，链圈移动的是一组台阶。链条移动时，台阶一直保持水平。在自动扶梯的顶部和底部，台阶彼此折叠形成一个平台，从而使上、下自动扶梯比较容易。

自动扶梯上的每一个台阶都有两组轮子，它们沿着两个分离的轨道转动。上部装置与转动的链条相连，并由位于自动扶梯顶部的驱动齿轮拉动，其他组的轮子只是沿着轨道滑动。

两条轨道彼此隔开，每个台阶保持水平。在自动扶梯的顶部和底部，轨道呈水平方向，从而使台阶展平。每个台阶内部有一连串的凹槽，以便在展平的过程中与前后两个台阶连接在一起。

除转动主链环外，自动扶梯中的电动机还能移动扶手。扶手只是一条绕着一连串轮子进行循环的橡胶输送带。输送带是精确配置的，以便与台阶的移动速度完全相同，让乘用者感到平稳。

四、自动扶梯在地铁运行中的作用

自动扶梯的主要作用是为了方便旅客乘车，减少疲劳，提高旅客舒适度，改善乘车环境。与一般电梯不同的是，自动扶梯具有连续输送功能，能够在较短时间内输送大量乘客，其主要优点是：

（1）输送能力大，能连续运送乘客，运送效率高。

（2）自动扶梯能逆转运送方向，上下行都能运转，可以实现在车站从候车站台到地面出入口的连续输送。

（3）当停电或重要零件损坏需要停止运行时，可用作普通楼梯使用。

自动扶梯的主要缺点是：

（1）自动扶梯构成中有水平区段，产生附加的能量损失。

（2）提升高度较大时，乘客在自动扶梯上停留时间较长。

（3）自动扶梯造价较高。

任务二　垂直电梯系统

垂直电梯主要由曳引机（绞车）、导轨、对重装置、安全装置（如限速器、缓冲器等）、信号操纵系统、轿厢与厅门等组成。这些部分分别安装在建筑物的井道和机房中。通常采用钢丝绳摩擦传动，钢丝绳绕过曳引轮，两端分别连接轿厢和平衡重，电机驱动曳引轮使轿厢升降。电梯要求安全可靠、输送效率高、平层准确和乘坐舒适等。电梯的基本参数主要有额定载重量、可乘人数、额定速度、轿厢外廓尺寸和井道型式等。地铁车站中的垂直电梯如图 3-7 所示。

图 3-7　地铁车站中的垂直电梯

一、垂直电梯的基本参数和基本规格

（一）基本参数

1. 额定载重量

额定载重量是电梯设计所规定的轿内最大载荷，是安全使用电梯的主要参数。通常采用的额定载重量有 320 kg、400 kg、630 kg、800 kg、1000 kg、1250 kg、1600 kg、2000 kg、2500 kg。

2. 额定速度

额定速度是指电梯设计所规定的轿厢速度，是设计制造和选用电梯的主要依据。标准推荐采用的额定速度有 0.63 m/s、1.00 m/s、1.60 m/s、2.50 m/s 等系列，而实际使用中还有 0.5 m/s、1.5 m/s、1.75 m/s、2.00 m/s、4.00 m/s、6.00 m/s等。

（二）垂直电梯的基本规格

1. 电梯的类型

电梯按服务对象类型主要分为乘客电梯、载货电梯、病床电梯、自动扶梯等，以表明电梯的服务对象。

2. 驱动方式

电梯的主要驱动方式有直流驱动、交流单速驱动、交流双速驱动、交流调压驱动、交流变压变频驱动、永磁同步电机驱动、液压驱动等方式。

3. 操纵控制方式

操控方式是指对电梯运行实行控制的方式，可分为手柄开关操纵、按钮控制、信号控制、单梯集选控制、并联控制、梯群控制等。

4. 轿厢型式与轿厢尺寸

轿厢有单或双面开门及其他特殊要求等，以及轿厢顶、轿厢壁、轿厢底的特殊要求，颜色的选择，对风扇、电话的要求等。

轿厢尺寸分为内部尺寸和外廓尺寸，以宽×深×高表示。内部尺寸根据电梯的类型和额定载重量（或乘客人数）确定；外廓尺寸关系到井道的设计。

5. 井道型式与尺寸

井道型式分为封闭式和空格式，井道尺寸以宽×深表示。

6. 厅、轿门型式

厅、轿门的型式指电梯门的结构型式。它按开门方式可分为中分式、旁开式（侧开式）、直分式（上下开启）等；按材质和功能有普通门、消防门、双折门等。按门的控制方式可分为手动开关门和自动开关门等。

7. 开门宽度与开门方向

开门宽度是指厅、轿门完全开启时的净宽度。

人在厅外面对厅门，门向左方向的为左开门，门向右方向的为右开门，两扇门分别向左右两边开启的为中开门，也称为中分门。

8. 曳引方式

常见的曳引方式有：① 半绕 1∶1 吊索法，轿厢的运行速度等于钢丝的运行速度。② 半绕 2∶1 吊索法，轿厢的运行速度等于钢丝运行速度的一半。③ 全绕 1∶1 吊索法，轿厢的运行速度等于钢丝的运行速度。

9. 层站数

电梯运行其中的建筑的层楼称为层，各层楼用以进出轿厢的地点称为站。

10. 提升高度和井道高度

提升高度是指由底层端站楼面至层顶端站楼面之间的垂直距离。

井道高度是指由井道地面至机房楼板或隔音层楼板下最突出构件之间的垂直距离。

11. 顶层高度和底坑深度

顶层高度是指由顶层端站楼面至机房楼板或隔音层楼板下最突出构件之间的垂直距离。一般地，电梯的运行速度越快，顶层高度越高。

底坑深度是指由层底端站楼面至井道底面之间的垂直距离。电梯的运行速度越快，底坑一般越深。

12. 机房型式

按照机房型式分类，机房可分为上机房、下机房、无机房等。

（1）有机房电梯。有机房电梯根据机房的位置与型式可分为以下几种：

① 机房位于井道上部并按照标准要求建造的电梯；

② 机房位于井道上部，机房面积等于井道面积、净高度不大于 2300 mm 的小机房电梯；

③ 机房位于井道下部的电梯。

（2）无机房电梯。无机房电梯根据曳引机安装位置分为以下几类：

① 曳引机安装在上端站轿厢导轨上的电梯；

② 曳引机安装在上端站对重导轨上的电梯；

③ 曳引机安装在上端站楼顶板下方承重梁上的电梯；

④ 曳引机安装在井道底坑内的电梯。

二、垂直电梯的基本构造和原理

（一）电梯的组成及占用的四个空间

不同规格型号的电梯，其功能和技术要求不同，配置与组成也不同，在此，以比较典型的曳引式电梯为例进行介绍。图 3-8 是典型电梯的结构框图，它根据使用中电梯所占据的四个空间，对电梯结构进行了划分。

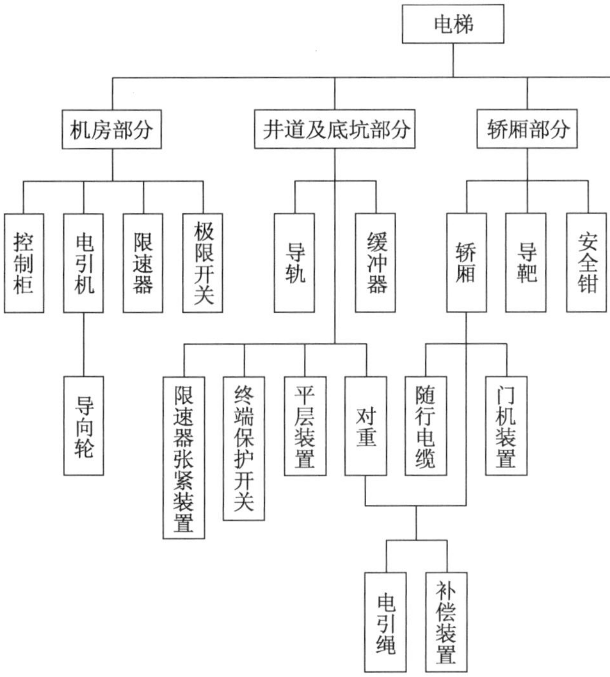

图 3-8　电梯的结构框图

（二）电梯功能划分及原理介绍

根据电梯运行过程中各组成部分所发挥的作用与实际功能，可以将电梯划分为 8 个相对独立的系统，表 3-2 列出了这 8 个系统的主要功能和组成。

表 3-2　电梯 8 个系统的功能及主要构件与装置

系统	功能	主要构件与装置
曳引系统	输出与传递动力，驱动电梯运行	曳引机、曳引钢丝绳、导向轮、反绳轮等
导向系统	限制轿厢和对重的活动自由度，使轿厢和对重只能沿着导轨作用上、下运行，承载安全钳工作的制动力	轿厢（对重）导轨、导轨及其导轨架等
轿厢	所装运并保护乘客或货物的组件，是电梯的工作部分	轿厢架和轿厢体

续表

系统	功能	主要构件与装置
门系统	供乘客或货物进出轿厢时用，运行时必须关闭，保护乘客和货物的安全	轿厢门、层门、开关门系统及门附属零部件
重量平衡系统	指对冲平衡轿厢的重量，减少驱动功率，保证曳引力的产生，补偿电梯曳引绳和电缆长度变化转移带来的重量转移	对重装置和重量补偿装置
电力拖动系统	提供动力，对电梯运行速度实行控制	曳引电动机、供电系统、速度反馈装置、电动机调速装置等
电气控制系统	对电梯的运行实行操纵和控制	操纵箱、召唤箱、位置显示装置、控制柜、平层装置、限位装置等
安全保护系统	保证电梯安全使用，防止危及人身和设备安全的事故发生	机械保护系统：限速器、安全钳、缓冲器、端站保护装置等；电气保护系统：超速保护装置、供电系统断相错相保护装置、层门锁与轿门电气联锁装置等。

上述 8 个系统又可分为机械、电气和安全装置三大部分。机械部分是电梯的骨架；电气部分则包括拖动和控制，是电梯赖以运行的保障；安全装置由机地和机、电装置组为一体，互相制约，以保证电梯可靠、安全地运行。下面对电梯的机械系统和电气控制系统的构成和原理进行重点介绍。

1. 电梯的机械系统

电梯机械部分由曳引系统、导向系统、轿厢与重量平衡系统、门系统四部分组成。下面主要介绍与故障分析有关的曳引系统与门系统。

（1）曳引系统

曳引系统是输出和传递动力、实现电梯上下运行的驱动装置。它由曳引机、曳引钢丝绳及绳头组合的均衡装置、导向轮和复绕轮等组成。曳引机是电梯的动力源。它一般都放置在井道最高处的机房内。曳引机一般由电动机、曳引轮、电磁制动器、减速齿轮箱组成。其中，电动机和电磁制动器对电梯正常运行影响较大。曳引电动机分直流和交流两种。直流电动机常用在 6 m/s 以上的超高速梯上。交流电动机又分异步和同步两种，异步电动机又有单速、双速、调速三种类型。现在介绍的系统是以 VVVF（Variable Voltage and Variable Frequency）调速电梯为基础的。电磁制动器是电梯的安全设施，能防止电梯溜车，使电梯准确制停。电磁制动器安装在电动机轴与齿轮箱蜗杆轴的联轴器上，以联轴节作为制动轮。曳引轮又叫驱动轮，既要承受轿厢自重，又要承受轿厢载重和对重、钢丝绳、平衡绳索、电缆等的重量，还要通过轮槽与曳引钢丝绳的摩擦产生驱动力。若曳引绳与曳引轮之间的摩擦力不够就会发生打滑，从而影响电梯的速度曲线。

（2）门系统

电梯的门机构按照安装位置可分为轿门和层门。电梯门系统由控制器、门机系统、轿门、厅门、安全保护装置等组成。门系统控制器接收来自主控制器的开关门信号，发出开（关）门命令，控制门电机正（反）转，通过门联动机构驱动轿门运动，再由轿门带动厅门一起运动。到达开（关）门限位点时，门控制器发出停车命令，门电机停止。每个厅门上都装有一把门锁，厅门关闭后，门锁的机械锁钩啮合，同时厅门电气联锁触头闭合，电梯控制回路接通，此时电梯才能启动运行。电梯轿门的入口设有安全保护装置，门正在关闭时如果有乘客出入，门入口安全保护装置检测到障碍物，发出重开门信号，以免在关门过程中伤人。门锁是锁住层门不被随便打开的重要安全保护机构。当电梯在运行而并未停站时，各层层门都被门锁锁住，防止乘客从外面将厅门撬开。只有当电梯停站时，层门才能被安装在轿门上的开门刀片带动而开启。当电梯检修人员需要从外部打开层门时，需要用一种符合安全要求的特制的钥匙开关才能把门打开。

2. 电梯的电气控制系统

电梯的电气系统包括电力驱动与电梯信号控制两个部分。电气系统是电梯按照人们的意愿做功的动力系统，能使电梯根据人们的指令启动、加速、运行、换速平层、停车制动、开门关门等。

（1）电梯的电力驱动控制系统

电梯的电力驱动系统主要由控制系统、电动机、传动机构及电梯轿厢四个部分组成。电梯的电力驱动系统按调速方式可以分为交流变极调速系统、交流变压调速系统、变频变压 VVVF 调速系统等。VVVF 调速系统主要由以下各部分组成：主回路由将三相交流电变换成直流电的整流器和将直流电逆变成频率与电压可变的交流电的逆变器组成，采用交—直—交方式变频。主微机负责与轿厢串行通信取得轿厢开关信号、呼叫信号，并进行厅外呼叫登记、开关门控制、运行控制等逻辑控制，进行故障检测和记录。副微机根据主微机的运行指令，负责数字选层器的运算，速度指令生成，矢量控制，进行故障检测和纪录，并负责信号器的工作。电流指令回路根据副微机矢量控制演算结果，发出电流指令。电流控制回路通过将电流指令回路中三相交流电流指令与感应电动机电流反馈信号的比较，发出逆变器输出电压指令并比较各种反馈信号，决定指令生成与否。PWM 脉宽调制控制回路产生与逆变器输出三相电压指令对应的基级触发信号。基级驱动电路根据 PWM 信号驱动主回路中逆变器内的大功率晶体管，使晶体管按需导通。负荷检测装置检测轿厢负载并输送负载信号给副微机，以进行起动力矩补偿，使运行平稳舒适。VVVF 电梯系统还包括：与感应电动机随动的可发送脉冲信号到主微机与副微机的旋转编码器；传递电梯层站位置信号的位置检测器；可接受指令信号和开关输入信号的轿内操纵盘、厅外召唤箱、系统各种保护回路等。其中，变频器接收来自机房控制器的控制信号，与旋转编码器的脉冲反馈信号一起构成变压变频速度位置闭环控制，驱动电机牵引电梯轿厢平滑准确地运行和停靠。

（2）电梯的信号控制系统

电梯信号控制系统有继电器逻辑型、PLC 型及微机控制型，基于微机控制系统，采用 CAN 总线技术作为信号通信方式。信号控制系统主要由机房控制器、层站控制器、轿厢控制器等组成。当层站控制器或轿厢控制器将呼梯信号或内选信号传送到机房控制器时，机房控制器一方面结合呼梯信号、井道位置信号和来自旋转编码器的脉冲，完成电梯的集选控制运算，控制变频器驱动电机牵引轿厢上下运行；另一方面对各层站或轿厢控制器的信号进行登记记忆，并将登记记忆、消号、电梯所在层楼和运行方向信号传至各层站控制器和轿厢控制器。每一层站都需要一个相应的层站控制器，负责与机房控制器通信，向上发送呼梯信号，并接机房发回的下传信号，完成呼梯信号记忆、消号、层楼及方向显示功能。

三、电梯在地铁运行中的作用

地铁车站为了方便残障人士或行动不便乘客的需求，在车站地面至站厅层或站厅层的付费区到站台层都设置了垂直电梯。目前，新修建的地铁车站一般都配置若干台垂直电梯，如图 3-9 与图 3-10 所示。

图 3-9　站厅层至站台层设置的垂直电梯

图 3-10　车站地面至站厅层设置的垂直电梯

垂直电梯是十分成熟的常规设备，造价比自动扶梯低，也便于安装和维修。新型地铁车站出入口方案的中心思路是压紧并代替斜隧道，用垂直电梯代替自动扶梯，用上下两层的电梯结构避开上下电梯的客流交叉，用数台大型电梯全自动连续运转，达到客流出入车站连续不间断，有较高的输送人员效率。

目前由于地铁车站垂直运行空间有限，因此所使用的垂直电梯一般都是无机房的垂直电梯。无机房电梯是电梯领域的重大技术创新，在保护环境、减少能耗、节约建筑面积、提高设计自由度等方面有着显著的优势。

任务三　自动扶梯与垂直电梯系统的应急处理方法

一、地铁站自动扶梯应急事故处理

1. 错误使用“急停开关”

如果发生扶梯“急停开关”动作，应马上赶赴现场并查明急停启动原因，如果认为是误动作，则重新启动。如果是未知原因，则应向设备维护人员报修，维护人员修复后重新启动。需要注意的是，重新开启扶梯时，应确保自动扶梯上没有乘客。

2. 电源发生故障

当电源恢复正常时，可用开关开启自动扶梯。需要注意，当电源发生故障时，应使用扩音器提醒乘客。

3. 扶梯异响

若出现不正常的杂音和振动的位置（如顶部、底部或中间）及状况（连续或间歇）等，应关闭扶梯，并及时通知保养人员维修。

4. 异味或冒烟

发现有异味或冒烟时，应立即关闭扶梯，并立即疏散乘梯乘客，做好适当防护，马上通知保养人员。

5. 扶梯无法启动

察看故障代码、报修，停压自动扶梯，设置防护。

6. 扶梯自然停止

如自动扶梯自然停止，IBP 盘上无报警，现场也无故障代码时，应马上报修，停用自动扶梯并设置防护。

7. 护壁破裂

发现玻璃护壁板破裂时，立即关闭扶梯并通知保养人员更换。

8. 火警

若发生火警，要保持镇定，及时采取适当行动。马上用广播通知车站内所有人员，停止所有扶梯及关闭防火门，疏散乘客，带领乘客经楼梯逃生。切勿将扶梯作逃生用途，因为当电力中断会使扶梯突然停顿，乘客容易发生意外及造成更大的恐慌。需要注意，在关闭扶梯前，需鸣警钟以提醒乘客及确定扶梯上没有乘客。

9. 浸水

当扶梯浸于水中时，应立即关闭扶梯。若扶梯四周都有水流，应阻挡水流、保护扶梯并通知保养人员检查机件。在保养人员检查机件前，不得使用扶梯。

10. 取出卷入自动扶梯的物件的步骤

（1）按扶梯的“停止按钮”。

（2）关闭机房内的主电源隔离开关。

（3）在自动扶梯处设置路障，提示乘客防止发生意外情况。

（4）采取手拉方式，看能否将卷入物件拉出，能否松动卷入物件。如果被卷入的物件可以松动，则先取出被卷入的物件，再检查梯级和挡板是否因物件的卷入而造成阻碍。如果被卷入的物件不可以松动，已被卷入梳状装置中，用六角扳手拧松螺丝，取下梳状装置组件，取出被卷入的物件。如果被卷入的物件陷入挡板和梯级之间，用螺丝刀或其他工具轻轻将挡板向内扳动，以便拉出物件。

（5）如果卷入自动扶梯的是人，则应尽快通过行调向消防部门寻求协助。

（6）故障处理完毕后，应将故障和偶发事件详细情况说明报告车站电梯维护人员，并将详细的情况记录在电梯/自动扶梯维护日志中。

11. 处理反转现象

反转指的是自动扶梯突然向原运转方向相反的方向运转。反转现象很少发生，但是一旦发生，便会对乘客造成极大的危害。实施的具体步骤如下：

（1）发现反转或接到反转报告的维护人员应立即启动急停按钮。自动扶梯停止后协助受困者和受伤者尽快脱离危险区域，立即通知车站运营管理人员，停用自动扶梯，设置防护。

（2）车站运营管理人员在接到相关事故的报告后，应立即安排人员在自动扶梯两端设立“暂停服务”路障，检查自动扶梯机房内的故障显示盘，记录所显示的故障，并打开主隔离开关，在主隔离开关上挂牌，提示禁止操作。将反转的详细情况通知车站维护人员，将详细情况记录于电梯自动扶梯维护日志中。

（3）只有经过授权工程人员的认证后，才能将自动扶梯恢复正常运行。

二、地铁站垂直电梯应急事故处理

（一）载客电梯困人故障应急处理程序

如果停电或电梯故障，致使电梯困人，应由经过训练的救援人员，根据不同情况，依据下列步骤释放被困乘客。

（1）发生电梯困人事故时，站务人员或维修人员与被困乘客取得联系，使其保持镇静，耐心等待救援，并告知乘客不可将身体任何部位伸出轿厢外。如果轿厢门属于半关闭状态，维修人员应设法将轿厢门完全关闭，并且告知乘客“在没有得到允许之前不要打开电梯门”及“在救援过程中，电梯将会有多次启动和停车”。

（2）用厅门匙打开少许厅门，查看轿厢平层情况，并记住轿厢高出或低于平层位置多少，准确判断轿厢位置，做好救援准备。

（3）如果轿厢护脚板下方与楼层之间没有空隙，则救出乘客。如果不能打开轿厢门，则手动去除轿厢门上的防开门阻抗。

（4）如果轿厢护脚板下方与楼层之间存在空隙，则通知乘客不要操控电梯移动，并要求他们不要试图打开电梯门，然后按照以下步骤进行救援：

① 到操作控制板处，断电，上锁挂牌；

② 把紧急救援钥匙转至“开”位置；

③ 按轿门紧急释放按钮，速度指示器将显示电梯移动。由于有速度限制功能，当速度达到一定值时，电梯会自动停止，所以移动过程中会有多次启动和停车；

④ 按住按钮直到门区指示灯亮起，电梯到达楼层；

⑤ 用厅门钥匙打开电梯门，放出被困乘客。

（5）轿厢停于接近电梯层站的位置时的救援步骤：

① 关闭机房电源开关；

② 用三角钥匙开启层门；

③ 协助乘客离开轿厢；

④ 重新关好厅门。

（6）轿厢远离电梯层站时的救援步骤：

① 进入机房，关闭电梯电源开关；

② 在电机轴上安装盘车手轮；

③ 一人用力把住盘车手轮，另一人手持制动释放杆，轻轻撬开轿厢门，并注意观察平层标志，使轿厢逐步移动至最接近厅门为止（轿门厢地坎与厅门地坎相差小于0.2 m）；

④ 当确认刹车制动无误时，放开盘车手轮。然后按轿厢停在接近电梯层站的位置时的救援步骤实施救援。

（二）无机房电梯困人故障应急处理程序

1. 紧急电动运行救援措施

检查控制面板上的平层指示灯，了解轿厢是否在平层范围是解救乘客的先决条件。在电梯没有平层的情况下，按照如下操作进行救援：

（1）用控制柜或检修多盒内电动运行到达平层位置；

（2）必须接通主开关和轿厢照明，将紧急电动运行开关接通；

（3）根据轿厢位置按“上”或“下”按钮，轿厢会向上或下运行，观察控制板上的快慢指示灯或通道观察孔观察溜车速度及运行方向，如快慢指示灯一直亮，说明电梯运行过快，需立即停止按动“上”或“下”按钮，利用应急运行时必须点动“上”或“下”按钮，快慢指示灯必须是闪动的状态，直到电梯到达平层位置。

如果电梯已经到达楼层的平层位置，按照如下操作进行救援，在平层处开门放出被困的乘客：

（1）断开主开关，确定轿厢的平层楼层，一名救援人员与轿厢内乘客保持联系，另一名救援人员到相应楼层，再次联系被困的乘客，以确认轿厢在该层平层，用厅门钥匙打开门锁并且小心地连轿厢门一起打开。需要注意，此时有坠落危险。如果开错了楼层厅门，要立即关闭并且检查是否锁好。

（2）协助被困乘客离开轿厢，解救工作完成之后，关闭厅门并检查是否锁好。

（3）解救工作完成后接通主开关并且将应急电动运行开关置于“O”位置（即断开），然后召唤救援人员去两个不同楼层（厅门召唤）观察运行情况。如果运行尝试不成功则必须断开主开关。

（4）如果救援措施不能奏效，或者有受伤的人需要特殊照顾，应及时通知维修中心，并告知被困乘客。与被困的乘客保持语音联络，直到解救人员到达。

2. 断电情况下的救援

（1）按下“充电”按钮直到按钮旁的“已充电”指示灯亮。

（2）保持按下“充电”按钮，再点动按下“松闸”按钮（必须同时按住两个按钮），抱闸会打开，轿厢会因载荷不同向上或向下溜车，观察控制板上的快慢灯或通过观察孔观察溜车速度及运行方向，如快慢指示灯一直亮，说明电梯运行过快，需立即停止按动“松闸”按钮，快慢指示灯必须是闪动的状态，直到电梯到达平层位置。

（3）松开“充电”或“松闸”按钮其中一个即可关闭抱闸。

（4）告知被困的乘客以了解轿厢的位置。按照紧急电动运行救援措施，在平层处开门放出被困乘客，进行救援。

3. 无机房电梯特殊情况救援操作

（1）断电情况下非平衡载情况下的救援：

① 检查控制面板上的平层指示灯，了解轿厢是否在平层范围是解救乘客的先决条件。根据平层情况按照紧急电动运行救援措施实施救援。

② 如果没有平层时，则按下“充电”按钮直到按钮旁的“已充电”指示灯亮。

③ 保持按下“充电”按钮，再点动按下“松闸”按钮（必须同时按住两个按钮），抱闸会打开，轿厢会因载荷不同向上或向下溜车，观察检修盒上的快慢灯或通过观察孔观察溜车速度及运行方向，如快慢指示灯一直亮，说明电梯运行过快，需立即停止按动“松闸”按钮，快慢指示灯必须是闪动的状态，直到电梯到达平层位置。

④ 松开“充电”或“松闸”其中一个按钮即可关闭抱闸。继续按“在平层处开门放出被困乘客”步骤进行救援。

（2）断电情况下平衡载情况下的救援：

① 按应急电动运行操作电梯，进行救援工作。

② 如应急电动机运行不能使电梯运行，则需给轿厢增加负载，使轿厢大于45%的额定负载，打破轿厢与对重的平衡，然后按非平衡载进行操作。

③ 如轿厢所处位置不容易增加负载，打开底层厅门进入井道，打开抱闸，拉动限速器钢丝绳，打破轿厢与对重的平衡。然后按“断电下非平衡载”进行救援操作。

（3）断电情况下空载冲顶安全钳动作：

① 可直接打开厅门和轿门救援。

② 按“在平层处开门放出被困乘客”进行救援，注意有坠入井道的危险。

③ 按下面方法提升轿厢释放安全钳。

④ 打开底层厅门。注意有坠落危险。

⑤ 若不能用应急电动运行释放安全钳，则需打开底层厅门进入井道。注意有坠入井道的危险。

⑥ 将对重缓冲器及支架拆除，松开抱闸，用手动使用葫芦将对重向下拉释放安全钳。

（4）断电情况下重载墩底：

① 可直接打开底层厅门和轿门救援。按“在平层处开门放出被困乘客”进行救援。注意有坠入井道的危险。

② 按下“充电”按钮直到按钮旁的“已充电”指示灯亮。

③ 保持按下“充电”按钮，再点动按下“松闸”按钮（必须同时按住两个按钮），抱闸会打开，因轿厢此时空载，对重端负载较大，轿厢会向上移动，观察检修盒上的快慢灯或通过观察孔观察溜车速度及运行方向，如快慢指示灯一直亮，说明电梯运行过快，需立即停止按动“松闸”按钮，快慢指示灯必须是闪动的状态，直到电梯到达平层位置。

④ 松开“充电”或“松闸”其中一个按钮即可关闭抱闸。按“在平层处开门放出被困乘客”的步骤进行救援。

⑤ 如因特殊情况，上述方法不能提升轿厢，需等待供电后，按照“用紧急电动运行到达平层”进行操作，提升轿厢。

（5）断电情况墩底安全钳动作：

① 可直接打开底层厅门和轿门救援。按照“在平层处开门放出被困乘客”进行救援。注意有碰伤的危险。并按下面方法提升轿厢释放安全钳。

② 因已经将被困人员救援出轿厢，可等待供电后，按照“用紧急电动运行到达平层”进行操作，提升轿厢释放安全钳。

（6）断电情况下轿厢在中间位置安全钳动作：

① 试按“断电情况下救援”进行操作，如电梯不能移动，则按下述方法提升轿厢，释放安全钳进行救援。

② 打开位于轿厢停靠位置上端的厅门，利用爬梯装置到达轿顶，爬梯装置是由固定梁和软爬梯组成，固定梁是 14 号槽钢，长 2 m，横放在厅门口，软爬梯牢固地与固定梁连接，维修人员利用软爬梯到达轿顶。

③ 将轿厢提升装置用导轨夹固定在轿厢导轨上，此轿厢提升装置最大设计载荷为 5 t，可用于小于或等于载重 1600 kg 的轿厢。将 5 t 葫芦一端挂在轿厢提升装置上，另一端挂在轿厢架上梁上，向上提升轿厢，释放安全钳。

④ 将安全钳释放后，将轿厢提升装置、葫芦及爬梯装置卸下并移出井道。

⑤ 按照“断电情况下救援”进行救援操作。

救援结束后，由维修人员分析故障原因，并对故障进行排除。

故障排除及故障原因清楚后，先将电梯试运行 10 min，确认设备运行正常后，车站报告设备管理部门调度，恢复设备正常运行。

项目习题

1. 简述自动扶梯的基本结构。
2. 简述垂直电梯的基本结构。
3. 自动扶梯的应急处理程序。
4. 垂直电梯的应急处理程序。

项目四　屏蔽门系统

项目导学

地铁屏蔽门系统安装在站台边缘，形成将站台区域与轨道区域隔开的一道屏障，为乘客提供一个更安全、更安静、更舒适的乘坐环境，同时屏蔽门的应用还可以为地铁运营者节约运营成本。站台屏蔽门系统从20世纪80年代开始应用于地铁、轻轨等轨道交通系统中，是一项集建筑、机械、材料、电子和信息等学科于一体的高科技产品。

1988年，世界上第一套地铁屏蔽门系统安装于新加坡地铁的NEL线。中国内地第一条有屏蔽门系统的线路是2002年12月29日开通试运营的广州地铁2号线，第二条有屏蔽门系统的线路是2004年12月28日开通试运营的深圳地铁一期工程。对屏蔽门的控制采用与列车信号联锁，在列车到达和出发时可自动开启和关闭。

本项目全面介绍了地铁屏蔽门系统的分类、功能、机械结构与电气结构，以便于对屏蔽门基本结构有所认识，为以后从事相关工作打好坚实的基础。

学习目标

知识目标：掌握屏蔽门分类及其功能；掌握屏蔽门的机械结构；了解屏蔽门的电气部分功能。

能力目标：掌握屏蔽门的不同控制方式的操作能力。

素质目标：具备城市轨道交通站台岗应具备的岗位能力和技能要求。

任务一　屏蔽门系统的组成及功能

轨道交通站台屏蔽门系统（Platform Screen Doors，PSD）设置于地铁站台边缘，将列车与地铁站台候车区域隔离开来，在列车到达和出发时可自动开启和关闭，为乘客营造一个安全、舒适的候车环境。

一、屏蔽门的分类

近几年城市轨道交通新线，从站厅层到站台层最引人注目的就是屏蔽门或安全门。从封闭形式上可将屏蔽门分为闭式屏蔽门和开式屏蔽门两种类型。闭式屏蔽门又称“全高闭式屏蔽门”；开式屏蔽门又称安全门，有全高和半高两种形式。

（一）闭式屏蔽门

一般用于地下站台，除具有保证乘客安全的作用外，还具有隔断区间隧道内气流与车站内空调环境之间的冷热气流交换的功能，所以要求屏蔽门的气密性良好，这样才能将车站与区间的热交换减小到最低程度，达到节能的目的。这种结构多用于设有空调系统的站台，如图 4-1 所示。

图 4-1　全高闭式屏蔽门

（二）开式屏蔽门

全高开式屏蔽门：门体结构超过人体高度，门体顶部距离站厅顶面之间有一段不封闭的空间。不具有密封性能的轨道交通站台安全门与闭式屏蔽门系统相比较，两者的结构形式基本相同，可以比较容易地升级为闭式屏蔽门。

半高开式屏蔽门的主要作用是保证候车乘客的安全，高度一般为 1.2 ~ 1.5 m。由于它不能完全隔绝风和噪声对乘客的影响，因此这种结构多用在地面站台或高架站台，如图 4-2 所示。

图 4-2　半高开式屏蔽门

二、屏蔽门的功能

（一）安全

（1）屏蔽门的安装杜绝了乘客或物品跌入隧道区间发生安全事故的可能，保障了列车的安全正点运营。

（2）封闭的站台区间，提高了候车乘客及车站工作人员的安全度。

（3）屏蔽门上安装了探测各种障碍物的传感器，一旦有障碍物存在，传感器发出的信息将使屏蔽门开闭机构动作三次，如果屏蔽门还没有关闭，则门处于开启状态，警示灯也会随即亮起。这时只能采取人工关闭的方法，即用屏蔽门钥匙才能关闭，可有效减少夹人、夹物事故。

（二）节约运营成本

（1）对于使用空调系统的地铁，由于空调风不再散失到隧道中去，大大降低了环控空调系统的能耗，节约了电费。同时由于减小了对空调系统的容量要求，空调系统的初投资也有所降低。

（2）屏蔽门的安装减少了对站台工作人员的数量要求，节约了运营的人员成本。

（三）舒适

（1）屏蔽门的安装减少了列车进站和离站时所带来的噪音、活塞风等的影响，候车环境更安静舒适。

（2）屏蔽门的安装减少了隧道中的灰尘等污物进入车站，提供一个更加清洁的候车环境。

（3）屏蔽门的安装减少了因安全事故导致的列车误点，保障准点运行。

（4）乘客能更加有序而从容地上下列车，提高了效率。

三、屏蔽门系统的基本设计原则

（1）屏蔽门要根据列车具体编组形式、停车精度要求、采用的车体类型、列车运行速度及当地气候条件（温度、湿度、风压、地震条件）等资料进行综合设计。

（2）屏蔽门应设置在车站站台边的有效站台长度范围以内，以有效站台中心线为基准向两端对称布置。

（3）屏蔽门在站台边缘的设置和外形尺寸任何时候不得侵入列车行驶动态包络线，屏蔽门系统的任何构件在轨道侧应满足《地铁限界标准》（CJJ96—2003）规定的设备限界要求。

（4）车站设置屏蔽门时，安装尺寸应考虑在门体弹性变形状态下，屏蔽门最外突出点至车辆限界间有不小于 25 mm 的安全间隙。

（5）站台屏蔽门最大运行强度一般保证至少每 2 min 开闭 1 次，每天可连续正常运行 20 h，每年可连续运行 365 天。

四、屏蔽门的机械结构

屏蔽门系统是机电一体化设备，集成了现代计算机控制、伺服驱动、网络技术、UPS 电源技术和精密机械技术。地铁屏蔽门系统一般由机械和电气两大部分构成，机械部分主要包括门体结构和门机驱动系统，电气部分包括电源系统、控制系统及监视系统。

（一）门体结构

屏蔽门门体结构主要由顶箱、门状态指示灯、门本体、立柱、踢脚板、门槛等部分组成，如图4-3所示。

顶箱上可装设一些导向标志，但其主要功能是对内部零件进行密封保护，并采用防电磁干扰措施。从材料选择和密封设计上讲，顶箱既能减震，又能有效屏蔽外界的电磁干扰。屏蔽门的顶箱上方一般装有照明灯带，但半高开式屏蔽门（安全门）没有装设。灯带照明由车站环境与设备监控系统自动控制，站务人员不需要进行开关灯带的操作。门状态指示灯亮表示屏蔽门处于打开状态，熄灭表示屏蔽门处于关闭状态，闪烁表示处于屏蔽门隔离状态。

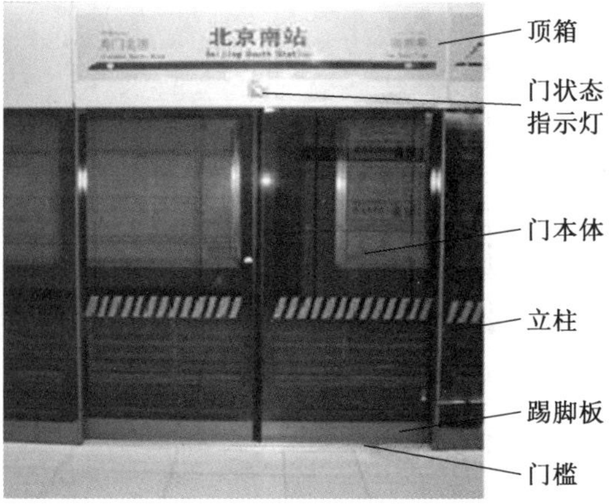

图 4-3　屏蔽门门体结构

屏蔽门立柱及下面的底座是主要承重结构，底座通过绝缘件与站台板进行螺栓连接，既保证牢固可靠，又可以保证屏蔽门系统与站台板地面绝缘隔离。踢脚板采用的是不锈钢材料，主要是用来防止乘客有意或无意地踢脏或踢碎门本体玻璃，踢脚板上边高度距地面150 mm。

门槛采用铝合金材料，表面用一种凹凸结构作防滑处理，它位于所有滑动门的下端。这些地方是乘客最有可能踏过的区域，门槛的作用是保护乘客经过时不发生摔倒，同时其与站台板进行绝缘固定，以防止乘客触电。门本体结构是站台安全门机械结构中最重要的组成部分，按结构和功能分为4类，如图4-4所示。

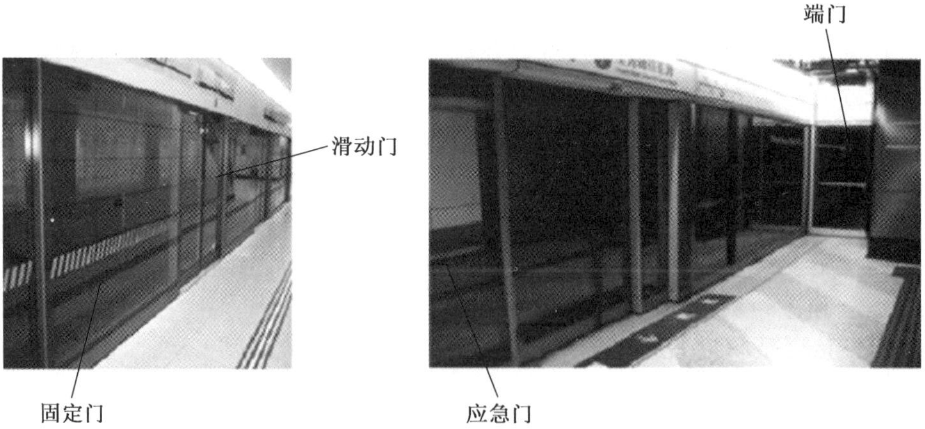

(a)　　(b)

图 4-4　屏蔽门门本体结构

1. 滑动门（Automatic Slding Door，ASD）

（1）滑动门为中分双开式门，关闭时作为车站站台公共区与隧道区域的屏障，打开时为乘客提供上、下列车的通道，也可以作为在车站隧道区域发生火灾或列车故障时乘客的疏散通道。滑动门的数量应与列车一侧客室门数量一致，位置对应。

（2）滑动门有障碍物检测装置，检测障碍物最小为 5 mm（厚）、40 mm（宽）的物体，当滑动门通过探测器检测到有障碍物存在并立即释放关门力，停顿 2 s 后门全开，然后再次关门，若重复三次仍不能关闭，滑动门全开并进行报警，等待工作人员处理。

（3）每扇滑动门设置一套锁紧装置，在滑动门关闭后，锁紧装置可防止外力作用将门打开。

（4）正常情况下，滑动门的开/关应由门机总承的驱动机构操作，由门控单元进行控制，紧急情况下应能实现如下功能：在轨行侧乘客可操作设置在门扇上的把手手动开门，在车站站台侧车站站务员可用专门钥匙手动开门。

2. 固定门（Fixed Door，FIX）

固定门为不可开启的门体，位于滑动门与应急门之间，是站台与区间隧道隔离和密封的屏障，固定门门框与立柱之间设有橡胶减震垫，安装方便，可拆卸更换，固定门高度与滑动门一致。

3. 应急门（Emergency Escape Door，EED）

（1）应急门隔断站台和轨道，有门锁装置，在紧急情况下允许采用手动打开，即站台工作人员可在站台侧用“通用”钥匙、乘客在轨道侧挂压开门推杆将门打开，应急门向站台侧旋转 90°（平开）。

（2）正常运营状态，应急门应保证关闭且锁紧，在公共区与隧道区间起隔离作用；当列车进站无法对准滑动门时可作为乘客应急疏散通道。

4. 端门（Mannal Secondary Door，MSD）

端门主要用于车站工作人员在站台和轨道之间的进出通道，同时兼顾紧急情况下疏散乘客的要求，端门有门锁装置，在紧急情况下允许手动打开，即车站工作人员可在站台侧用“通用”钥匙、乘客在轨道侧推压开门推杆将门打开，端门向站台侧旋转 90°（平开）。

（二）门机驱动系统

门机驱动系统主要由驱动装置、传动装置和锁紧装置三部分构成，如图 4-5 所示。

1. 驱动装置

驱动电机为直流无刷电机，具有结构简单、体积小、重量轻、效率高、功率高、启动扭矩大、惯量小、响应快等优点。

2. 传动装置

传动机构是电动机与减速箱组件输出轴至门扇的部分，一般有皮带/齿轮式和螺杆式两种传动方式。

（1）皮带/齿轮式：由齿型橡胶皮带、滑轮及惰轮组成，是门机内机械传动部件，实现牵引门扇运动；非对称门设有变速齿轮组，为窄型门扇提供对应比例速度，以实现控制两扇门扇动作同步。

（2）螺杆式：电动机与减速箱组件的输出轴经联轴器与丝杆连接，丝杆的螺距体现传动链上的变化，丝母与被驱动门扇刚性连接。

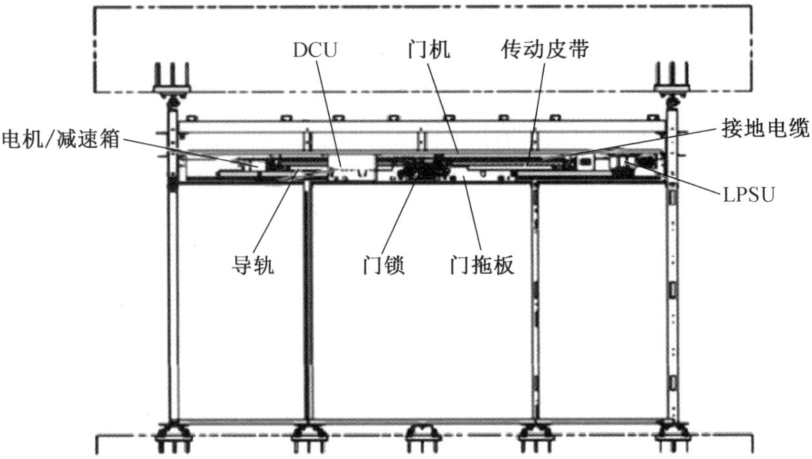

图 4-5 门机驱动系统

3. 锁紧装置

屏蔽门滑动门的锁紧装置由锁块、位于滑轮挂件上的双头柱形锁销、行程开关、解锁电磁铁、闭锁辅助弹片等组成。屏蔽门滑动门还配有手动机械解锁装置。

（三）屏蔽门的电气部分

1. 电源系统

屏蔽门系统为一级负荷供电连续供电（当线路发生故障停电时，仍保证其连续供电，即双回路供电），两路交流输入经低压配电箱切换后给屏蔽门系统供电。屏蔽门供电电源采用驱动电源和控制电源分开设置。控制电源和驱动电源相互独立，配独立的蓄电池组。

（1）系统配电柜：包括系统总开关、主隔离变压器、门单元分路负荷开关、各控制回路工作电源开关、车站低压配电接地保护等，如图 4-6 所示。

图 4-6 系统配电柜

（2）驱动电源：为门机提供门头电源，当外电中断供电时，有为断电后的屏蔽门提供一定开关门次数控制的驱动能量，为车站人员提供应急处理时间。

（3）控制电源：为系统控制线路提供电源，当外电中断供电时，能为屏蔽门控制回路提供不少于 30 min 的后续能量，为车站人员提供应急处理时间。

（4）屏蔽门门体绝缘：上下安装支架设有绝缘套，使屏蔽门的金属构件（包括门槛、立柱、门机毛吕箱、盖板、门循、滑轨、门扇框架等）与车站地绝缘。屏蔽门金属门体构件通过地线与轨道连接，使屏蔽门金属构件与列车车体等电位。

2. 控制系统

屏蔽门控制系统主要由中央控制盘（Platform Screen Doors Central Control Panel，PSC）（含逻辑控制单元和监视单元）、就地控制盘（Platform Screem Doors Local Control Panel，PSL）、紧急控制盘（Integrated Back-up Panel，IBP）、门控单元（Door Control Unit，DCU）、就地控制盒（Local Control Box，LCB）等组成。中央控制盘是整个屏蔽门控制系统的核心，收集并处理来自各个监控点的控制、状态、事件信息，并将处理后的控制、状态、事件信息传向各个监控点。

3. 监视系统

屏蔽门监视器（PSA，如图 4-7 所示），用于监视控制系统各设备的运行状态。PSA 能实现系统内部信息的收发、采集汇总和分析，实现与 PSC、PSL、DCU 等设备之间的信息交换，具有存放数据和软件的存储单元，具有运行监视功能和自诊断功能。每个屏蔽门控制室内设置一套 PSA。PSA 通过现场总线接口连接至 PSC，具有设备维护、故障查询和故障定位功能。通过现场总线在线监视所有门机控制器的工作运行状况和故障状态信息，能够监视站台端头控制盘的工作状态和故障状态信息。

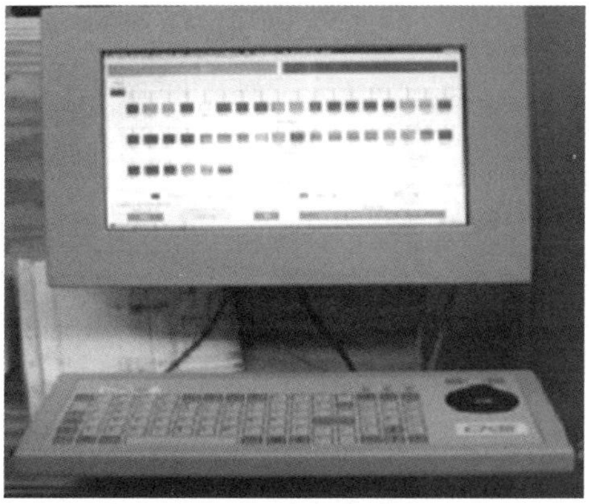

图 4-7　屏蔽门监视器

任务二　屏蔽门系统的运行管理

屏蔽门控制系统根据运营模式及相应功能需求进行设计，在满足功能要求的前提下，提高了系统的先进性、可靠性和经济性。屏蔽门控制系统主要由中央控制盘、就地控制盘、紧急控制盘、门控单元、就地控制盒、控制局域网、软件、监视报警装置、安全继电器回路设备、通信介质及通信接口模块等组成。一个车站设置一套中央控制盘，每套中央控制盘控制两侧屏蔽门。每个车站的每侧屏蔽门控制子系统由一套独立的单元控制器、就地控制单元等组成，确保任一侧屏蔽门的故障不影响另一侧屏蔽门的正常运行，某一道门的故障不影响同侧其他门的正常运行（图 4-8）。

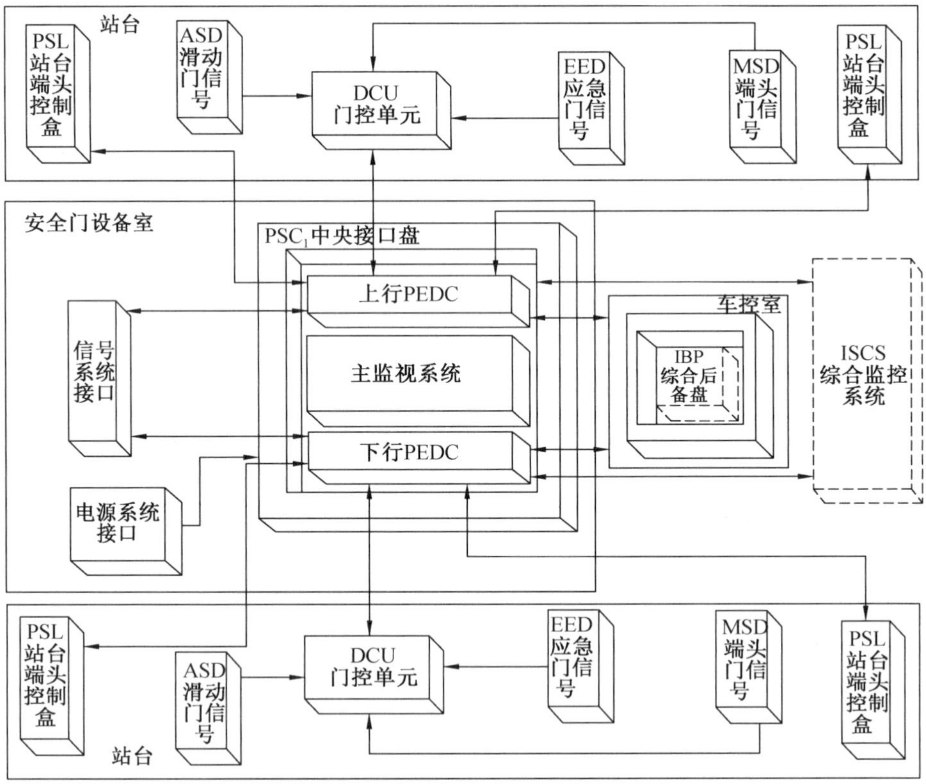

图 4-8　屏蔽门控制系统图

一、屏蔽门系统的控制方式

屏蔽门系统的控制可分为系统级控制、站台级控制和手动级控制三种控制方式。其中手动级控制为最高优先级，系统级控制为最低优先级。系统级控制是由信号系统通过中央控制盘控制屏蔽门。站台级控制是由两侧站台的就地控制盘控制屏蔽门。手动级控制是通过每个门单元的就地控制盒来进行开关门操作或由工作人员通过三角钥匙进行开关门操作。此外，屏蔽门系统还设有火灾控制模式，即在相应的火灾模式下，车站值班人员在车站控制室操作屏蔽门紧急控制开关，配合打开滑动门，疏散乘客和配合环控系统扫烟。火灾控制模式的优先级高于站台级控制和系统级控制。

二、屏蔽门系统级控制

系统级控制应用于正常运行模式，此时屏蔽门系统和信号系统及二者间的接口等设备都处于正常状态。屏蔽门的开关均由信号系统通过中央接口盘 PSC 来控制。PSC 由单元控制器控制系统和监视系统构成。每个单元控制器控制一侧站台的屏蔽门，各单元控制器都配备有与相应侧信号系统进行接口的设备。PSC 完成与其他系统接口前的所有准备工作，如将两侧站台屏蔽门的状态信息集成，并将信息以每个车站为单位与自动化系统 BAS 进行数据传送。具体工作过程如下：

（1）当列车进站且停在允许的误差范围内时，屏蔽门系统接收信号 ATC 发来的“开门”指令，PSC 通过硬线安全回路向每个门单元的 DCU 发送打开屏蔽门的命令，DCU 接收到开门命令后，按顺序自动执行解锁、开门等操作，在滑动门打开过程中，滑动门顶箱上的状态指示装置会做出响应动作。

（2）当列车需要离开站台时，屏蔽门系统接收信号 ATC 发来的“关门”指令，PSC 通过硬线安全回路向每个门单元的 DCU 发送关闭屏蔽门的命令，DCU 接收到关门命令后，按顺序执行关门、闭锁等操作。当所有滑动门都关闭且锁紧后，屏蔽门系统向信号系统发出“屏蔽门关闭且锁紧”信号，允许列车离站，顶箱上的状态指示装置做出响应动作。

（3）在开关门过程中屏蔽门都需要进行防夹检测，如果检测到滑动门被夹，则认为该挡滑动门在开/关时遇到了障碍物，于是 PSC 撤销开关门命令，滑动门停止动作复位并延迟 2 s（时间可调），再重新开/关滑动门。

（4）如果重开关滑动门三次后障碍物仍然存在，滑动门打开并发出声光报警，需要进行人工操作，将该挡滑动门进行隔离，等待维修。

三、屏蔽门站台级控制

站台级控制为在系统级控制出现故障时，可进行就地控制盘 PSL 站台级控制。列车驾驶员或站务人员可在 PSL 上通过“专用钥匙”及“开/关门按钮”对屏蔽门进行“开/关门”操作，实现屏蔽门的站台级控制操作。PSL 的盘面至少包括：“关闭锁紧”状态指示灯为绿色，当所有门单元关闭并锁紧后，指示灯亮；当某一个 DCU 关闭且锁紧时，这个绿色指示灯熄灭。“开门指示”状态指示灯为红色，当所有滑动门单元全开到位后，指示灯亮；滑动门在打开关闭过程中，指示灯闪烁。“互锁解除”指示灯为红色的，强制执行互锁解除钥匙开关时，这个红色指示灯将被点亮。

在以下情况下可通过就地控制盘进行控制：

（1）当系统级控制方式不能打开或关闭滑动门时，如信号系统故障、屏蔽门自控系统故障等情况，站台工作人员可通过 PSL 对滑动门进行开门、关门操作，实现屏蔽门的站台级控制。

（2）当个别滑动门由于故障无法发出“关闭且锁紧”信号时，站台工作人员在人为保障安全的条件下，即在确认没有乘客或物体夹在滑动门中后，站台工作人员通过专用钥匙操作位于 PSL 上的“互锁解除”开关，向信号系统发送允许列车离开站台指令，允许列车离开。

四、屏蔽门手动级控制

手动操作是由站台人员或乘客对屏蔽门进行的操作。当控制系统电源故障或个别屏蔽门操作机构发生故障时，站台工作人员可在站台侧用“专用钥匙”或乘客在轨道侧通过“开门把手”打开屏蔽门。手动级操作控制有以下四种方式：

（1）在维修测试情况下，单扇门操作由维保人员使用就地控制盒 LCB 开、关滑动门，LCB 一般位于顶箱门檐下方，LCB 设“自动、隔离、手动”三位钥匙。

① 当转换开关处于“手动”位置时，维修人员可操作顶箱内的开关门按钮进行手动操作。

② 当转换开关处于“自动”位置时，允许门控单元接收中央控制盘的“开门命令”与“关门命令”。

③ 当转换开关处于“隔离”位置时，单个滑动门单元与系统隔离，隔断本单元的电力供应，不影响整个系统的正常工作，便于维修。

（2）当个别滑动门发生故障时，站台工作人员根据需要，在站台侧使用专用钥匙打开滑动门。

（3）站台人员可根据需要在站台侧用专用钥匙打开应急门和端头门，但打开应急门时必须确认行车安全。

（4）在轨道侧可用手动方式打开滑动门，通过推杆打开应急门与端门。

五、火灾控制模式

火灾控制模式又称为 IBP 控制模式，是在车站紧急情况下（如列车火灾，区间隧道、站台、站厅等处发生火灾时），在车站控制室 IBP 上打开滑动门，滑动门完全打开后 PSC、PSL、IBP 上的开门指示灯亮。本命令属于紧急状态下的紧急开门命令，优先级高于 PSL 控制和系统级控制。

屏蔽门火灾模式的注意事项：

（1）屏蔽门火灾模式仅适用于火灾模式启动时使用。

（2）正常运营时，勿将专用钥匙插入操作开关的钥匙孔，以免引起误操作，特别要避免在运营期间误操作开门。

（3）屏蔽门火灾模式控制不设置关门功能，如需要关闭屏蔽门，可采用站台就地控制盘关门。

六、屏蔽门的操作方式

（1）在正常运行模式下，屏蔽门接收列车司机或 PSC 发出的指令，与车门同时执行开/关门操作。

（2）当列车司机无法将列车停在规定的范围内且偏离量不多而乘客仍能从滑动门中进出时，或者屏蔽门控制系统与信号 ATC 之间发生通信故障等情况时，可操作 PSL 开关滑动门。当列车司机无法将列车停在规定的范围内且偏离量较大乘客不能从滑动门中进出时，则引导乘客从应急门进行疏散。

（3）当个别门故障又一时难以修复时，由屏蔽门上方的就地控制盒，将该挡滑动门的控制与整个系统脱开或隔离，防止影响其他门的动作。

（4）如果滑动门在关闭过程中检测到有人或物被夹（即检测到障碍物），则该挡滑动门立即停止关闭并自动弹开，然后重新关闭，若重复3次障碍物仍存在，门仍无法完全关闭并锁紧，则该挡滑动门自动打开并报警。

（5）在轨道侧通过把手、在站台侧通过专用钥匙打开关闭滑动门。

（6）在列车火灾时，可在IBP上操作开门钥匙开关，打开滑动门疏散乘客；在站台发生火灾时，可配合通风空调排烟模式进行排烟。

项目习题

1. 简述屏蔽门门本体的结构组成。
2. 屏蔽门为什么能提高轨道交通的安全性?
3. 简述屏蔽门的三级控制。
4. 简述屏蔽门不能关闭的操作程序。

项目五 火灾防护系统

项目导学

近年来，世界上一些国家和地区相继发生轨道交通火灾、爆炸事故，几乎每年都有数起十分严重的轨道交通安全火灾事故发生，造成巨大的人员伤亡和经济损失。1995 年 10 月 28 日，阿塞拜疆巴库乌尔杜斯地铁火灾事故造成 558 人死亡。2003 年 2 月18 日，韩国大邱地铁火灾事故造成 198 人死亡，近 200 人受伤。2005 年 7 月 8 日，英国伦敦地铁爆炸案造成 45 人死亡，千余人受伤。

上述轨道交通火灾、爆炸事故的案例再次警示我们：轨道交通消防安全不容忽视，加强轨道交通消防安全管理、完善其消防系统设施刻不容缓。目前，我国轨道交通建设规模越来越大，线路越来越多，系统综合应用越来越复杂，有的车站各条轨道交通交叉重叠，一旦发生火灾，极易酿成事故，对人民的生命财产安全带来极大的威胁，造成重大经济损失并产生严重的社会政治影响。

轨道交通的火灾防护系统在我国系统性地形成是在 20 世纪 80 年代中期。由于经济的发展，新的建筑物日渐增多，并且社会各方面对预防和消除火灾十分重视，因此，火灾防护系统在轨道交通自动化系统中占有特殊且重要的地位。

学习目标

知识目标：重点掌握地铁车站的消防设施；掌握火灾报警系统的组成及功能；掌握自动气体灭火系统的分类和灭火原理。

能力目标：运用车站火灾防护相关理论知识的能力；识别车站消防设施和设备的能力；防护和处理车站火灾的能力。

素质目标：具备车站岗位火灾应急处置技能。

任务一 火灾防护系统的组成及功能

一、消防基础知识

（一）地铁火灾概述

人们通常所说的“火”，其实是物质燃烧的一种现象。燃烧是指可燃物与氧化剂作用发生的放热反应，通常伴有火焰、发光或发烟现象。燃烧需要可燃物、助燃物和引火源，我们称之为燃烧的三要素。这三个要素同时存在时才能发生燃烧，缺少其中任何一个均不能引起燃烧。

（1）可燃物：是指能与空气中的氧或其他氧化剂起燃烧化学反应的物质，如汽油、木材等。

（2）助燃物：主要指能帮助和支持燃烧的物质，如空气和氧气。此外，氧化剂（氯酸盐、过氧化物）等易释放氧的物质也是助燃物。

（3）引火源：指供给可燃物与助燃物发生燃烧反应的能量来源。除烟火外，电火花、摩擦、撞击产生的火花及发热，造成自然起火的氧化热等许多物理或化学现象都能成为引火源。

（二）地铁火灾的分类

火灾是指在时间和空间上失去控制的燃烧所造成的灾害。

（1）按燃烧物分类，国家标准《火灾分类》（GB/T 4968—2008）将火灾分为 A，B，C，D，E，F 六类。

A 类火灾：指固体物质火灾。固体物质往往具有有机物性质，一般在燃烧时产生灼热的余烬，如木材、棉、毛、麻、纸张等。

B 类火灾：指液体火灾和可熔化的固体物质火灾，如汽油、煤油、乙醇、沥青、石蜡等。

C 类火灾：指气体火灾，如煤气、天然气、液化气、石油气等。

D 类火灾：指金属火灾，如钾、镁、钛、镁铝合金等。

E 类火灾：指带电火灾，如物体带电燃烧的火灾。

F 类火灾：指烹饪器具内的烹饪物火灾，如动植物油脂等。

（2）按火灾损失分类，火灾可分为特大、重大、一般火灾三类。

特大火灾：死亡 10 人以上（含 10 人），重伤 20 人以上，受灾户 50 户以上，烧毁财物损失 100 万元以上。

重大火灾：死亡 3 人以上，受伤 10 人以上，受灾户 30 户以上，烧毁财物损失 30 万元以上。

一般火灾：不具备以上条件的火灾。

（三）灭火原理

根据燃烧的基本条件要求，任何可燃物质产生燃烧或持续燃烧必须具备燃烧三要素。因此，所谓灭火就是破坏燃烧条件，使燃烧反应终止的过程。

灭火的基本原理可以归纳为四个方面，即冷却、窒息、隔离和化学抑制。

1. 冷却灭火

对一般可燃物而言，其之所以能够燃烧是因为在火焰或热的作用下，达到了各自的着火温度。因此，将温度降低到着火温度以下，燃烧就会终止。用水扑灭一般固体物质火灾正是利用了这一特点。水能够大量吸收热量，使燃烧物的温度迅速降低，最后导致燃烧终止。

2. 窒息灭火

各种可燃物的燃烧都需要在其最低氧浓度以上进行，低于此浓度时，燃烧便不能持续。一般碳氢化合物的气体或蒸气通常在氧浓度低于 15% 时不能维持燃烧。用于降低氧浓度的气体有二氧化碳、氮气、水蒸气等。通过稀释氧浓度来灭火的方法，多用于密闭或半密闭空间。

3. 隔离灭火

可燃物是燃烧条件中的主要因素，若把可燃物与引火源及氧隔离开，燃烧反应就会终止。火灾中，关闭有关阀门，切断流向着火区的可燃气体和液体通道；打开有关阀门，使已经发生燃烧的容器或受到火势威胁的容器中的液体可燃物通过管道被引导至安全区域等，都是隔离灭火的措施。这样，残余可燃物烧尽后，火也就熄灭了。此外，用喷洒灭火剂的方法，把可燃物同氧和热隔离开来，也是通常采用的一种灭火方法。

4. 化学抑制灭火

物质在有焰燃烧中的氧化反应，都是通过链式反应进行的。碳氫化合物的气体或蒸气在热和光的作用下，分子被活化，分裂出活泼自由基。自由基的浓度和反应的压力决定了燃烧的速度。因此，如果能够有效地抑制自由基的产生或能过迅速降低火焰中自由基的浓度，燃烧就会中止。许多灭火剂都能起到这样的作用，如干粉灭火剂能够使自由基浓度急剧下降，导致燃烧中止。

二、消防系统的组成

涉及消防方面的系统有火灾报警系统、自动灭火系统、卷帘门控制、防排烟系统、火灾应急广播和其他消防设备。

（一）火灾报警系统

在火灾发生初期，火灾报警系统（FAS 系统）通过设置在现场的感烟、感温和感光火灾探测器等火灾触发器件自动接收火灾燃烧所产生的烟雾、温度变化和热辐射等物理量信号，并将其变换成电信号输入火灾报警控制器；也可以通过手动报警按钮以手动的方式向火灾报警控制器通报火警。火灾报警控制器对输入的报警信号进行处理和分析，经判断为火灾时，立即以声、光信号等火灾警报装置向人发出火灾警报，并记录、显示火灾发生的时间和位置，同时向防烟排烟系统、自动喷水灭火系统、室内消火栓系统、管网气体灭火系统、泡沫灭火系统、干粉灭火系统，以及防火门、防火卷帘、挡烟垂壁等防烟防火设施发出控制命令，启动各种消防装置，指挥人员疏散，控制火灾蔓延发展。

FAS 系统的探测点分布在站厅、站台、一般设备用房和管理用房等处所，对保护区域进行火灾监视，起到早发现、通报并发送火灾联动指令的作用。FAS 系统由中央级设备、车站级设备及现场设备组成。

（二）自动灭火系统

常见的自动灭火系统有气体自动灭火系统、水喷淋灭火系统和水喷雾灭火系统。

1. 气体自动灭火系统

气体自动灭火系统布置在重要的设备房，如变电所高低压室、通信设备室、环控电控室、信号设备室等，实现对这些房间全天候的火灾监视及自动喷气灭火的功能。

气体自动灭火系统一般由火灾探测报警、灭火控制和灭火气体三部分组成。其工作原理是把气体以液态形式储存在耐高压的储罐中，发生火灾时，火灾探测报警部分通过探测传感器采集现场火灾信息，经判断确定火灾后，发出报警信息、指令打开气动阀，通过管道喷头释放不同的灭火气体和水雾，淹没整个保护区，从而达到灭火目的。

灭火过程一般为：当保护区发生火灾时，根据烟感探测器和温感探测器所采集的信息，经控制器分析确认，系统发出声、光报警并向防灾报警系统发出报警信息；同时发出各种联动信号，关闭保护区内的所有其他泄漏口（包括风阀、门、挡烟垂臂等挡烟设备），打开事故照明灯、疏散指示灯、警示牌等，并对人员逃生通道的关闭给予一定的延时时间（让保护区内人员疏散）；然后发出指令，打开气动阀释放气体灭火。当气体释放时和完成后，将相关信号反馈到防灾报警系统控制器，让值班人员掌握气体灭火情况，以便进行后续处理。

城市轨道交通采用的气体自动灭火系统，主要有一氧化碳灭火系统、卤代烷灭火系统、惰性气体灭火系统等。

2. 水喷淋灭火系统

水喷淋灭火系统是利用发生火灾后，所产生的热量气体（例如二氧化碳和未燃尽的一氧化碳气体）接触到附近水喷淋系统的可熔控制部件，当部件受热后就会自动断开，随后水喷淋系统喷出一定压力的水流，扑灭所保护区域的火灾。

水喷淋灭火系统一般用于商场、办公楼、宾馆轨道交通车站公共区等人员较密集的场所。

3. 水喷雾灭火系统

水喷雾灭火系统是在传统的水喷淋灭火系统的基础上发展起来的一种新型消防技术。由于气体灭火系统在安装和使用成本维护、防止火灾复燃和环保等方面存在着一定的缺陷，多年来国际上一直在积极开发水雾灭火系统，以便取代气体灭火技术。

近年来，国内外正在研究开发用于多种场所的细水雾灭火系统。所谓“细水雾”（water mist）是相对于“水喷雾”（water spray）的概念而提出的，使用特殊喷嘴，通过高压喷水产生水微粒。细水雾灭火主要是通过高效率的冷却与缺氧窒息的双重作用来工作的。水微粒化以后，即使是同样体积的水，也可使总表面积增大，而表面积的增大，更容易进行热吸收，冷却燃烧反应。吸收热的水微粒容易汽化，体积增大约1700倍。由于水蒸气的产生既稀释了火焰附近氧气的浓度，窒息了燃烧反应，因此又有效地控制了热辐射。

细水雾灭火具有无污染，灭火效果好，耗水量小，电绝缘性好，适用于扑灭A、B、C三类火灾，使用方便等特点，故其有望取代气体灭火系统，在很多领域推广使用。

（三）卷帘门控制

当防火通道上的卷帘门两边的感烟探测器报警时，系统控制卷帘门下降到距地面1.8 m处，挡烟并让人员疏散。当卷帘门两边的感温探测器报警时，系统控制卷帘门下降到地面，以完成防火区的分隔。卷帘门两边还设有卷帘门控制升降的按钮，并设有保持延时（1~30 s可调）后卷帘门自动放下的功能。

（四）防排烟系统

当系统确认楼宇设施发生火灾后，立即开启着火层及其上、下层的正压送风阀（口），同时自动打开顶层相应加压风机，使楼梯前室通道为正压，防止烟气侵入，保证人员疏散逃生时的环境安全。在各层走廊、地下室及无窗房间设有常闭防火排烟阀（口），火灾时，可自动或手动打开火灾区域的防火排烟阀（口），同时联动相应的排烟风机启动；当顶层排烟风机前的防火排烟口温度达到280 ℃时，阀门关闭，联动排风机亦同时关闭。

（五）火灾应急广播

当系统确认发生火灾后，系统可自动切断背景音乐广播，或在消防值班室控制柜上手动控制，接通着火层及其上、下层的扬声器进行紧急广播，指导楼内人员疏散。

（六）其他消防设备

当确认发生火灾后，系统会手动或自动将着火层及其上、下层的报警闪灯或声光报警器启动，提醒楼内人员及时疏散，并由消防值班室手动切断着火层及其上、下层的非消防电源。

任务二　火灾自动报警系统

火灾的早期发现对消防救灾来说具有极其重要的意义。对于地铁车站和区间隧道而言，由于空间狭小，消防救灾十分困难，因而地铁火灾的早期发现和早期扑救显得尤为重要。为保障城市轨道交通车站和线路的运营安全，设置火灾自动报警系统对城市轨道交通全线进行火灾探测、报警和控制而言十分重要。

一、火灾自动报警系统的组成

（一）图形控制中心系统

图形控制中心系统配置两台计算机，分别为监控管理操作终端和历史资料存档管理操作终端，操作终端采用高质量、高性能的个人计算机PC或高性能工业级计算机，配置0.4318 m（17英寸）以上彩色显示器、键盘、鼠标、打印机、不间断电源UPS；历史资料存档管理操作终端配置高性能高容量的磁带机，用于历史资料的存储备份。应用软件是完全汉化的，运行于最新版本的Windows操作系统，用户界面良好，操作灵活简便，可以用图形和文本两种方式处理事件；能对事件进行合理分类及过滤筛选；可以通过对事件存储文件的分析，了解何时发生何事，便于分析事件发生的原因。

（二）车站级火灾自动报警系统

在各车站、主变电站、集中供冷站、车辆段各主要建筑的消防控制室设置一台FACP盘，FACP盘配置先进的微处理器、ICD显示器和紧急供电装置。微处理器有强大的事件存储功能，便于分析事件发生的原因。ICD显示的是全中文字符，可最大限度地向消防值班员提供信息。除了具有ICD显示外，还有易于理解的LED灯和开关按钮组合，以帮助消防值班员在紧急情况下执行系统命令和救灾命令。同时在各车站设置消防联动控制柜，联动控制柜通过控制电缆与重要消防设备的控制回路相连，联动柜上有各种带自锁按键，用于火灾时自动控制系统失灵的情况下，手动控制各种消防设备。紧急供电装置为火灾报警控制器的专用UPS，电池容量可以维持系统24 h的正常运作。

（三）现场设备

FAS现场设备网络图由图5-1所示。

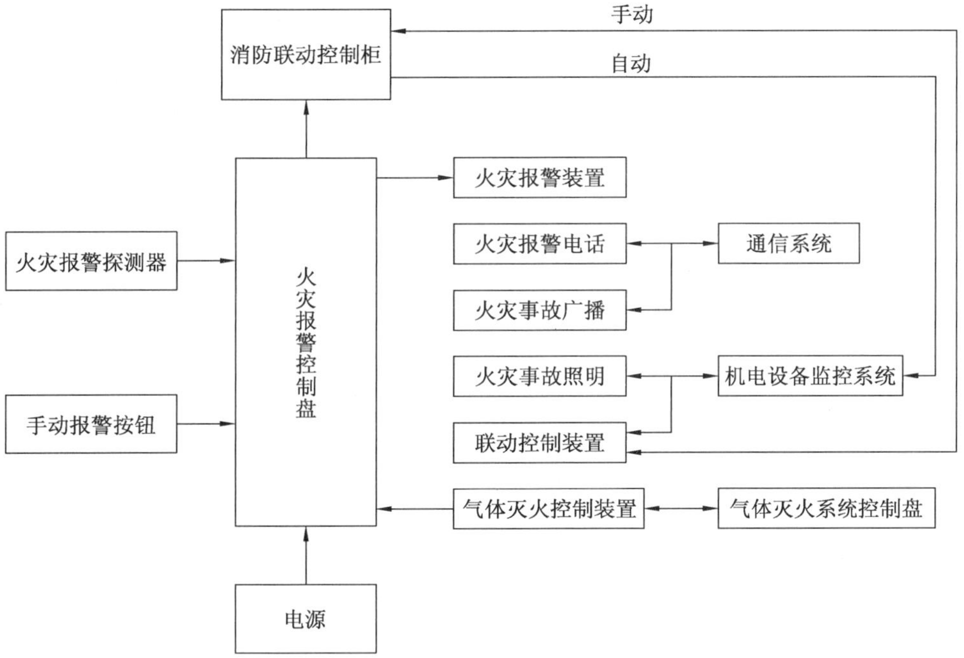

图5-1 FAS现场设备网络图

1. 手动火灾报警按钮

在站厅层、站台层、出入口通道和设备区等区域设有带地址码的手动火灾报警按钮。报警区域内每个防火分区、至少设有一只手动火灾报警按钮。从一个防火分区内的任何位置到最邻近的一个手动火灾报警按钮的步行距离不大于30 m。

在上述区域中，若设有消火栓箱，则手动火灾报警按钮安装在靠近消火栓箱处明显可见和便于操作的墙上。

2. 感温电缆

站台板下的电缆廊道设感温电缆，感温电缆按电缆桥架分层，蛇行走向布置。

3. 光束式感烟探测器

在大空间长距离的库房设有红外光束式感烟探测器。

4. 探测模块

探测模块是带地址码的，用于接收气体自动灭火系统控制盘上的火灾预报警信号、火灾确认信号、系统故障信号、气体释放信号和手动/自动状态信号，以及车站内防火阀和感温电缆的动作信号。

5. 控制模块

控制模块是带地址码的，用于控制防火卷帘的降落。同时根据车站防排烟系统的火灾运行模式，一种模式对应一个控制模块，发生火灾时，根据不同的着火区域自动启动相应的火灾运行模式。

（四）消防联动控制系统的配置

车站级 FAS 构成框图如图 5-2 所示。

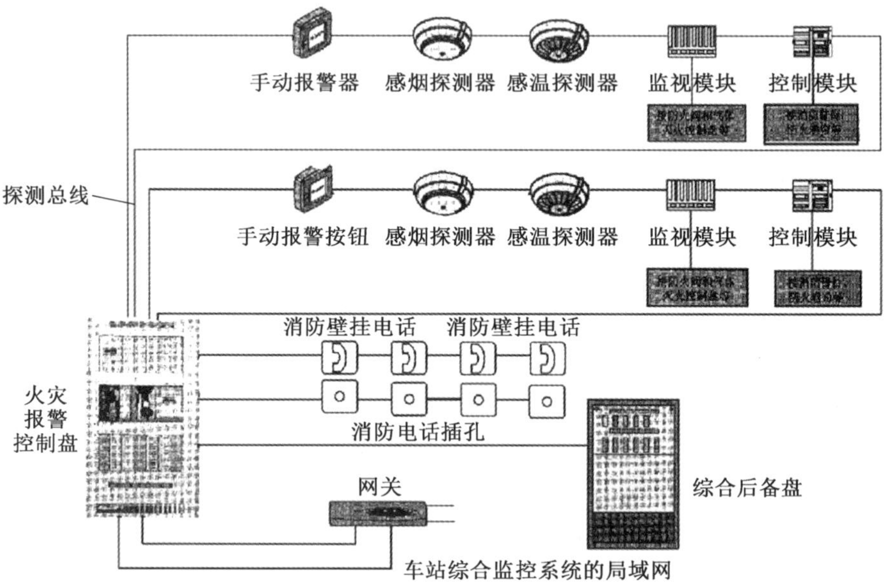

图 5-2　车站级 FAS 构成框图

FAS 所有的防排烟系统联动控制功能由环境与设备监控系统（Building Automatic System，BAS）实现。FAS 和 BAS 在各车站均设有自动控制接口，FAS 发出的指令具有最高优先权。当发生火灾时，通过车站的自动控制接口，FAS 发出指令，按指令 BAS 将其所监控的设备运行转换为预定的火灾运行模式。

（五）消防广播通信系统

1. 消防广播

火灾报警在车站内不设置警铃或警笛，应设有火灾事故广播。火灾事故广播不单独设置，与车站广播系统合用，平时为车站广播用，火灾时能在消防控制室将广播音响强行切转到火灾事故广播状态，火灾事故广播具有优先权。

2. 消防通信

消防指挥中心设专用电话用于向公安消防部门报警。FAS 在车站内设有消防报警电话插孔，而在区间隧道则与轨旁电话系统合用，并结合有线和无线通信系统的使用，实现消防指挥通信系统的全部功能。站内及轨旁电话系统在各消防控制室、值班室、消防水泵房和通风空调机房设置直通电话机；区间隧道设置轨旁电话机。

FAS 在高低压室、通信设备室、信号设备室、环控电控室和屏蔽门设备室等气体灭火保护房间门外的墙上设置固定通话机。在有线通信系统中消防指挥中心设置调度电话总机，各消防控制室设置调度分机。消防指挥中心调度员可对设于各消防控制室的分机进行单呼、组呼、全呼；分机可对中心调度员进行一般呼叫和紧急呼叫。

FAS 与行车调度等共用一套闭路电视监视系统。在消防指挥中心设置切换装置和监视终端，在各车站控制室宜与行车管理等共用一套切换装置和显示终端。

火灾自动报警流程图如图 5-3 所示。

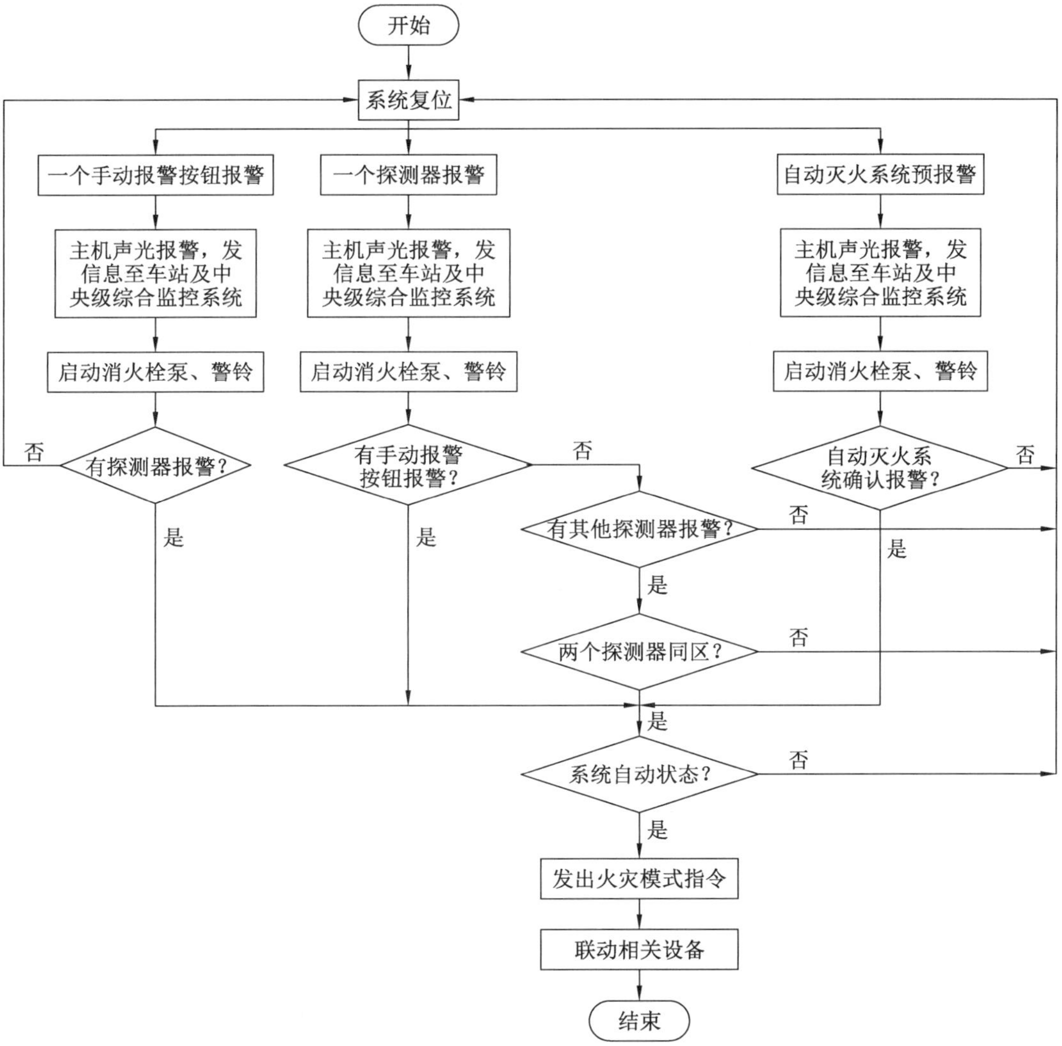

图 5-3 火灾自动报警流程图

二、火灾自动报警系统的功能

FAS 有中央和车站两级监控。

（一）中央级功能

FAS 中央级功能如下：

（1）接收、显示并储存全线主要火灾报警设备的运行状态。

（2）接收由车站级设备传送的各探测点的火灾报警信号，显示报警部位及自动记录。

（3）自动和人工手动确认火灾报警。

（4）根据火灾发生的实际情况，自动选择预定的解决方案，向各消防控制室发出消防救灾指令和安全疏散命令。

（5）图形控制中心 PC 机通过无线发射台及时向市消防局 119 无线报警台进行火灾报警，向消防部门通报灾情。

（6）接收主时钟的信息，使 FAS 时钟与主时钟同步。

城市轨道交通消防指挥中心设有消防值班员，负责管理全线的火灾报警，确认火灾灾情，向车站级发出消防救灾指令，指挥救灾工作的开展。

（二）车站级功能

FAS 车站级功能如下：

（1）监视车站及所辖区间消防设备的运行状态。

（2）接收车站及所辖区间火灾报警或重要系统、设备的报警，并显示报警部位。

（3）向消防指挥中心报告灾情，接收消防指挥中心发出的消防救灾指令和安全疏散命令。

（4）通过车站级的消防联动控制接口向机电设备监控系统 BAS 发出救灾模式指令由 EMCS 启动消防联动设备。

（5）通过消防广播系统和闭路电视监视系统，对乘客进行安全疏散引导。

城市轨道交通车站、车辆段、集中供冷站及主变电站消防控制室设有专职消防值班员，由值班站长或值班员兼任，监视火灾报警，确认火灾灾情，报告消防指挥中心，接收消防指挥中心发出的消防救灾指令，控制有关消防联动设备和组织现场救灾。

任务三　自动灭火系统

城市轨道交通采用的气体自动灭火系统主要有二氧化碳灭火系统、卤代烷灭火系统、烟烙尽气体灭火系统和七氟丙烷气体灭火系统。

一、气体自动灭火系统的原理

（一）二氧化碳灭火系统

二氧化碳自动灭火系统在 20 世纪初就得到了广泛的应用，也是一种至今仍在一些特定的场合大量使用的气体灭火系统，包括高压二氧化碳灭火系统和低压二氧化碳灭火系统。它主要是依靠将高浓度的二氧化碳喷放至所保护的区域，使其中的氧气浓度急速下降（稀释）至一定程度，并产生窒息作用使燃烧无法再继续进行下去。但此种灭火机理会严重影响停留在保护区域中的人员生命安全及健康。

工业发达国家应用二氧化碳灭火系统时间较长。二氧化碳来源广泛、价格低廉。二氧化碳以物理作用灭火，其中以窒息作用为主，冷却作用其次。

可扑救的火灾类型包括：液体或可熔化的固体（如石蜡、沥青）火灾；固体表面火灾及部分固体（如棉花、纸张）深位火灾；电气火灾；气体火灾（灭火时不能切断气源的除外）；等等。

二氧化碳灭火系统的防护区大多是重点要害部位或无人值守场所。根据保护对象空间是否封闭，二氧化碳灭火系统分为全淹没系统与局部施用系统两种类型。全淹没灭火系统使用的二氧化碳设计浓度为34%或更高，对人是致命的。所以在设有自动控制的防护区外，需设置喷射指示灯和自动手动转换开关及专用的呼吸器，以避免对人可能产生的危害。

（二）卤代烷灭火系统

卤代烷灭火系统主要有1211灭火系统和1301灭火系统两种。城市轨道交通采用的主要是后者。1301灭火剂的化学名称为三氟一溴甲烷，分子式为CF_3Br，因其中碳原子（C）的数量为1、氟原子（F）的数量为3、氯原子（Cl）的数量为0、溴原子（Br）的数量为1，故简称为卤代烷1301，也称为“哈龙气体”。

1301灭火系统由于具有灭火效率高、无水渍、无腐蚀、不污染、毒性低、绝缘性强等优点，早年被广泛使用。以往上海地铁、广州地铁、香港地铁等均选用1301灭火系统。

由于卤代烷破坏臭氧层，对人类的大气环境造成极大的破坏，故而在近年遭到世界各国（包括中国）的一致禁止。

（三）烟烙尽气体灭火系统

烟烙尽（inergen）的英文名称由惰性气体（inert）和氮气（nitrogen）的英文名称缩写复合而成。它是由几种特定的惰性气体经过简单的物理方式混合而成的。这些特定的惰性气体包括氮气、氩气和二氧化碳，其中氮气占52%，氩气占40%，其余8%为二氧化碳。

一方面，当组成烟烙尽气体的3种气体喷放到着火区域时，在短时间内会使着火区域内的氧气浓度降低至不能够支持燃烧的12.5%以下，同时，使着火区域中的二氧化碳仅上升至2%～5%，对燃烧产生抑制作用，使燃烧迅速终止。

另一方面，医学实验证明，人体在12.5%的氧气浓度和2%～5%的二氧化碳浓度环境下呼吸，人脑所获得的氧气量与在正常大气环境（21%的氧气浓度和0.03%的二氧化碳浓度）所获得的氧气量是一致的，因此，烟烙尽气体不会对人体产生直接伤害。

烟烙尽气体灭火系统的优点是：灭火药剂由大气中的气体组成，符合环保要求；可保障现场工作人员的生命安全；不会产生任何酸性化学分解物，对精密贵重的设备无任何腐蚀作用。因此，该系统成为目前世界上最流行的气体灭火系统。

（四）七氟丙烷气体灭火系统

七氟丙烷（CF_3CHFCF_3）的代号为HFC－227ea，是一种无色、无味的气体。其灭火机理为化学反应灭火，高温后产生的热分解酸性腐蚀产物（HF）会对设备产生一定的腐蚀作用，灭火浓度为8%～10%，系统压力为4.2 MPa，属于中压系统。深圳地铁期工程采用七氟丙烷气体灭火系统。烟烙尽气体灭火系统的灭火浓度为37.5%～42.8%，系统压力为15 MPa，属于高压系统，所以对设备的要求高，导致造价也高。例如，上海、广州等地同期建设的地铁工程均采用高压惰性灭火气体烟烙尽（国内名称为IG541）灭火系统，整套系统设备都是进口的，且设备的核心技术掌握在国外厂商手中。七氟丙烷气体设备已经完成了国产化、产业化和工程应用，技术成熟可靠，因此能够满足深圳地铁车辆和机电设备系统国产化率70%的要求。它比进口设备要便宜很多，因而在价格方面有相当大的优势，符合深圳地铁高水平、低造价的建设目标。

二、气体灭火系统的组成

气体灭火系统一般均由管网系统及报警控制系统两大部分组成。一次成功的灭火过程是监控系统与气体管网系统联合运行的结果。监控系统主要由以下部分组成：控制器、火灾探测器、警铃、声光报警器、放气指示灯、手动/自动转换开关、紧急启动按钮、紧急止喷按钮、控制模块、监视模块、继电器模块和现场总线等。气体管网系统主要由以下部分组成：气体药剂及储瓶、氮气及氮气启动瓶、容器阀、选择阀、安全泄压装置、气体及液体单向阀、电磁启动阀、压力反馈信号器、喷头和气体管路等。下面以烟烙尽自动气体灭火系统为例加以说明。

（一）管网系统

管网系统由气体钢瓶及CV98瓶头阀、不锈钢启动软管、电磁阀、高压软管、集流管、放气阀、单向阀、减压装置、选择阀、压力开关、喷嘴和气体输送管道组成。

1. 气体钢瓶及CV98瓶头阀

气体钢瓶是储存烟烙尽药剂的容器，尺寸有80 L、68 L、50 L和40 L等。钢瓶内药剂的压力为15 MPa。图5-4所示的CV98瓶头阀是密封封盖的，不能拆卸，具有指示药剂容量、药剂释放控制及连接相关部件的作用。

图5-4 CV98瓶头阀

2. 电磁阀

CV98 电磁阀是安装在瓶头阀顶部的电磁启动装置，由 442R 控制盘的电流控制回路输出进行控制。

3. 选择阀

选择阀是药剂所经管路路径的控制设备，可由人工操作或使用 CV98 电磁阀进行自动控制，如图 5-5 所示。

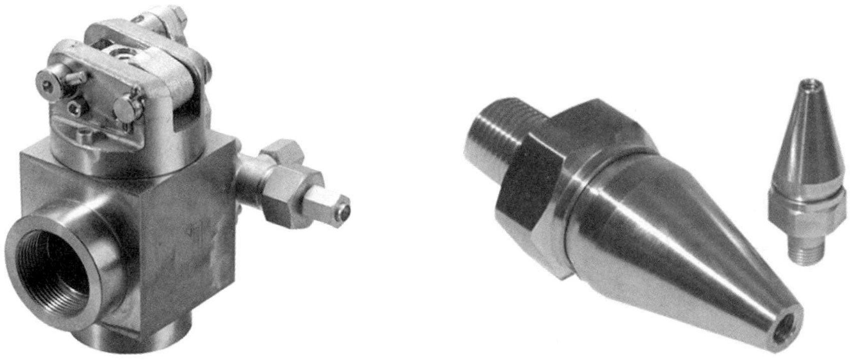

图 5-5　选择阀

4. 喷嘴

图 5-6 所示为喷嘴及喷嘴导流罩。排放喷嘴用于控制使用钢瓶内储存压力喷放烟烙尽药剂。不同尺寸的喷嘴，用于控制不同的药剂流量和不同的分布图形。喷嘴也可与喷嘴导流罩合用，用于控制药剂的喷放特性曲线，同时可防止药剂喷射到吊顶和易碎灯具上。

图 5-6　喷嘴及喷嘴导流罩

（二）报警控制系统

气体自动灭火系统具有自动控制、手动控制和应急机械手手动控制 3 种控制方式。

1. 自动控制方式

当控制系统处于自动工作状态时，气体灭火系统可自动完成防护区内的火灾探测、报警、联动控制及喷气灭火整个过程。防护区内的单一探测回路探测到火灾信号后，控制盘启动设在该防护区域内的警铃，同时向 FAS 提供火灾预警信号。同一防护区内的两个回路都探测到火灾信号后，控制盘启动设在该防护区门外的蜂鸣器及闪灯，并按下列程序工作：完成“联动设备”的启动（关闭风管上的防火阀），延迟 0～30 s 输出 DC24V 信号打开电磁启动器，继而打开 N2 启动瓶瓶头阀、分区释放阀和各储瓶瓶头指示灯，防护区域门内外的蜂鸣器及闪灯在灭火期间将一直工作，以警告所有人员不能进入防护区域，直至确认火已经扑灭。

2. 手动控制方式

在有人值班的情况下，将控制盘上的手动/自动转换开关拨到手动挡，探测器接收火灾信号，当值班人员发现火情时，直接按下“启动”按钮，系统会发出相应的报警信号，人为启动灭火系统进行扑救。这种手动控制方式实际上是电气方式的手动控制。

3. 应急机械手手动控制方式

发现火灾后，在系统自动和手动两种启动方式均失效的情况下，可在气瓶间内实施应急方式，人工操作机械启动装置，进行灭火。通过操作设在气瓶间中启动装置的应急机械启动器，打开 N2 启动瓶瓶头阀，继而像“自动控制”程序一样，相应地将释放阀和瓶头阀打开，释放灭火剂实施灭火。

三、火灾时车站工作人员的应对措施

（一）气体灭火保护以外的用房及公共区发生火灾

气体灭火保护以外的用房及公共区发生火灾时，行车值班员的处理措施包括以下几个：

（1）在车站环控系统盘面上，FAS 报警，确认火灾位置，并通知附近工作人员到现场确认是否发生火灾。

（2）若确认未发生火灾，行车值班员应在 EST 控制盘上按下“面板静音”“报警静音”“总复位”键进行消音及复位，随后还应报自动化调度。

（3）若确认发生火灾，行车值班员应按下“火警确认”键。

（4）接到确认火灾报告后，行车值班员应实施如下操作：① 报告行车调度：行车调度，车站发生火灾，火势……；② 开启相应的火灾排烟模式。

（二）隧道发生火灾

隧道在发生火灾时，温度升高，可在车控室的 MCP 及控制中心的显示屏看到警示。例如，深圳地铁的隧道内设有感温纤维，能随时探知隧道内的温度。隧道发生火灾，原则上由控制中心的环控调度（简称环调）负责处理。列车在区间隧道内发生火灾时，应尽量驶入前方车站，利用前方车站来疏散乘客。如果列车不能驶入前方车站，而是停在区间隧道，则必须紧急疏散乘客，此时，本区间的列车应立即中止运行，另外一条隧道也应立即停止正常的行车。列车在区间隧道发生火灾时的处理程序如图 5-7 所示。

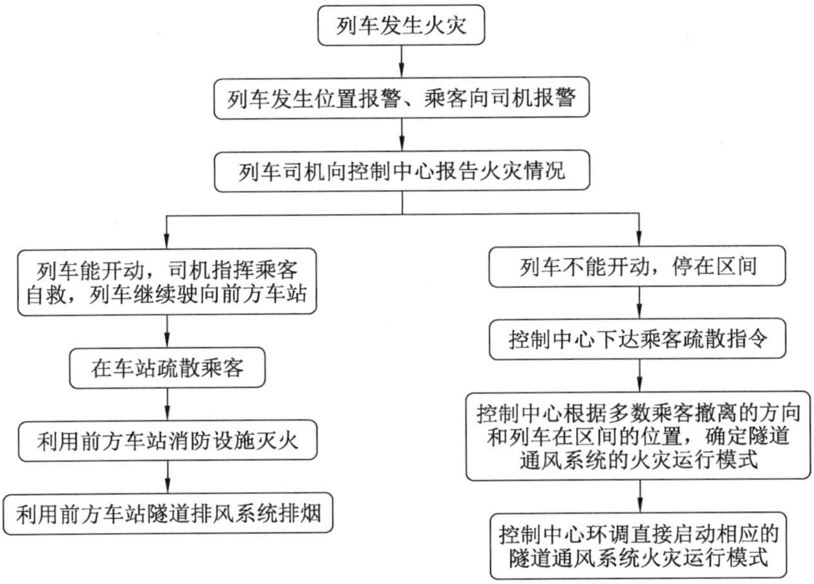

图 5-7　列车在区间隧道发生火灾时的处理程序

如果列车在车站发生火灾，应该立即执行紧急疏散计划，停止线路上的其他列车开行和其他乘客进入火场，并利用车站楼梯和出入口疏散乘客。其关键步骤如下：

（1）当车门、屏蔽门不能电控打开时，应立即进行人工开门。

（2）若能打开门，则直接引导乘客疏散。

（3）在确保安全的情况下尝试灭火。

（4）灭火无效后应放弃灭火，待站台乘客全部疏散后，向车控室汇报。

（5）前往站厅协助疏散。

任务四　火灾防护系统设备的维护

一、维护管理任务和原则

（一）消防系统维护管理的任务

消防系统设备作为运营安全的重要设施，具有防灾、救灾的重要作用。通过对系统进行良好有效的定期检查和故障维护，使系统处于良好的工作状态，是对轨道交通财产和人身安全的有力保障。

（二）消防系统维护管理的原则

1. 安全第一，遵章守律

安全是城市轨道交通的生命线，任何部分出现问题都可能牵一发而动全身，都有可能造成对乘客生命和财产的损害。因此，在消防系统的维护过程中，要真正贯彻“安全第一”的思想，严格遵守各项安全制度。

2. 精修细检，确保质量

精修细检对于延长设备使用年限，降低成本消耗，提高设备质量，满足运营生产需要，起到了保证的作用。消防系统的设备维护主要体现在以下三方面：

（1）实行计划维护。当设备运行使用到规定的维护周期时，按级进行大修、中修或更新改造。维护人员要严格执行维护计划，认真按照规程要求办理。在设备大修和更新改造后，须按设备验收标准验收，合格后方可投入使用。

（2）坚持预防为主的方针，严格执行各类设备巡检和保养维护计划。维护人员须认真执行日常维护计划，细心巡检，发现问题及时处理，准确填写记录，使设备保持良好的工作状态。

（3）出现故障，先通后复确保系统运行完好。出现重大故障，必须马上进行抢修：一般故障 24 h 内恢复，保证消防系统无故障运行。

3. 优质服务

在维护设备时应注意文明施工，减少对乘客的影响。施工完毕后清理好现场。

二、维护管理的组织及有关人员的职责

消防系统的维护管理工作主要由消防维护工班和消防专业工程师负责。

消防维护工班设一名工班长及数名维护工，主要负责轨道交通全线火灾自动报警系统及气体灭火系统设备的维护工作。

日常的工班管理工作由工班长承担，工班的生产管理工作则由工班长指定的各兼职管理员来协助完成。

三、维护管理的有关规程和要求

维护管理的有关规程和要求主要包括系统维护周期及工作内容、系统维护作业管理和系统维护安全管理三部分。

（一）消防系统设备的维护周期及工作内容

消防系统设备的维护工作，根据维护周期的不同可分为双周检、月检、季度检、半年检、年检；根据工作内容的不同可分为日常保养（一级）、二级保养、小修（三级）、中修四级。

消防系统的日常保养工作主要有设备的外观检查、设备的清洁、设备的运行状态检查等，目的是保持系统的工作环境和及时发现系统的异常情况。

消防系统的二级保养工作除了包括日常保养的内容之外，还应有设备的功能测试、设备的线路检查等，目的是测试系统的正常功能是否符合要求。

消防系统的小修工作除了包括二级保养的内容外，还应有设备的机械特性与电气特性测试、设备的零部件保养或更换等，目的是确保系统的可靠性。

消防系统的中修工作除了包括全部小修内容之外，还应对现场的设备进行全面分解、整修、补强调整或更换，以及对现场的设备进行全面测试，目的是保证设备的机械特性与电气特性达到原设计的技术标准与要求。

（二）消防设备的维护作业管理

消防设备的维护作业，由于涉及乘客和列车运营，因此需要进行规范管理。其中，施工进场作业令制度和请销点制度是维护作业的两种主要管理手段。

（三）维护安全管理

消防系统设备的维护安全管理除要遵循城市轨道交通通用安全制度外，由于涉及高空作业，还需遵循高空作业安全的有关规定。

四、消防系统事故（故障）分类与处理

消防系统是城市轨道交通重要的安全设施，它对轨道交通火灾的监控起到至关重要的作用。对系统出现的故障进行及时处理和排除方能有效地保证系统的实时性及可靠性。

（一）故障分类

1. 严重故障

凡属以下故障之一的，均为消防系统严重故障：

① FAS 系统的站级功能全部丧失；

② FAS 系统有一个以上的探测回路丧失工作能力，导致车站有大片区域失去火灾监视功能；

③ FAS 系统车站级计算机和控制盘显示 LCD 同时失效；

④ 气体灭火系统完全失去监视功能；

⑤ 气体灭火系统经常误报火警。

2. 一般故障

凡属以下情况之一的，均属消防系统一般故障：

① FAS 系统丧失中央级监控功能，但车站级功能完好；

② FAS 系统线路故障，但不影响回路的监测功能，如接地等；

③ 个别烟感探测器脏污，或个别模块损坏；

④ 消防电话故障；

⑤ 主机部分板卡故障，但不影响整体的监视和控制功能；

⑥ 气体灭火系统部分辅助设备故障，如警铃等。

（二）故障处理时限

当消防系统发生严重故障时，必须组织维护人员立即到现场进行抢修，并本着“先通后复”的原则，尽快恢复系统的基本功能。若当班维护人员在本班内完成不了故障处理，则应报生产调度，并做好现场防护措施，以便尽快安排接续的维护。对离线设备，在离线前应做好代换措施，代换后经复查检验正常后，方可离开现场。离线设备的维护应有计划的维护期限。

（三）故障处理要求

故障处理要遵循“三不放过”的原则，即事故原因分析不清不放过，事故责任者和相关人员没有受到教育不放过，没有防范措施不放过。故障处理要按故障处理程序进行。了解故障情况要做到“三清楚”，即时间清楚、地点清楚、原因清楚。

（四）事故（故障）抢修组织

对于事故（故障）抢修组织主要涉及抢修流程组织，抢修人员组织，材料、工器具组织三方面。

1. 抢修流程组织

中央级在 OCC 设置维护调度，负责全线所有系统的故障抢修调度。

当消防系统发生故障后，维护调度用电话通知维护部门生产调度并做好故障记录。若为重大故障，由维护调度统一指挥、组织抢修。

生产调度接到故障报告后，通知消防工班长，并做好故障记录。

若为一般故障，消防工班长根据实际情况，派遣维护人员进行故障维护。若维护人员不能解决，工班长或技术人员必须到场协助解决。

若为重大故障，生产调度通知就近消防系统维护人员第一时间赶赴事故现场。同时通知工班长、专业工程师参与抢修。

原则上，消防系统专业工程师或工班长为现场抢修负责人，抢修人员人必须服从现场负责人的命令，不得各自为政。

抢险作业完成后，由现场抢修负责人报告抢修情况，同时向维护调度及生产调度报告抢修结束。

2. 抢修人员组织

消防系统在维护组织上以日班为主，在条件允许的情况下，上班人员尽可能覆盖运营时段。

节假日期间应尽可能安排维护人员在运营时段内值班。

非节假日及晚上采取维护人员在家待命的方式响应故障抢修。

在工班设置上，尽可能将工班设置在轨道交通线路中间站，同时在维护组织上以分段维护为宜，每段设分段责任人，确保故障处理人员能在尽可能短的时间内到达现场。

3. 材料、工器具组织

工班内应保存一定数量的备品备件、材料、仪器仪表等，并建立相应的管理制度。

事故抢修工具、备品应分门别类集中存放，最好集中存放在几个抢险箱中，并有明显标志，便于发生事故抢修时迅速、准确地提取。

抢修工具、备品应状况良好，完好无损。

抢修工具、备品应由专人保管负责，并定期进行清查、保养，发现问题及时整改，短缺的物品及时补齐。所有物品必须建立账卡、清单。

抢修设备应包括有主要控制设备的备品备件、个人电气检修套装工具、对讲机、常用电工仪器仪表（如万用表、电流钳表等）、必要的材料、物资等。

项目习题

1. 火灾按燃烧物分类，可分为哪六类？各自的含义是什么？
2. 烟烙尽自动气体灭火系统的优点是什么？
3. 消防系统设备维护主要体现在哪三方面？具体内容是什么？

项目六　通风空调系统

项目导学

随着城市化的快速推进，作为中国城市公共交通网络重要组成部分的城市轨道交通网络建设也在快速发展。受环境的约束及地铁本身的特点影响，地铁线路及车站大多位于地下，除各车站出入口和通风道口与大气沟通以外，可以认为其他部分基本上是与大气隔绝的，因此如何保持通风、温度、湿度等以满足乘客的要求是环控设计的重要问题。

城市轨道交通内部空气环境控制系统，也称为通风空调系统。它能够通过调节指定区域内的空气温度、湿度、气流速度，并控制二氧化碳和粉尘等有害物质的浓度，以满足人体健康及相关设备正常运行的要求。

本项目将介绍城市轨道交通通风空调系统的功能、通风空调系统的分类与组成，以及通风空调系统的设备。

学习目标

知识目标：掌握通风空调系统的分类与组成；了解通风空调系统主要的设备。

能力目标：能掌握通风空调系统的功能，具备系统功能辨识和设备基本操作的能力。

素质目标：能具备一定的环控调度员岗位应具备的岗位能力和技能要求。

任务一　概述

一、通风空调系统的概念

地铁的内部空气环境范围应包括车站（站厅、站台、出入口通道）、区间隧道、折返线、尽端线隧道等和车站内的设备及管理用房。

城市轨道交通通风空调系统，是指对车站站厅、站台、隧道、设备及管理用房等场所的环境进行空气处理的系统，主要是调节指定区域内的空气温度、湿度、空气流速和空气品质等主要因素，以此来创造一个适用于地铁设备正常运转、人员安全舒适的人工环境。

二、通风空调系统的功能

城市轨道交通地下环境由于其特殊性具有以下特点：

（1）地铁的车站和区间隧道除出入口（地面线和高架线除外）等极少部位与外界相沟通外，基本上与外界隔绝，受外界气象条件的影响较小，长年不见阳光，通风条件差，粉尘多，人员密集，只有人工气候才能保证优质的环境。

（2）列车各种设备的运行和乘客都将释放大量的热，如不及时排除，将使本站和区间温度上升。同时，随着客流量的不同，内热源强度也会随之变化，导致环境调控难度较大。

（3）列车运行引起的活塞风是隧道内通风换气的主要动力，但是，这种活塞风的局部与瞬间空气流速较大，又会干扰车站气流组织，易造成乘客感觉不适。

（4）当发生事故时，尤其是发生火灾事故时，由于空间闭塞不通风，将导致环境恶化，不易救援。

面对地下车站如此复杂的环境特点，通风空调系统的重要性不言而喻，其具体的功能如下：

（1）在车站正常运行时，通风空调系统提供人员所需的新风量，为乘客和工作人员提供一个适宜的人工环境，满足站内各种设备正常运转所需要的温度和湿度要求。

（2）列车阻塞在区间隧道时，通风空调系统向阻塞区间提供一定的通风量，保证列车空调等设备正常工作，维持车厢内乘客在短时间内能接受的环境条件。

（3）当发生火灾事故时，通风空调系统提供迅速有效的排烟手段，给乘客和消防人员提供足够的新鲜空气，并形成一定的迎面风速，引导乘客安全迅速撤离。

三、通风空调系统的控制方式

（一）中央级控制

中央级控制装置设在控制中心 OCC，配置有中央级工作站，全线隧道通风系统及车站通风空调系统中央模拟显示屏，OCC 工作站可以对隧道通风系统进行监控，执行隧道通风系统预定的运行模式或向车站下达各种模式指令，主要功能如下：

（1）可实现对全线通风空调系统、冷水机系统、隧道通风系统等系统的监视和控制。

（2）能自动显示并记录全线通风空调设备的运行状况和设备累积运行时间。

（3）能实时反映车站温度、湿度等行车环境数据。

（4）通过自动控制系统与防灾报警系统在中央级的接口，能接收报警信息并触发通风空调系统的灾害模式，命令通风空调设备按灾害模式运行。

（5）通过自动控制系统与信号系统的接口，接收区间堵车信息，并对相应区间运行强制通风模式。

（二）车站级控制

车站级控制装置设在各车站车控室，配置车站级工作站和紧急控制盘。可以向中央控制传达本站设备信息，并执行中央级控制下达的各项运行指令。在中央级控制工作站的授权下，车站级工作站可以作为本车站的消防指挥中心，当车站工作站出现故障时，紧急控制盘可以执行中央级工作站下达的所有防灾模式指令。具体功能如下：

（1）在正常情况下可监视和控制本站的隧道通风系统空调大系统、小系统及空调水系统。

（2）能使本站通风空调设备按预定的模式运行。根据负荷变化，自动确定优化节能模式并运行。

（3）当火灾时，可接收报警信息，并通过自动控制系统实现车站进入灾害模式，控制通风空调设备按灾害模式运行。

（三）就地级控制

就地级控制设置在各车站的环控电控室，具有对单台暖洒空调设备就地控制的功能，便于各种设备调试、检查和维修车站的环控电控室。单台暖洒空调设备同时设有就地控制箱。

以上三种控制方式中，就地级控制的优先级别最高。即就地控制时，车站控制室和中央控制室仅接受其操作信号，对其控制失效。

任务二　通风空调系统的分类与组成

一、通风空调系统的分类

随着工程技术和科技手段的不断提高，地铁车站通风空调系统也出现不同的类型，一般分为开式系统、闭式系统和屏蔽门式系统三种。

（一）开式系统

早期的地铁车站，由于车站规模小、系统自动化程度低、设备房间少，地铁区间、车站及设备管理用房都采用开式系统，而且车站和区间一般没有机械通风系统，只是依靠列车活塞风来降温。这种通风系统非常简单，基本上没有风道和机房，只能适用于运量比较小的地铁线路。利用活塞通风，对车站进行换气。区间上间隔一定距离设置自然通风口，以满足阻塞通风及火灾排烟的要求。这种系统基本上不需要通风机房，也不产生长期的运行维护费用。车站的净空可以不考虑风管的空间，至少可以做低 1 m。另外，地面上没有风井等附属建筑，对城市景观影响小。目前，这种系统多用于当地最热月的月平均温度低于 25 ℃且运量较少的地铁系统。

1. 活塞通风

当列车的正面与隧道断面面积之比（称为阻塞比）大于 0.4 时，列车在隧道中高速行驶，如同活塞作用，使列车正面的空气受压，形成正压，列车后面的空气稀薄，形成负压，由此产生空气的流动。利用这种原理的通风，称为活塞效应通风。

活塞风量的大小与列车在隧道内的阻塞比、列车行驶速度、列车行驶空气阻力系数、空气流经隧道的阻力等因素有关。利用活塞风来冷却隧道，需要与外界有效地交换空气，因此对于全部应用活塞风来冷却隧道的系统来说，应计算活塞风井的间距及风赶时井断面授尺寸，使有效换气量达到设计要求。实验表明：当风井间距小于300 m、风道的长度在25 m以内、风道面积大于10 m^2 时，有效换气量较大。在隧道顶上设风口效果更好。由于设置许多活塞风井对大多数城市来说都是很难实现的，因此全活塞通风系统只有在早期的地铁中应用，现今建设的地铁多设置活塞通风与机械通风的联合系统。

2. 机械通风

随着地铁建设和运营的发展，客流密度增大，列车运行频率增加，地铁环境中热量聚集导致温度升高的问题日渐突出。尤其是处于低纬度地区的城市，夏季空气温度较高，对于庞大的地下空间，一般的通风排热效果不尽如人意。当活塞式通风不能有效地解决人们对地铁隧道环境温度的实际需求时，就需要设置机械通风系统。

根据地铁系统的实际情况，可在车站与区间隧道分别设置独立的通风系统，正常情况下利用风机及风管对车站进行横向通风换气；在列车事故或停止运行期间，利用风机对区间进行强制通风。机械通风系统可以满足不同工况（正常行车、列车区间阻塞、火灾排烟）的通风需要，而且可以保证通风换气不存在死角，适应不同车站形式的要求。该通风系统与单纯的活塞通风系统相比，要增加送排风道，因此土建规模也要大。同时，该系统要考虑风管安装空间，因此建筑净空要高。为了充分地利用活塞风的自然通风效果，车站建筑设计也应尽量缩小非集散区的面积，在夏季利用机械通风对车站进行强制降温，其余季节利用活塞效应进行通风换气，以降低通风系统运行能耗。为了压缩车站规模，应尽量将每端的风道上下对称布置在车站的两侧。

（二）闭式系统

城市地铁以隧道连接众多车站构成一个庞大的地下空间环境，出于基本卫生的需求，总是需要设置与外界大气环境相通的通风通道。通过这些通道，采用强制机械通风或自然通风的方式，地铁空间的空气与室外大气得以交换，以满足地铁环境的基本需求。这种形式在地铁中是最为普遍的，地铁环境与室外环境联络的风道开启时，称之为开式系统。

当采用人工制冷降温措施后，为了减少制冷能量的消耗，地铁系统在空调季节期间暂时切断（关闭）了地铁环境空间与室外大气环境的联络风道，即闭式系统。闭式系统是指空调季节地铁空间采用的空调通风循环系统，使地铁内部基本上与外界大气隔断，除了保证必要的新风外，仅供给满足乘客所需的新鲜空气量。车站一般采用空调系统，而区间隧道的冷却是借助列车运行的活塞效应携带一部分车站空调冷风来实现。这种系统多用于当地最热月的月平均温度高于25 ℃且运量较大、高峰时间内每小时的列车运行对数和每列车车辆数的乘积大于180的地铁系统。

（三）屏蔽门式系统

屏蔽门式系统是在车站站台层公共区安装可滑动的屏蔽门，使站台和区间隧道分开，当列车停站时屏蔽门与车门一一对应打开，列车出站时屏蔽门关闭，用以隔断区间隧道内热空气与站内空调风之间热交换。屏蔽门把地铁中列车产的热量拒之站台外，使车站成为独立的空调场所。

在车站的站台与行车隧道间安装屏蔽门，将其分隔开，车站安装空调系统，为独立的制冷、除湿区，具有安全、节能、美观等优点。隧道用通风系统（机械通风或活塞通风，或两者兼用），若通风系统不能将区间隧道的温度控制在允许值以内时，应采用空调或其他有效的降温方法。

安装屏蔽门后，车站成为单一的建筑物，它不受区间隧道行车时活塞风的影响。车站的空调冷负荷只需计算车站本身设备、乘客、广告、照明等发热体的散热，及区间隧道与车站间通过屏蔽门的传热和屏蔽门开启时的对流换热。此时屏蔽门系统的车站空调冷负荷仅为闭式系统的 22% ~28%，且由于车站与行车隧道隔开，减少了运行噪声对车站的干扰，不仅使车站环境较安静、舒适，也使旅客更为安全。

将地铁隧道与站台大厅隔开，阻止了两个空间的通风。这导致非空调季节不能利用车站出入口及列车的活塞效应进行自然通风，必须进行机械强制通风。另外，由于区间与车站完全隔断，无法利用车站的冷风对区间进行冷却，为了保证区间的温度满足要求，往往还必须增加区间活塞通风系统。因此，其机房面积比传统的闭式系统要大得多。总的来说，在全年气候较热、地铁开空调季节较长的南方等地区建议采用屏蔽门系统，可以减少较多能耗。

屏蔽门式系统主要由以下部分组成：车站公共区通风空调系统、车站区间隧道通风系统、区间隧道通风系统、车站设备管理用房通风空调系统。

屏蔽门式系统的主要特点有：必须设置活塞风道；增加了车站隧道通风系统；系统布置更加复杂。

通风空调三类系统的比较见表 6-1。

表 6-1　通风空调三类系统的比较

类型	特点	应用程度
开式系统	适用于当地最热月份的平均温度高于 25 ℃且运量较大的轨道交通	早期有所应用、地面线
闭式系统	站内采用空调系统，区间隧道借助活塞效应	无屏蔽门车站多采用此种系统，应用较广
屏蔽门式系统	安全、节能、美观，独立的车站空调系统和隧道通风系统	应用越来越广泛

二、通风空调系统的组成

地铁通风空调系统一般采用屏蔽门式系统或闭式系统。由于屏蔽门的隔断，屏蔽门式系统形成两个相对独立的系统——车站空调通风系统和隧道通风系统。

车站空调通风系统分为：

（1）车站公共区空调通风系统（兼排烟系统），简称大系统。

（2）车站设备管理用房空调通风系统（兼排烟系统），简称小系统。

（3）车站制冷空调循环水系统，简称水系统。

隧道通风系统分为：

（1）区间隧道活塞风与机械通风系统（兼排烟系统），简称 TVF 系统。该系统兼排烟、阻塞工况通风和早晚换气、排除空气异味、改善空气质量功能。列车正常运行时，利用列车产生的活塞风与室外空气进行置换，排除区间隧道内的余热、余湿。对不设隔墙的两站区间，正常运行工况也需采用机械通风方式，从车站两端的活塞风井进风，使用 TVF 风机排风。当发生火灾时，列车停在区间隧道内。开启火灾区两端的 TVF 风机、射流风机，提供新风，诱导乘客撤离火灾现场。根据列车火灾部位决定排烟方向，最小的气流速度为 2 m^3/s。当列车被阻塞在区间隧道时，视情况开启 TVF 风机，保证列车空调器能正常工作。正常情况下，每日地铁运营前 0.5 h 和运营结束后 0.5 h 运作风机，作早晚清洁通风用，排除空气异味，改善空气质量。

（2）车站范围内、屏蔽门外站台下排热和车行道顶部的排热系统，简称 UPE/OTE 系统。站台层公共区每端设备两根送风管，风管布置在吊顶内，通过风口向下送风，站台层排风由列车顶排风和站台下排风组成。列车顶排风布置在车行道上方，列车顶排风口与列车空调冷凝器位置对应；站台下排风为土建风道，站台下排风口与列车下发热位置对应，列车顶排风管兼作排烟风管，气流组织为上送/下回方式。

地铁通风空调系统组成架构如图 6-1 所示。

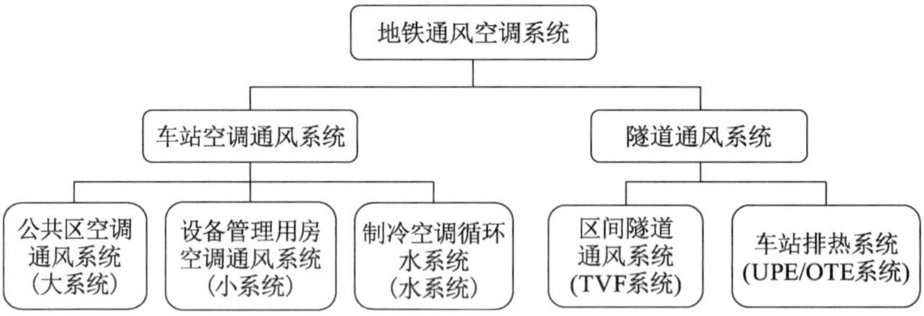

图 6-1 地铁通风空调系统组成架构

（一）大系统

车站大系统主要由分设于车站两端的站厅全新风机、站台全新风机、站厅空调新风机、站台空调新风机、站厅回风排烟风机、站台回风排烟风机、站厅组合式空调机组，以及相应的各种风阀、防火阀等设备组成。其作用是通过空调或机械通风来排出车站公共区的热量和水分，为乘客创造一个舒适的乘车环境，并在发生火灾时通过机械排风进行排烟，便于乘客撤离和消防人员灭火。

车站大系统的主要设备一般集中、对称地分布在车站站厅两端的环控机房内，机房内一般分别设置两台组合式空调机组，两台机组对应回风排烟风机和排烟机，设置多台新风机及各种风阀。这些设备通过风道与车站连接，将风送进、送出。

车站大系统的基本原理如图 6-2 所示。与外界接通的新风机提供的新风 + 站台、站厅的回/排风机提供的回/排风，经过混合风室的混合输送给组合式空调机组，经过温度调节、冷却风力调节降风压后送往站台或站厅，以满足对地铁环境的要求。

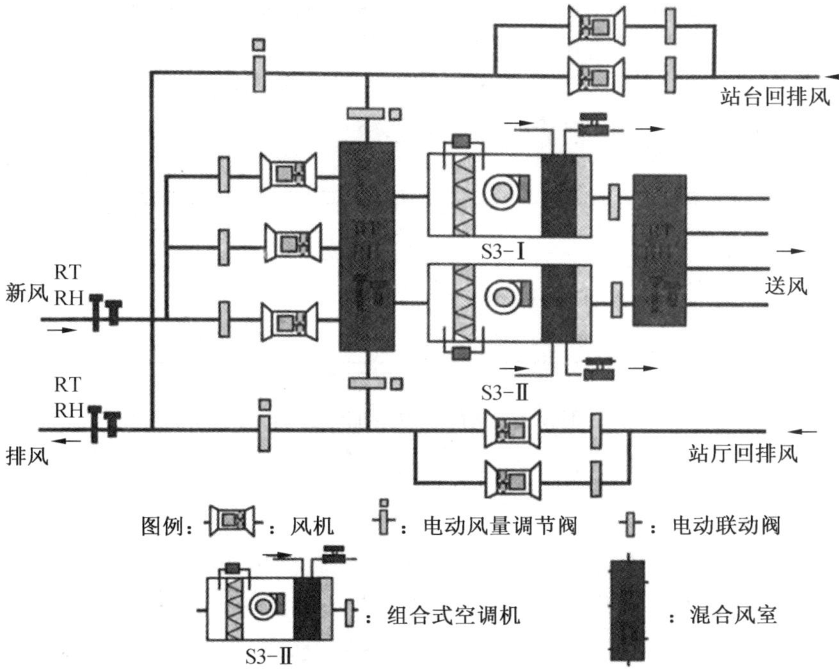

图 6-2　地铁车站大系统原理图

当火灾发生时，最重要的是及时排烟，此时空调大系统要进入排烟模式，具体的操作及其原理如下：

站台层发生火灾时，停止车站冷水系统，控制风管相关风阀的开、闭，向站厅层送风，停止向站台层送风，站台层进入排烟状态（高速排烟）。这使得站台层对站厅层形成负气压，阻止烟雾向站厅层蔓延，并形成楼梯或扶梯通道的逃生气流通道，如图 6-3 所示。

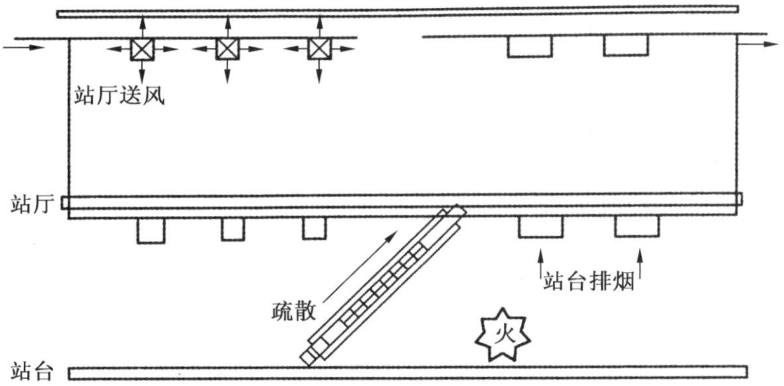

图 6-3　站台火灾排烟示意图

站厅层发生火灾时，停止车站冷水系统，控制风管的相关风阀开、闭，向站台层送风停止向站厅层送风，站厅层进入排烟状态。这样使得站厅层对地面、站台层形成负气压，阻止烟雾向站台层蔓延，形成地面楼梯通道的逃生气流通道，如图 6-4 所示。

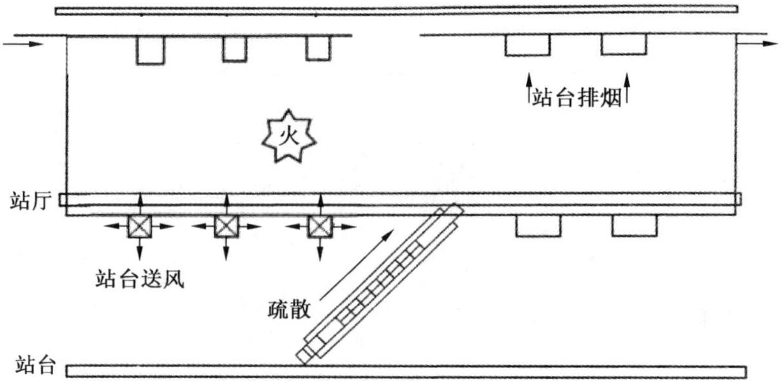

图 6-4　站厅火灾排烟示意图

（二）小系统

车站小系统主要包括车站的设备及管理用房的轴流风机、离心风机、柜式、吊挂式空调机组及各种风间，其作用是通过对各用房的温度、湿度等环境条件的控制，为管理和工作人员提供一个舒适的工作环境，为各种设备提供正常运行的环境。在火灾发生时，通过机械排风方式进行排烟。在气体灭火的用房内关闭送、排风管进行密闭灭火。

车站小系统与家庭或办公用空调系统较为相似，在此不做深入探讨。

车站小系统原理如图 6-5 所示。

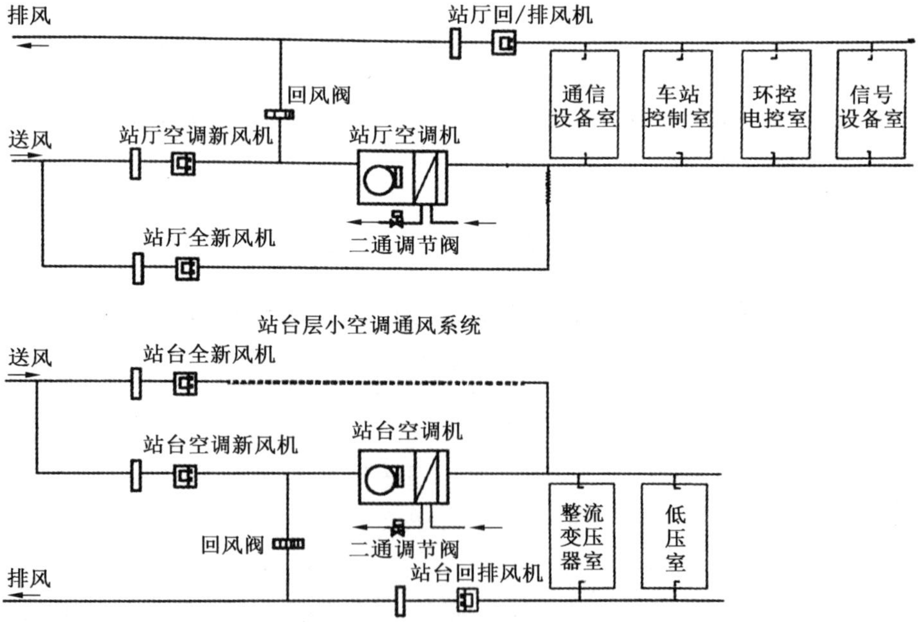

图 6-5　地铁车站小系统原理图

（三）空调水系统

车站空调水系统的作用是为了车站内空调系统制造冷源并将其供给车站大、小系统，同时将热量通过冷却水系统送出车站。空调水系统主要由冷水机组水泵、冷却塔、组合式空调机组、风机盘管、水阀与管路等设备组成。水系统分为冷冻水系统和冷却水系统两大系统，其中冷冻水的生产在冷冻站中完成。

1. 空调水系统的组成

（1）空调冷冻水系统：由车站冷冻站为空调大系统和小系统提供循环冷冻水的系统，冷冻水系统的水量随负荷的变化而变化，为避免能源浪费或不足，多用变水量系统，可在需要时及时补充或减少冷冻水量。

（2）空调冷却水系统：该系统主要设备为冷却塔和冷却水泵，其中冷却塔就近设在室外通风良好处，便于及时冷却已被加热的空调水，循环冷却水通过冷却塔进行降温处理，用于冷却冷水机组冷凝器和压缩机，水质不受污染。冷冻水与冷却水系统结合完成了一个制冷循环，实现制冷。空调水系统的运行原理中将具体阐述空调水的制冷。

2. 空调水系统的运行原理

所谓空调制冷就是通过制冷剂的状态变化（气态—液态，放热；液态—气态，吸热）将一个地方（蒸发器周围）的热量带到另一个地方（冷凝器周围）。其中四个必要组成部分分别为：压缩机、冷凝器、节流（膨胀）装置和蒸发器。图6-6 所示为空调制冷循环原理图。

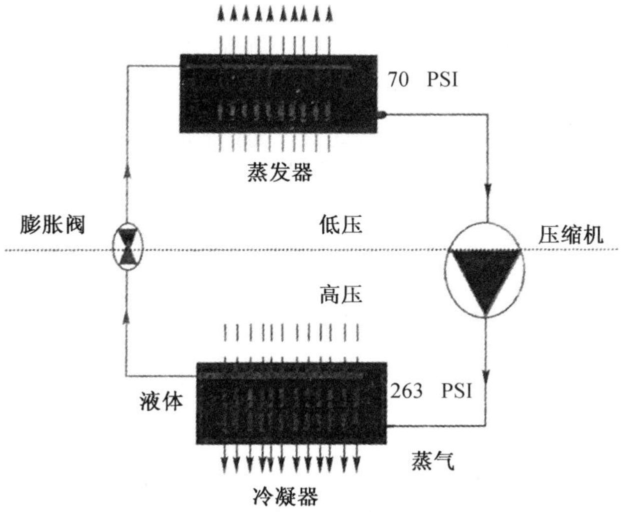

图 6-6　空调制冷循环原理图

具体来说，气态的制冷剂先经过压缩机的高压压缩，再经过冷凝器的冷凝彻底转变为液态的制冷剂，在此过程中释放能量；再经由膨胀阀的降压和蒸发器的热量吸收转变为气态的制冷剂，在此过程中吸收外界的能量。

将以上原理应用到地铁空调水系统即可实现空调水的制冷，图 6-7 所示为空调水系统对设备或管理工作房冷冻水的供应原理。

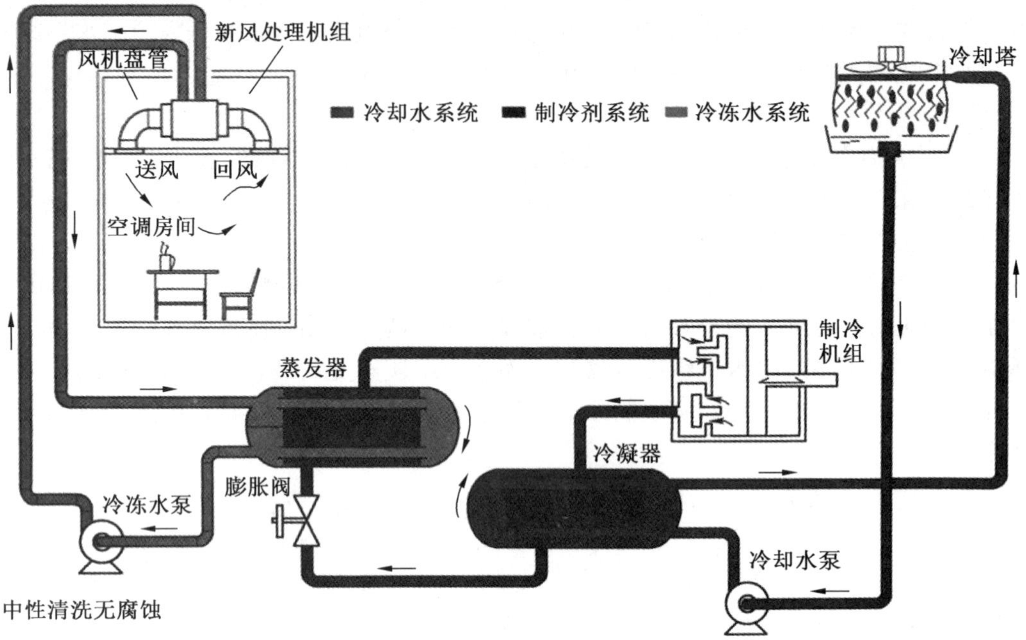

图 6-7　空调水系统供应冷冻水原理图

具体过程如下：第一步，气态的制冷剂经压缩机加压后到冷凝器进行放热冷凝，将热量释放给冷却水，从而变为液态的制冷剂；第二步，液态的制冷剂经膨胀阀减压后到蒸发器中吸收冷冻水的热量，从而变为气态的制冷剂。以上两个步骤循环完成制冷循环。

在此过程中，冷却水吸收了制冷剂的热量，失去冷却的功能后，被抽到车站上方的冷却塔中进行冷却，冷却完成后循环工作：冷冻水的热量被制冷剂吸走变成有制冷效果的水，送到组合式空调机组及风机盘管等设备内部，以冷却混合风，送到站台、站厅及设备用房。

注意：不同城市不同车站的空调水系统中的冷冻水生产有所不同，如深圳、香港等城市地铁采用了集中制冷系统，即两三个车站（3 km 内）共用一个冷冻水集中生产处，经过远距离传输到达各车站完成制冷。

（四）隧道通风系统

隧道通风系统分为区间隧道机械通风系统（兼排烟）和车站隧道通风系统两个部分，如图 6-8 所示。区间隧道机械通风系统的主要设备有隧道风机（TVF 风机）、推力风机、射流风机及相关电动风阀；车站隧道通风系统的主要设备有轨道排风机电动风阀和防火阀。其作用是通过机械送、排风或列车活塞风作用排出区间隧道内热量和水分，保证列车和隧道内设备的正常运行。

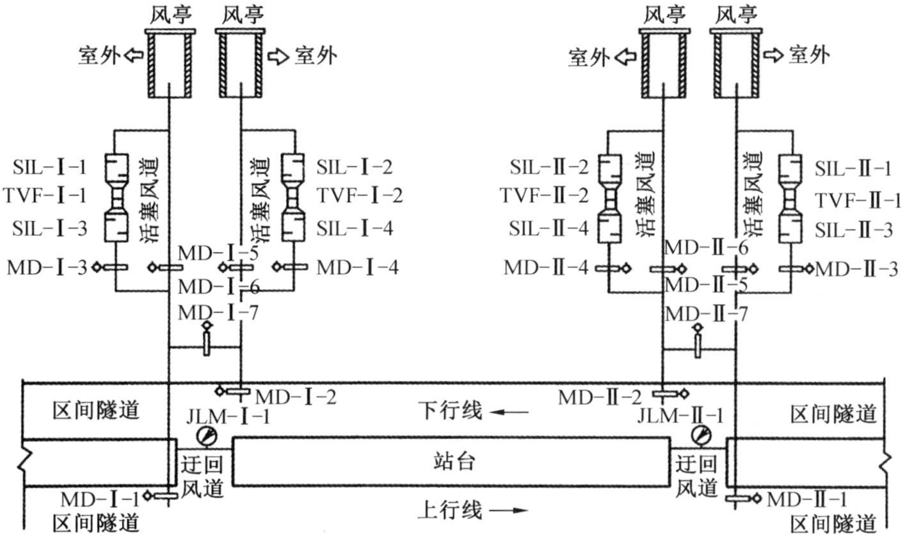

图 6-8　隧道通风系统示意图

在不同的情景下，隧道通风系统需通过调节各设备实现不同的功能。

（1）列车正常运行时，利用列车产生的活塞风与室外空气进行置换，排除区间隧道内的热量和水分。对不设隔墙的两站区间，正常运行工况也需采用机械通风方式，从车站两端的活塞风井进风，使用 TVF 风机排风。

（2）当发生火灾的列车无法行驶到车站而被迫停在隧道内时。开启火灾区两端的 TVF 风机、射流风机，提供新风，诱导乘客撤离火灾现场。根据列车火灾部位决定排烟方向，最小的气流速度为 2 m^3/s。

（3）在列车由于各种原因停留在区间隧道内、乘客滞留在列车中时，视情况开启 TVF 风机，保证列车空调器正常工作。

此外，正常情况下，每日地铁运营前 0.5 h 和运营结束后 0.5 h 应运作风机，作早晚清洁通风用，排除空气异味，改善空气质量。

表 6-2 为空调通风系统不同状态的设备通风方式。

表 6-2　空调通风系统不同状态的设备通风方式

运行状态	站台层	站厅层	隧道通风
正常运行条件下	上送上回与下回结合	上送上回形式	正常回/排风
列车阻塞区间隧道时	推力风机运行，全新风空调通风	上送上回形式	推力风机送风至隧道内
站厅火灾时	送新风	全面排烟	排烟
站台或列车火灾时	排风、烟机排烟，其他大系统设备停运	站厅全面送新风	排烟

任务三　通风空调系统的设备介绍

通风空调设备包括风阀类设备、风机及消声设备、空气处理设备及冷冻站主要设备。

一、风阀类设备

城市轨道交通工程由于内部空间狭小，层高有限，因此在设计与布置空调及通风管路时相对较难，很多风道不得不采用建筑风道。风道一般采用金属、非金属薄板或其他材料制作而成，用于空气流通的管道。

城市轨道交通车站的风道结构主要分为以下四类：

（1）风道主副双风道基本对称形式，如北京地铁2号线从长椿街到北京站6个车站、北京地铁1号线从南礼士路到古城10个车站。

（2）风道主副双风道非对称形式，如北京地铁2号线车公庄和阜成门等车站。

（3）风道上下双层风道形式，如北京地铁2号线东直门和雍和宫等车站。

（4）四风机三风道形式，如北京地铁2号线西直门等4个车站。

地铁区间的风道结构可以近似分为以下三类：

（1）圆弧风道。主副风道在水平方向上呈大弯道结构，且两者之间有工作通道，如北京地铁2号线车公庄至阜成门区间、建国门至朝阳门区间等。

（2）风道直线风道。主副风道在水平方向上没有弯道，如北京地铁2号线北京站区间等。

（3）风道直角带突缩口风道。主副风道在水平方向上设有弯道，但在与隧道的交接口处，主副风道汇合成一个突缩口。

风道一端连接风口，另一端连接风阀风机，具有将合适的风送到或排除的作用。在设备用房小系统中排风、回风、排烟等管路存在复用的形式，运行模式的转换通过风阀来进行。城市轨道交通工程中车站内使用了大量的风阀，主要包括调节阀和防火阀。

（一）调节阀

调节阀的工作原理是通过电动、手动调节风阀叶片的开启角度和开闭状态调节风量。其主要类型有单体风阀和组合风阀两类。

1. 单体风阀

单体风阀主要由阀体、叶片、传动机构、执行器等若干部分组成，用在车站大、小系统相对截面不大的风道或风管上来调节送风或排风量，控制方式为手动和电动。

2. 组合风阀

组合风阀主要由风阀底框、多个单体风阀、传动机构、执行器四个部分组成，控制方式为电动。电动组合风阀是组织城市轨道交通通风空调系统各种模式运行的主要部件，承担着不同模式下系统风量的分配，通过控制不同位置上风阀的开关状态改变气流路径，实现系统功能（排风、排烟、送风）的切换。电动组合风阀用于大系统及区间隧道通风系统，设备应具有结构坚固、设计合理、机械控制精度高、泄流量低、运转灵活等特点，同时应能耐受车站、区间隧道风机及列车周期性活塞风脉动风压的冲击，从而确保城市轨道交通通风空调系统的正常运行。

（二）防火阀

防火阀主要由阀体、叶片、温度熔断器、传动机构、执行器等部分组成。其工作原理是通过温度熔断器自动或手动、电动关闭风网叶片，隔离防火区。不同温度下防火阀的工作原理如下：

1. 70 ℃防火阀

正常运行时阀体呈开启状态，发生火灾时管道内气体温度达到70 ℃时熔断关闭，手动关闭，手动复位，输出开、关电信号类防火阀，并在一定的时间内能满足耐火稳定性及耐火完整性，起隔烟阻火的作用。防火阀设置在大、小系统送、回风管，排风管穿越公共区与设备区防火隔墙处、楼板处、通风空调机房隔墙处、变形缝处，小系统送、回风管，排风管穿过非气体保护房间的各种配电房、控制室隔墙处。

2. 80 ℃防火阀

正常运行时阀体呈开启状态，发生火灾时管道内气体温度达到80 ℃时熔断关闭，手动关闭，手动复位，输出开、关电信号类防火阀，并在一定的时间内能保证耐火稳定性及耐火完整性，起隔烟阻火的作用。防火阀设置在大、小系统排烟风管穿越公共区与设备区防火隔墙处、楼板处、通风空调机房隔墙处、变形缝处，小系统排烟风管穿过非气体保护房间的各种配电房、控制室隔墙处，站内隧道通风系统末端管路接入排热风室隔墙处。

3. 70 ℃排烟防火阀

70 ℃排烟防火阀为常开，温度达到70 ℃时熔断关闭，手动关闭，24 V电信号关闭，手动复位，输出开、关电信号类防火阀，服务于气体保护房间的小系统风管穿过该房间的隔墙处。

城市轨道交通车站设备管理用房小系统，不同于一般民用建筑的要求，存在着大量风阀参与不同的灾害模式，并反馈、联锁不同的排烟设备。因此风阀的选型显得尤为重要，选择不好不仅会影响到环控系统自身功能的发挥，而且会影响BAS系统和FAS系统的设计、施工安装及软件编程。

二、风机及消声设备

（一）风机

目前城市轨道交通中风机形式常见的有三种：贯流风机、离心风机和轴流风机。贯流风机仅用于某些风机盘管、进出站口小型风幕机上。离心风机可以用于低压或高压送风系统，特别用于要求低噪声和高风压的系统，如组合式空调机组内。上述两种风机一般由空调设备厂家整机配套。

轴流风机的特点是占地面积小，结构简单（由机壳、叶轮、静叶支撑、整流罩、电机、电源接线盒等组成），便于维修，风压较低，噪声较高，风量大，效率较高且接管方便，正好符合地下工程通风空调系统的特点。一般车站站厅层、站台层公共区用的回/排风机和区间隧道用的 TVF 风机均属此类。还有其他一些小型的轴流风机，如在城市轨道交通设备管理用房小系统中采用的送/排风机均采用轴流风机。

轴流风机工作原理：空气从吸风口进入，在叶轮的作用下沿轴向将风送出。当转速高时，噪声比离心风机高，但是使用范围和经济性比离心风机更有优势，如图 6-9 所示。

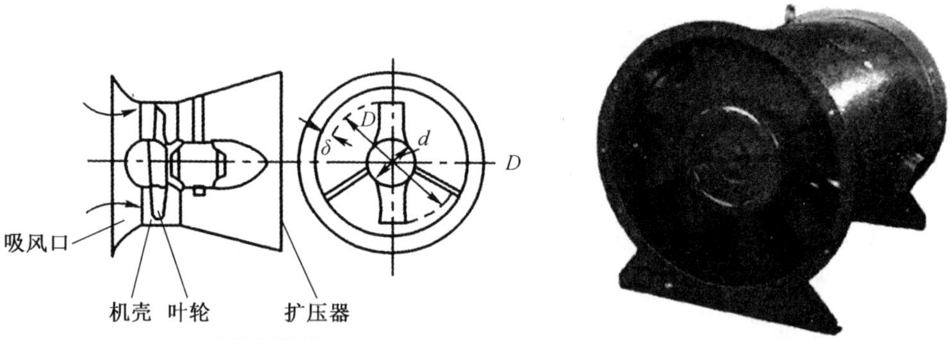

(a) 内部结构图　　(b) 外观图

图 6-9　轴流风机结构图

（二）消声器

消声器是允许气流通过，同时又使气流中的噪声得到有效降低的消声设备。地铁采用的消声器一般设计安装在通风机的送风口和排风口。采用吸声式消声器，当声波通过消声器时，能被吸收，达到噪声衰减的作用。

车站内的消声器设计有以下要求：传至站厅、站台公共区的最大噪声小于70 dB；传至设备与管理用房的工作和休息室的最大噪声小于 60 dB；各空调通风设备机房内的噪声小于 90 dB；传至风亭外的最大噪声，昼间小于 70 dB，夜间小于 55 dB；区间通风系统设备早晚正常通风运转时，传到区间隧道内的噪声应不大于 85 dB。火灾排烟和阻塞工况时，应尽可能降低传至风亭外的噪声。

地铁工程中使用的消声器一般有两种：一种为土建风道金属外壳片式消声器，采用现场组装结构形式，片间自锁连接，不需预埋件，为了维护、检修方便，在适当位置设置活动消声片、检修通道或检修门。另一种为通风空调小系统管道式消声器（一般为整体式）。吸声材料大多采用离心玻璃棉板或毡。

三、空气处理设备

空气处理设备用于对房间空调送风进行冷却、加热、减湿及空气净化等处理，常见的有风机盘管、柜式风机盘管机组、组合式空调机组等。

（一）风机盘管

风机盘管是空调工程中广泛应用的空气处理设备，也常被称为空调末端装置。风机盘管根据安装形式分为卧式暗装、卧式明装、立式暗装、立式明装等几种基本形式，根据送风压力可分为普通型和高静压型。

（二）柜式风机盘管机组

柜式风机盘管机组的构造和原理基本与风机盘管相同。柜式风机盘管处理空气的能力和机外余压都比风机盘管要大，可以接风管进行区域性空调。柜式风机盘管按结构形式可分为卧式和立式两类，按处理工况可分为空调机组和新风机组，空调机组的设计进风工况为室内回风工况，新风机组的设计进风工况为室外新风工况。

城市轨道交通工程中选用柜式风机盘管机组，一般用于设备用房区域的空调小系统中，在选购时应考虑日后维护的需要，其结构宜采用框架模数复合结构形式，机组壁板在内部风机、电机检修维护时可灵活拆卸，复位方便。

（三）组合式空调机组

组合式空调机组是由各种不同的功能段组合而成的空气处理设备，组合式空调机组由进风段、粗效过滤段、表冷挡水段、中间段、风机段、中间段、片式消声段和送风段共 8 个功能段组成。功能段排列示意图如图 6-10 所示。

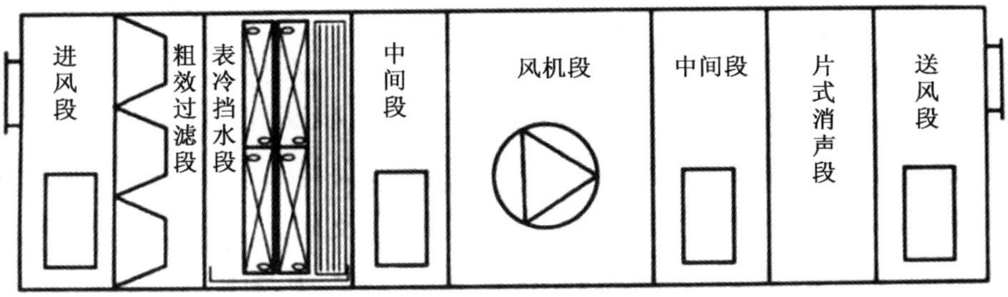

图 6-10 功能段排列示意图

组合式空调机组的外壳通常采用双层钢板，中间用聚氨酯发泡作保温层，也有的采用钢板夹保温层的做法。进风段设有回风和新风接口，作为新风和回风在此混合之用；表冷挡水段中通过 7～12 ℃的冷冻水实现冷却功能；粗效过滤段是对空气进行净化处理，根据对洁净度的要求和空气的质量，可选用粗中效过滤器；中间段是用于检修和运行维护，如表冷器的维修、过滤器的清洗和滤料的更换等，中间段应根据组合情况的需要设置。

四、冷冻站主要设备

冷冻站是全站的供冷中心。冷源提供给大型表冷器，风机盘管或组合式空调箱（或新风机组）等末端设备完成地铁车站隧道的制冷，冷冻站中最重要的设备为冷水机组。

（一）冷水机组

冷水机组有螺杆式、活塞式及离心式三种。

1. 螺杆式冷水机组

螺杆式冷水机组是迄今为止国内城市轨道交通空调系统中采用最为广泛一种制冷装置。它由螺杆式压缩机、冷凝器、蒸发器、干燥过滤器、吸气过滤器、油分离器、油冷却器、油滤器和自动控制、自动保护装置组成，如图 6-11 所示。

图 6-11　螺杆式冷水机组

螺杆式压缩机是一种容积式回转压缩机，按其转子数量的不同，有单螺杆和双螺杆机组之分。它具有以下特点：结构简单紧凑，体积小、重量轻，运转部件少，只有阴转子、阳转子和滑阀这三个部件，因此机器易损件少，运行周期长，维修工作量小；运行平稳安全可靠，操作方便，可以在较高的压缩比工况下运行；容积效率高，由于采用喷油冷却，压缩机排气温度较低，工作腔没有余隙容积；制冷量调节范围大，通过滑阀与两转子平行滑动，用以调节制冷机的制冷负荷，可以进行 10% ~ 100% 范围内的无级能量调节。

近年来随着螺杆新齿形的开发、高精度滚动轴承的应用、合成冷冻油的使用、经济系统和内容积比自动调节技术的应用，都使得螺杆式制冷机组在能耗持续下降的同时，运行效率大大提高，机组的 COP 值已经接近离心式制冷机组的水平。再加上其原有的结构简单、零部件少、抗液击能力强、运行平稳、能量可以无级调节、部分负荷时的能量损失比离心式少等优势，使得螺杆机组的应用范围逐渐扩大。

螺杆式冷水机组属于中等冷量制冷机组，现在正以中等冷量为基础，向大、小冷量两个方向同时延伸，并大有取代活塞式冷水机组的趋势。

2. 活塞式冷水机组

活塞式冷水机组属于中小冷量制冷机组（图 6-12）。它造价低廉、体积小、效率也较高，所以仍被广泛用于家用冷藏、住宅空调、汽车空调及小型商用空调等领域。

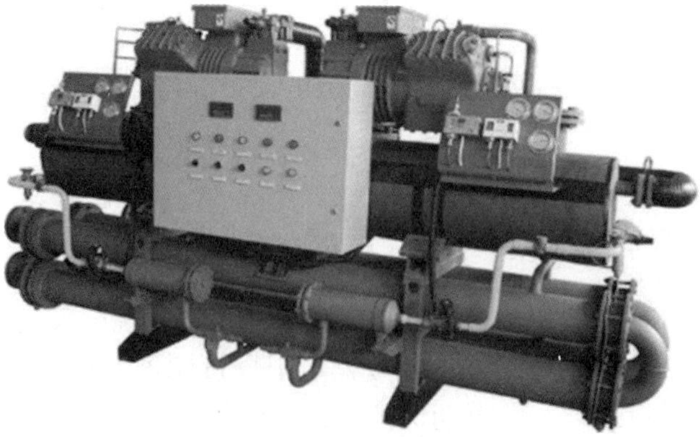

图 6-12　活塞式冷水机组

随着其他新机种（特别是螺杆式冷水机组）的不断开发及效率的提高，活塞式冷水机组固有的缺陷，如冷量小、结构复杂、易损件多、对湿行程敏感、负荷调节性能差等，都使得其使用范围日益缩小。目前，活塞式制冷机组的单机容量使用范围在100～300 kW之间。

城市轨道交通空调系统中负责设备用房负荷的小系统，考虑节能的需要，在空调季节城市轨道交通停运后，小系统仍需独立运行满足设备降温需要，一般它的冷负荷量较小，所以在有些城市轨道交通工程中小系统仍需选用活塞式冷水机组。

3. 离心式冷水机组

离心式冷水机组属于中大冷量制冷机组（图6-13），它制冷量大、机械磨损小、易损件少、运行平稳、容易实现多级压缩和多种蒸发温度、制冷量可以进行无级调节，特别是在变频技术发展起来后，再结合进口导叶调节等手段，可以使机组的调节范围变大，并在部分负荷运行时仍可保持高效率。离心式冷水机组的主要缺点就是工况不能有大的变化，且适应范围狭小；在低负荷率时容易发生喘振，因此离心式冷水机组一般只在30%～100%负荷之间进行无级调节。

目前，离心式制冷机组压缩比在2～30之间，城市轨道交通工程中主要用在设有集中冷站的场合。

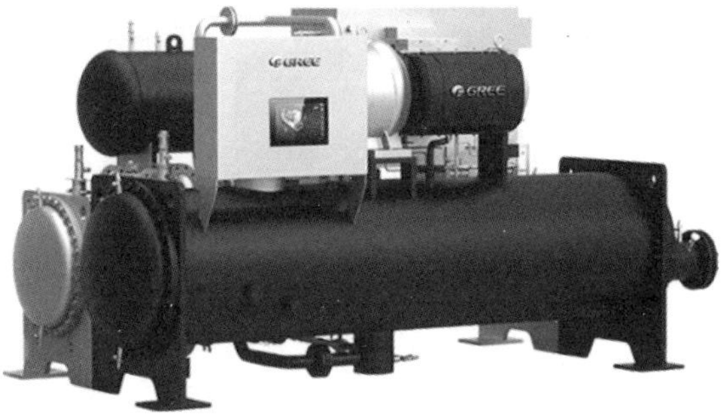

图6-13　离心式冷水机组

（二）冷却塔

冷却塔是循环冷却水系统中的一个重要设备，用以将冷却水降温。冷却塔有逆流式冷却塔、横流式冷却塔、射流式冷却塔、蒸发式冷却塔四种类型，常用的是逆流式冷却塔（圆形、方形）和横流式冷却塔（圆形、方形）两种，如图6-14所示。

(a) 方形冷却塔　　(b) 圆形冷却塔

图6-14　冷却塔

项目习题

1. 地铁车站通风空调系统的系统组成有哪些？

2. 地铁车站通风空调系统的控制方式有哪些？

3. 叙述当列车在车站区域发生火灾时，地铁车站通风空调系统的各个区域的通风系统的变化。

4. 实训任务：到地铁车站拍摄通风空调设备，并说明其名称、位置和功能。

项目七　信号与通信系统

项目导学

轨道交通的迅速发展带动了对各种运营支撑系统的需求和更高的功能要求。城市轨道交通信号系统是城市轨道交通的重要设施之一，是确保列车的运行安全和提高行车效率的保障。而一个可靠的通信系统是其信息基础建设中的重要组成部分，是保证轨道交通系统运营效率和服务水平的综合性信息传递平台，是其他支持系统的基础。一个完整的轨道交通信息系统由多个子系统组成，包括通信传输子系统、图像监控子系统、数据网络子系统、无线调度子系统、电源子系统、时钟子系统等。

本项目将介绍城市轨道交通信号基础设备和通信系统。

学习目标

知识目标：掌握城市轨道交通信号基础设备；了解城市轨道交通通信系统的各个子系统。

能力目标：具备识别基本信号色的能力；能够识别常见轨道交通信号基础设备；了解各通信子系统的功能。

素质目标：能具备城市轨道交通相应岗位的信号识别和设备运用能力。

任务一　概述

一、信号系统认知

（一）信号系统概述

城市轨道交通信号，是应用于城市轨道交通系统中实现行车指挥和列车运行控制及安装间隔控制技术的总称。其功能是保证行车安全，提高运输效率。它直接关系到城市轨道交通系统的运营安全、运营效率及服务质量。它具有保证列车和乘客的安全，实现列车快速、高密度、有序运行的功能。其核心由列车自动控制（ATC）系统，由计算机联锁、列车自动防护（ATP）子系统、列车自动驾驶（ATO）子系统和列车自动监控（ATS）子系统组成。各子系统之间相互渗透，实现地面控制与车上控制相结合、现场控制与中央控制相结合，构成一个以安全设备为基础，集行车指挥、运行调整、列车驾驶自动化等功能为一体的自动控制系统。它是现代城市轨道交通核心控制技术之一。

（二）信号系统的作用

城市轨道交通信号系统的作用主要体现在以下两方面：

（1）确保列车运行的安全。轨道交通信号系统是指挥列车安全运行的关键设备，只有在列车运行前方的轨道区段没有列车占用（列车进路空闲道岔位置正确、敌对或相抵触的进路没有建立）等条件满足时，才允许向列车发出允许列车前行的信号，所以列车只要严格按照信号的显示运行，就能够确保列车的安全运行；反之，如果列车不遵守信号的显示运行，将导致事故。

（2）提高轨道交通的运行效率。在城市轨道交通中，目前大多数采用了先进的信号系统，这使列车的行车间隔大大缩短，运行效率提高。例如，香港的地下铁道，设计要求载客能力为 6 万人/h（单向），每列车的定员为 2000 人/列车，则必须每 2 min 发出一列车，即列车间隔时间为 2 min。如果采用相对落后的信号设备，则不能保障该运输效率要求。如果采用移频自动设备，最小列车间隔时间为 4 min，就意味着在同一条线路上，使用同样的车辆，载客能力只能达到 3 万人/h（单向）。显然，如果采用先进信号设备（如列车自动控制系统）能够极大地提高运行效率，才能满足载客能力的要求。

二、通信系统认知

（一）通信系统的作用

城市轨道交通通信系统的作用主要有以下三个方面：

（1）通信系统与信号系统共同完成行车调度指挥，并为城市轨道交通的其他各子系统提供信息传输通道和标准时间信号。

（2）通信系统是轨道交通内部公务联络的主要通道，能使各个子系统紧密联系，以提高列车运行效率。

（3）通信系统能为运营管理、指挥、监控等提供通信联系的手段，为乘客提供信息服务；在发生灾难、事故的情况下，是应急处理、抢险救灾和反恐的主要手段。

（二）通信系统的结构

通信系统由地面控制中心、站台和车载三级构成，三级系统根据系统整体规划和要求，完成城市轨道交通列车乘客信息的传输和控制。

控制中心的功能主要包括三个方面：

（1）控制中心完成外部信息采集，结合运行的需求，对外部信息进行编辑处理，制作成内部媒体信息，根据运营的需求控制播出，向乘客传递相关信息。

（2）控制中心功能包括处理系统内各类数据、管理、控制系统设备、监视控制网络及终端设备的工作状态。

（3）控制中心对列车上传到中心的客室监控视频进行显示、管理和存储。

控制中心结构图如图 7-1 所示。

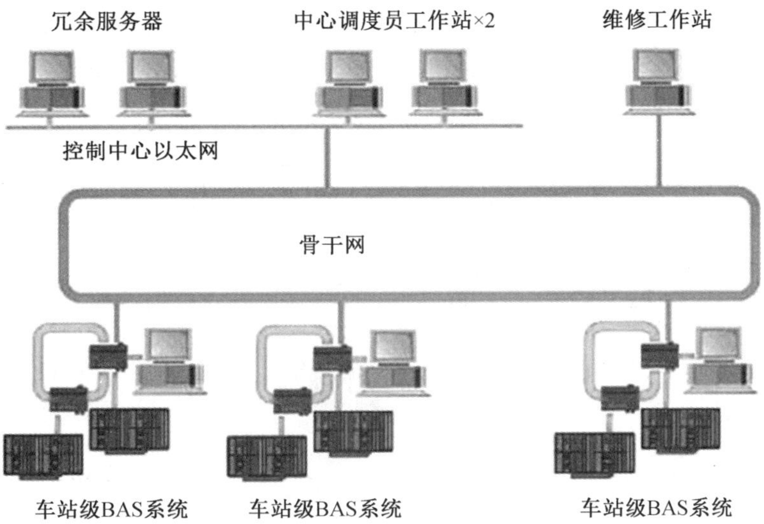

图 7-1 控制中心结构图

车站子系统安装在车站内，主要功能包含两个方面：

（1）车站子系统是信息的中转环节，负责接收并下载控制中心的命令、各类信息内容、系统参数等，当在控制中心或网络子系统故障时，车站子系统能够承担控制中心信息发布的责任，按照下载的节目菜单和节目内容在本站显示终端上自动播放。

（2）将站台各服务器、工作站与终端设备的工作状态、工作日志、故障信息等定期地上传至控制中心。

车站子系统结构图如图 7-2 所示。

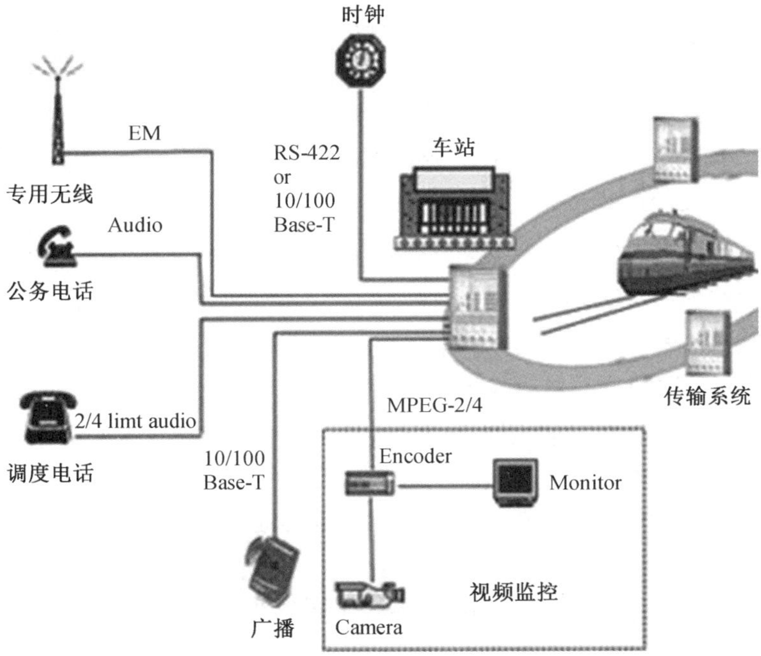

图 7-2 车站子系统结构图

车载子系统主要负责利用无线双向传输网络设备将车上监视图像、车辆故障信息上传至控制中心。通过无线双向传输网络设备接收紧急信息和乘客服务信息等内容。

车载子系统结构图如图 7-3 所示。

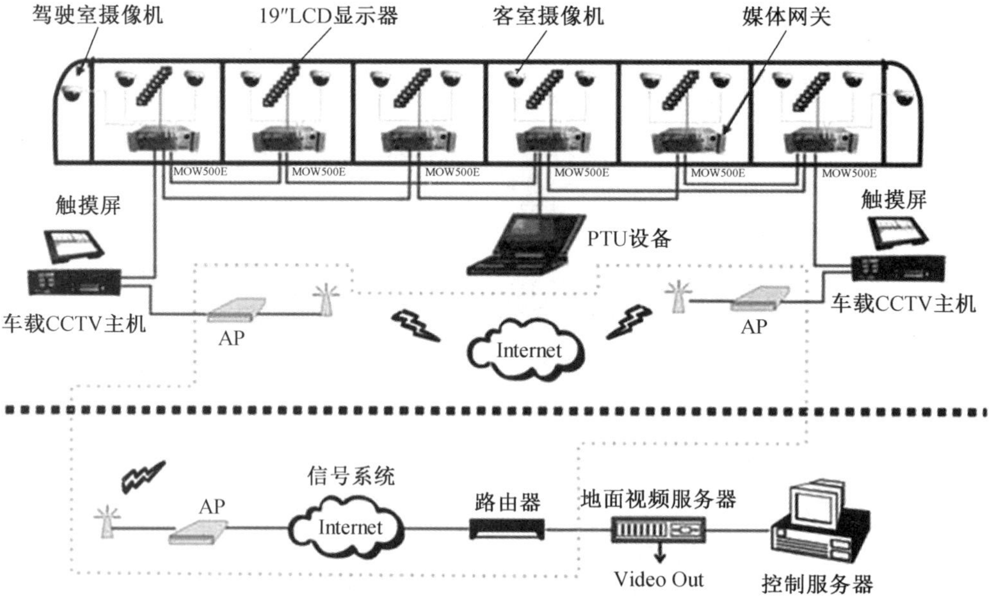

图 7-3　车载子系统结构图

通信系统是一个复杂的大系统，各部分互相结合、协调，以完成具体的功能。现代城市轨道交通之所以具有快捷、高效、可靠、安全等众多的优点，是与完善而先进的通信系统分不开的。城市轨道交通通信系统将向两个方向发展：一是宽带化趋势，为了提高各种业务的质量，势必要增加带宽。二是各种新系统的开发应用，为了不断完善城市轨道交通的服务，相应功能的分系统将不断融入现有的城市轨道交通通信系统中。

任务二　信号系统

一、信号显示及含义

（一）信号颜色

城市轨道交通信号颜色的选择，应能满足显示明确、辨认容易、便于记忆和具有足够的显示距离等基本要求。经过理论分析和长期实践，我国视觉信号的基本颜色是红色、黄色和绿色。此外，还有白色、蓝色等辅助色。不同的颜色显示可以表示不同的行车信息，用于指挥列车的运行。

红色——停车信号，列车必须在信号机前停车。

绿色——列车可以通过信号机，且进路中的所有道岔开通直股（只用于正线显示，车辆段一般不设绿色显示）。

黄色——列车可以通过信号机，且进路中的道岔至少有一组开通弯股（用于正线显示），用于车辆段显示时，只代表列车可以通过信号机，不含道岔开通情况。

白色——作为调车信号，表示允许调车；和红灯一起作为引导信号，表示允许以不超过 20 km/h 的速度越过该信号机，并随时准备停车。

蓝色——禁止调车信号。

但如果信号系统为移动闭塞系统，则可以使用蓝色显示或灭灯信号来代表自动列车信号，此时，自动列车可以凭机车信号通过显示为蓝色或灭灯的信号机，而非自动列车必须在此显示的信号机前停车。

城市轨道交通信号的光源为白炽灯产生的白光。白光是一种复合光，由红、橙、黄、绿、青、蓝、紫七种颜色的光混合而成。其中红光波长最长，紫光波长最短。一般来说，波长越长，穿透周围介质（如空气、水汽等）的能力越强，显示距离越远。

同样强度的光，红光最诱目，因为人眼对红色辨认最敏感。红色比其他颜色的光都更能引人注意，会使人产生不安全感，所以规定红色灯光为停车信号是最理想的。

黄色玻璃透过光线的能力较强，显示距离较远，又具有较高的分辨力，辨认正确率接近 100%，故采用黄色灯光作为注意和减速信号。

绿色和红色的反差最大，容易分辨，而绿色灯光显示距离亦较远，能满足信号显示的要求，故采用绿色灯光作为按规定速度运行的信号。

调车信号机的关闭不能影响列车运行，所以一般不采用红色灯光，而选用蓝色灯光作为禁止调车信号较合适，因其具有较高的诱目性和较大的辨认率。调车信号机的允许信号采用月白色灯光，主要目的是可与一般普通照明电源相区别。蓝色、白色灯光虽显示距离较近，但因为调车速度较低，所以能满足调车作业的需要。

紫色灯光具有较高的区别性，作为道岔状态表示器表示道岔在直向开通的灯光，基本上能满足需要。

（二）信号种类

按照感官不同，信号可分为听觉信号和视觉信号。听觉信号又称音响信号，是用音响表示的信号，如用号角、口笛、机车鸣笛等发出的信号，以音响的强度、频率和时间长短来表达信号的含义。视觉信号是用颜色、形状、位置、显示数目及灯光状况表达的信号，如用信号旗、信号灯、信号牌、信号机、信号表示器、信号标志显示的信号。

按照能否移动，信号可分为移动信号和固定信号。在地面上临时设置的可以移动的信号牌叫作移动信号，如为防护线路施工地点临时设置的方形红牌、圆形黄牌等。为防护一定目标，常设于固定地点的信号叫作固定信号，如设于地面的信号机和信号表示器等。

按照设置的位置不同，信号可分为地面信号和车载信号。地面信号是设于车站或区间固定地点的信号机或信号表示器，用来防护站内进路或区间闭塞分区及道口。车载信号设于机车驾驶室内，用来复示地面信号显示，以及逐步成为主体信号使用。

（三）信号机的设置

城市轨道交通采用右侧行车制，不论在正线还是车辆段，地面信号机应设置于列车运行方向的右侧。

城市轨道交通有的车站设有道岔，有的车站仅有两条正线，因此应根据各站设备具体情况设置信号机。在正线常用的信号机包括以下几种：

（1）防护信号机。防护信号机设于正线道岔岔前和岔后的适当地点，具有出站性质以外的防护信号机应设引导信号。防护信号机采用三显示机构，自上而下灯位为黄（或月白）、绿、红。

（2）阻挡信号机。在线路尽头处设置阻挡信号机，表示列车停车位置。阻挡信号机采用单显示机构，为一个红灯。

（3）通过信号机。采用 ATC 系统的城市轨道交通，自动闭塞通过信号机已经失去主体信号的作用，一般在区间不设置通过信号机。为便于驾驶员在 ATP 设备发生故障时控制列车运行，可以根据需要设置通过信号机。若采用自动闭塞，其通过信号为三显示机构，自上而下灯位为黄、绿、红。

（4）进、出站信号机。车站一般不设进、出站信号机，在正向出站方向的站台侧列车停车地点前方适当位置设置发车指示器。也可以根据需要设进站、出站信号机及进站信号机的预告信号机，或者只设出站信号机。若设正线出站信号机，其灯光配列同防护信号机。

（5）进、出段（场）信号机。在车辆段（停车场）入口处设进段（进场）信号机，在车辆段（停车场）出口处设出段（出场）信号机。进段（场）信号机灯光配列可同防护信号机，亦可采用双机构（两个二显著）带引导机构，自上而下灯位为黄、绿、红、黄、月白。出段（场）信号机采用三显示机构，红、绿、带调车月白。

（6）调车信号机。在同时能存放两列及以上列车的停车线中间进段方向设列车阻挡信号机（可兼作调车信号机）。

车辆段（停车场）内其他地点根据需要设调车信号机。调车信号机采用二显示机构，自上而下灯位为白、蓝（或红）。

信号机的显示均应使其达到最远，即使是在曲线上的信号机，也应使接近的列车尽量不间断地看到显示，信号机的显示距离应满足以下要求：

① 正线上各类信号机的显示距离原则上不得小于 300 m。

② 车辆段各类信号机的显示距离原则上不得小于 200 m。

③ 不满足显示距离要求的小半径曲线区段的信号机应使其达到最远显示距离。

（四）信号机的命名

正线上的防护信号机、阻挡信号机冠以“X”“S”“F”“Z”等，其编号方法为：下行方向编为单号，上行方向编为双号，从站外向站内顺序编号。

车辆段的进段信号机冠以“JD”，下缀编号方法：下行方向编为单号，上行方向编为双号，从段外向段内顺序编号。列车阻挡信号机和调车信号机冠以“D”，下缀编号方法：下行咽喉编为单号，上行咽喉编为双号，从段内向段外顺序编号。

（五）信号表示器

信号表示器用以表示某些与行车有关设备的位置和状态。与信号机不同的是，它没有防护意义。

（1）道岔表示器。道岔表示器表示道岔的位置及其开通方向。

（2）车挡表示器。车挡表示器设在尽头线路终端的车挡上。它昼间为一个红色方牌，夜间显示一个红色灯光。

（3）发车表示器。发车表示器设置在列车停车位置前方适当地点，向驾驶员表示能否关闭车门及发车的时间。发车表示器平时不亮灯，列车停靠后无显示表示不能关闭车门、发车；距发车还有 5 s 时发出白色闪光，提醒驾驶员关闭车门；显示白色稳定灯光表示可以发车。

（4）调车表示器。调车场因地形、地物影响，调车机车司机瞭望调车指挥人的手信号有困难时，需设置调车表示器。调车表示器由调车指挥人使用，代替调车指挥人的手信号。

（六）信号显示基本要求

（1）信号机定位。将信号机经常保持的显示状态作为信号机的定位。信号机定位的确定，一般是考虑保证行车安全、提高运输效率、信号显示自动化等因素。

除采用自动闭塞时通过信号机显示绿灯为定位外，其他信号机一律以显示禁止信号（红灯或蓝灯）为定位。

（2）信号机关闭时机。除调车信号机外，还有其他信号机。列车第一轮越过该信号机后，该信号机及时地自动关闭。在调车车列全部越过该信号机后，调车信号机自动关闭。

（3）视作停车信号。信号机的灯光熄灭，显示不明或显示不正确时，均视为停车信号。

（4）区分运行方向。有两个以上运行方向而信号显示不能区分运行方向时，应在信号机上装进路表示器，由进路表示器指示开通的运行方向。

（七）信号显示距离

各种地面信号机及表示器的显示距离应符合下列规定：

（1）行车信号和道岔防护信号应不小于 400 m；

（2）调车信号和道岔状态表示器应不小于 200 m；

（3）引导和道岔状态表示器以外的各种表示器应不小于 100 m。

二、信号基础设备

（一）继电器

1. 继电器的原理

继电器是一种电磁开关，是实现自动控制和远程控制的重要设备。根据电磁原理随着衔铁的动作，动接点与静接点接通或断开，从而实现对其他设备的控制。

继电器类型很多，但均由电磁系统和接点系统两部分组成。电磁系统主要包括线圈、铁芯、衔铁等，接点系统由动接点和静接点组成。

最简单的电磁继电器如图 7-4 所示。它就是一个带接点的电磁铁，其动作原理也与电磁铁相似。当给线圈中通以一定数值的电流后，在衔铁和铁芯之间就产生一定数量的磁通，该磁通经铁芯、衔铁、轭铁和气隙形成一个闭合磁路，铁芯对衔铁就产生了吸引力。吸引力的大小取决于轭铁所通电流的大小。当电流增大到一定值时，吸引力增大到能克服衔铁向铁芯运动的阻力时（主要是衔铁自重），衔铁就被吸向铁芯；

当线圈中没有电流时，衔铁由于重力作用被释放。由衔铁带动的动接点也随之动作，与动合接点接通。此状态称为继电器励磁吸起。可见，继电器具有开关特性，可利用它的接点通、断电路，构成各种控制和表示电路。

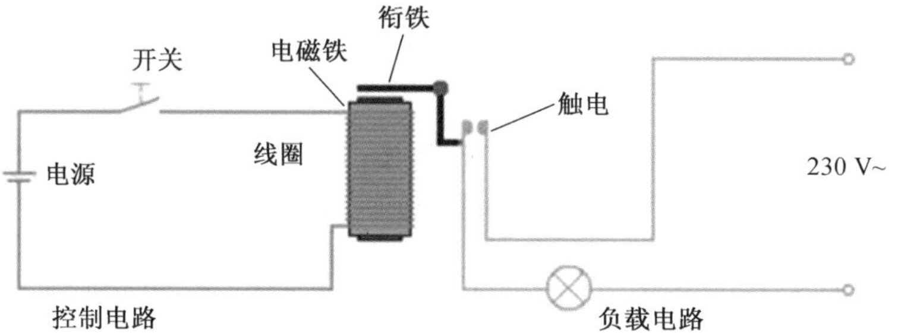

图 7-4　继电器工作原理

2. 继电器的作用

继电器具有继电特性，能以极小的电信号来控制执行电路中相当大功率的对象，能控制数个对象和数个回路，能控制远距离的对象。继电器的这种性能，给自动控制和远程控制创造了便利的条件，所以，它广泛应用于国民经济各部门的生产过程控制和国防系统的自动化和远程化之中，也广泛应用于城市轨道交通信号的各个方面。

故障—安全原则是城市轨道交通信号设备必须遵循的原则，当系统任何部分发生故障时，应确保系统的输出处于安全状态。随着电子技术的迅速发展，电子器件尤其是计算机以其速度快、体积小、容量大、功能强等技术优势，在相当大程度上逐渐取代继电器，构成自动控制和远程控制系统，使技术水准大大提高。但与电子器件相比，继电器仍存在一定优势，尤其是具有故障—安全性能，因此不仅现在，而且在未来一定时期内，继电器在铁路信号领域仍将起着重要的作用。例如在计算机联锁设备中，尽管以计算机为核心，但仍采用继电器电路作为系统主机与信机、轨道电路、转辙机的接口电路。

3. 对继电器的技术要求

信号继电器作为信号系统中的主要（或重要）器件，在运用中的安全、可靠是保证各种信号设备正常使用的必要条件。为此，信号设备对继电器提出了极其严格的要求，具体如下：其一，动作必须可靠、准确；其二，使用寿命长；其三，有足够的闭合和断开电路的能力；其四，有稳定的电气特性和时间特性；其五，在周围介质温度和湿度变化很大的情况下，均能保持很高的电气绝缘强度。

4. 信号继电器的分类

继电器类型繁多，信号继电器种类也不少，可按不同方式分类。

（1）按动作原理分类，信号继电器可分为电磁继电器和感应继电器。

电磁继电器是通过继电器线圈中的电流在磁路的气隙（铁芯与衔铁之间）中产生电磁力，吸引衔铁，带动接点动作的。此类继电器数量最多。

感应继电器是利用电流通过线圈产生的交变磁场与另一交变磁场在翼板中所感应

的电流相互作用产生电磁力，使翼板转动而动作的。

（2）按动作电流分类，信号继电器可分为直流继电器和交流继电器。

直流继电器是由直流电源供电的，它按所通电流的极性，又可分为无极、偏极和有极继电器。直流继电器都是电磁继电器。

交流继电器是由交流电源供电的。按动作原理，它有电磁继电器，也有感应继电器。

整流式继电器虽然用于交流电路中，但它用整流元件将交流电整流为直流电，所以其实质上是直流继电器。

（3）按输入量的物理性质分类，信号继电器可分为电流继电器和电压继电器。

电流继电器反映电流的变化，它的线圈必须串联在所反映的电路中。该电路中必有所被反映的器件，如电动机绕组、信号灯泡等。

电压继电器反映电压的变化，它的线圈励磁电路单独构成。

（4）按动作速度分类，信号继电器可分为正常动作继电器和缓动继电器。

正常动作继电器衔铁动作时间为0.1～0.3 s。大部分信号继电器属于此类。

缓动继电器衔铁动作时间超过0.3 s，又分为缓吸、缓放继电器。时间继电器是利用脉冲延时电路或软件设定使之缓吸。缓放继电器则利用短路铜环产生磁通使之缓动，主要取其缓放特性。

（5）按接点结构分类，可分为普通接点继电器和加强接点继电器。

普通接点继电器具有开断功率较小的接点的能力，以满足一般信号电路的要求。多数继电器为普通接点继电器。

加强接点继电器具有开断功率较大的接点的能力，以满足电压较高、电流较大的信号电路的要求。

5. 安全型继电器

我国信号中应用最为广泛的是AX系列继电器，其基本结构是直流无极继电器，其他类型的继电器由无极继电器派生而出。下面以直流无极继电器和整流式继电器为例说明信号继电器的原理和应用。

（1）直流无极继电器

直流无极继电器结构如图7-5所示，它由直流电磁系统和接点系统两部分构成。

电磁系统由线圈、铁芯、轭铁、衔铁等组成。线圈通电后产生磁场，吸起衔铁；线圈断电时依靠重力作用使衔铁可靠释放。接点系统包括拉杆和接点组，接点组分为静止的前接点、后接点和固定在拉杆上的动接点。接点的接通情况可以反映继电器的状态，用于控制其他设备。直流无极继电器共有8组接点，彼此绝缘但动作一致。

当线圈通以直流电流后，产生磁通，经铁芯、轭铁、衔铁和气隙，形成闭合磁路，因而使铁芯对衔铁产生吸引力。当此吸引力增大到足以克服重锤片和拉杆等重力时，就能将衔铁吸向铁芯，于是衔铁带动拉杆推动动接点向上动作，使动接点与前接点闭合，此时称为励磁状态（又称为吸起状态）。

当线圈中的电流减少或断电时，磁路的磁通随之减少，铁芯对衔铁的吸引力相应减少，当吸引力不足以克服重锤片和拉杆的重力时，衔铁即释放，使动接点与前接点断开并与后接点闭合，此时称为失磁状态（又称为落下状态）。这种继电器的电源使用直流电，同时继电器的动作与通入线圈的电流方向无关，故称为无极继电器。

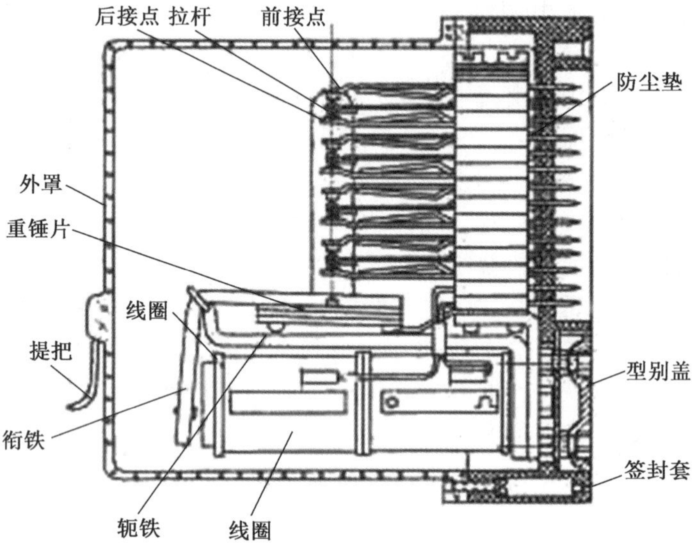

图 7-5　直流无极继电器结构示意图

（2）整流式继电器

整流式继电器应用于交流电路中。其电磁系统、接点系统、动作原理与直流无极继电器相同，在直流无极继电器的基础上增加整流电路，一般采用四个二极管组成的桥式整流电路，将交流电源整流后输入继电器线圈，如图 7-6 所示。整流式继电器有多种类型，以满足铁路信号电路的不同需求。经过几十年的运用和考验，其安全可靠、性能稳定，是目前我国铁路信号的重要基础设备之一。

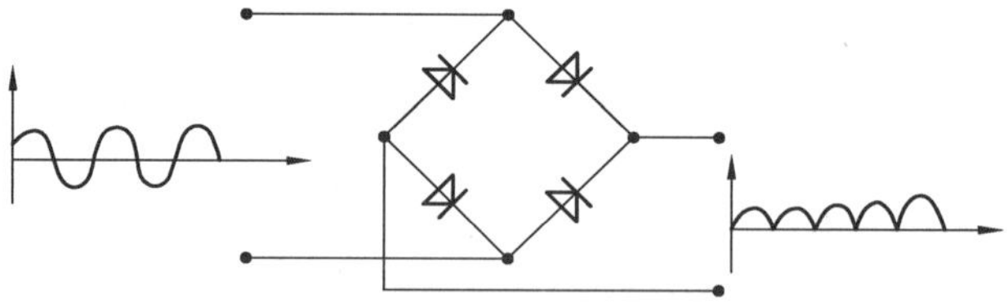

图 7-6　桥式整流电路

整流式继电器动作原理与无极继电器相同，但由于交流电源通过整流后动作继电器，在线圈上加上的是全波或半波的脉动直流电，其中存在交变成分，使电磁吸引力产生脉动，工作时发出响声，对继电器正常工作带来不利影响。

（二）色灯信号机

色灯信号机以其灯光的颜色、数目和亮灯状态来表示信号。目前，城市轨道交通应用的色灯信号机有透镜式色灯信号机、组合式信号机和 LED 信号机。多年来，我国一直采用传统的以白炽灯泡为光源的色灯信号机，其主要缺点是可靠性差、寿命短、易断丝、功效低。为了提高信号显示的可靠性，延长灯泡的使用寿命，采用发光二极管即 LED 技术研制开发城市轨道交通信号机。

1. 透镜式色灯信号机

（1）透镜式色灯信号机的结构

透镜式色灯信号机的每个灯室内有一组透镜、一副灯座、一个灯泡和遮檐（图 7-7）。灯座间用隔板分开，以防止相互串光，保证信号显示正确。透镜组装在镜架框上，由两块带棱的凸透镜组成，里面是有色带棱外凸透镜，外面是无色带棱内凸透镜。遮檐用来防止阳光等光线直射时产生错误的幻影显示。灯泡是色灯信号机的光源，采用直丝双丝铁路信号灯泡。背板是黑色的，构成较暗的背景，可衬托信号灯光的亮度，改善瞭望条件。只有高柱信号机才有背板。

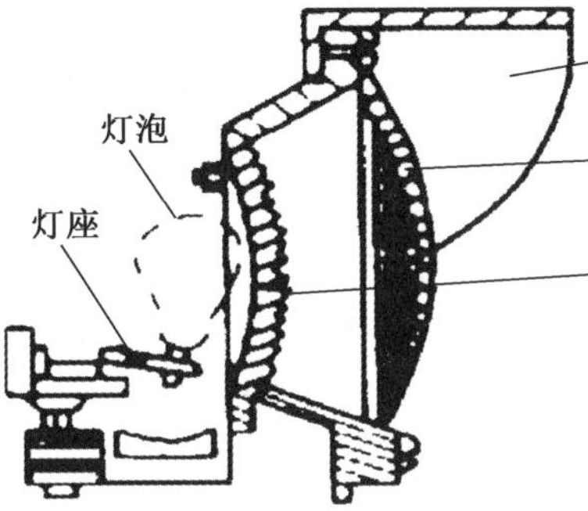

图 7-7　透镜式色灯信号机结构图

（2）透镜式色灯信号机的分类

透镜式色灯信号机有高柱和矮型两种类型，高柱信号机的机构安装在钢筋混凝土信号机柱上，矮型信号机的机构安装在信号机水泥基础上。

高柱透镜式色灯信号机如图 7-8 a 所示。它由机柱、信号机构、托架、梯子等部分组成。机柱用于安装机构和梯子。机构的每个灯位配备有相应的透镜组和单独点亮的灯泡，给出信号显示。托架用来将机构固定在机柱上，每一机构需上、下托架各一个。梯子用于给信号维修人员攀登及作业。

矮型透镜式色灯信号机如图 7-8 b 所示。它用螺栓固定在信号机基础上，没有托架，更不需要梯子。

两种类型的信号机机构按结构又分为二显示和三显示两种。二显示机构有两个灯室。三显示机构有三个灯室。每个灯室内有一组透镜、一副灯座、一个灯泡和遮檐。灯座间用隔板分开，以防止相互串光，保证信号显示正确。背板是一个机构共用的。各种信号机可根据信号显示的需要选用机构，再按灯光配列对信号灯位颜色的规定安装各灯位的有色内透镜。

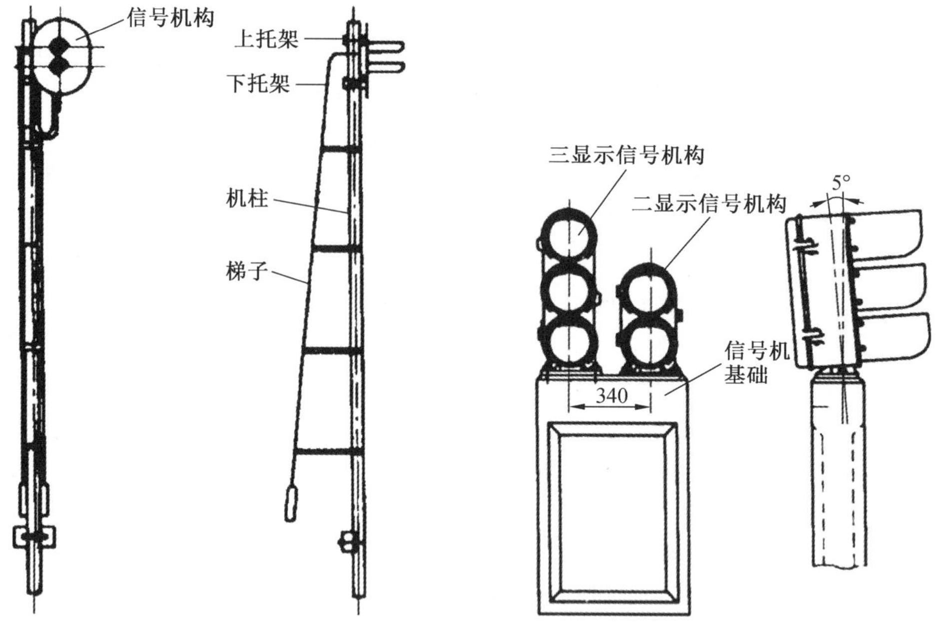

(a) 高柱透镜式色灯信号机　　(b) 矮型透镜式色灯信号机

图 7-8　不同种类的透镜式色灯信号机

2. 组合式信号机

组合式色灯信号机适用于瞭望困难的线路，以及曲线半径为 300 ~ 2000 m 的各种曲线和直线轨道上，在距信号机 5 ~ 1000 m 距离内得到连续信号显示。该信号机光系统设计合理，光能利用率高，显示距离远，主光源显示距离可达 1000 m，如不加偏散镜可达 1500 m。曲线折射性能强，偏散角度大，可见光分布均匀，能见度高，有利于司机瞭望。组合式信号机每个机构只有一个灯室，使用时根据信号显示要求分别组装成二显示、三显示及单显示机构，故称其为组合式信号机。灯室间无串光的可能。

3. LED 信号机

LED 信号机的机构大小同透镜式色灯信号机，机构由铝合金材料构成，质量大大减小，便于施工安装，密封条件好，信号点灯单元由 LED 发光二极管构成，使用寿命长。LED 色灯信号机显示距离超过 1. 5 km 且清晰可辨，使用寿命可达 105 h，安全可靠。通过监测控制系统的电流，可监督信号显示系统的工作状态，预警异常情况，有助于准确判断故障点，便于及时处理。用 LED 取代传统的双丝信号灯泡和透镜组，从而彻底消除灯泡断丝这一多发性的信号故障，可以做到免维护，结束了普通信号机定期更换信号灯泡的维修方式，减少维修工作量，节省维修费用。

用发光盘取代信号灯泡具有以下显著优点：

（1）可靠性高。发光盘是用上百只发光二极管和数十条支路并联工作的，在使用中即使个别发光二极管或支路发生故障也不会影响信号的正常显示，提高了信号显示的可靠性。

（2）寿命长。发光二极管的寿命为信号灯泡的100倍，改用发光盘后可免除经常更换灯泡的麻烦，且有利于实现免维修。

（3）节省能源。传统信号灯泡功率为25 W，而发光盘的功率还不到信号灯泡的一半。

（4）聚焦稳定。发光盘的聚焦状态在产品设计和生产中已经确定，现场不需调整，给安装和使用带来方便，并能始终保持良好的聚焦状态。

（5）光度性好。发光盘除有轴向主光束外，还有多条副光束，有利于增强主光束散角及近光显示效果。

（6）无冲击电流。点灯时没有类似信号灯泡冷丝状态的冲击电流，有利于延长供电装置的使用寿命，并减少对环境的电磁污染。

4. 色灯信号机的设置原则

目前，城市轨道交通中使用的信号机一般为固定的色灯信号机。对于固定的色灯信号机在正线上的设置，主要遵循以下原则：

（1）在每一站台的正常运行方向都应设置出站信号机。

（2）在道岔前都应设置道岔防护信号机。

（3）在防淹门前都应设置防淹门防护信号机。

（4）在线路的尽头都应设置尽头信号机。

（5）对于反向进路，始、终端信号机之间的距离尽量控制在两个区间以内。

（6）信号机应设在列车运行方向的右侧，特殊情况可设于列车运行方向的左侧或其他位置。

（7）一般采用三灯位四显示信号机，只在尽头型线路采用二灯位二显示信号机。

当根据实际情况需减少灯位时，应以空位停用的方式处理。减少灯位的处理方式可以维持信号机应有的外形，以防误认。防护信号机若无直向运行方向，则仍采用三显示机构，将绿灯封闭；存车线中间进段方向的列车阻挡信号机采用三显示机构，将绿灯封闭。

以两个基本灯光组成一种显示时，应有一定的间隔距离，以保证显示清晰，如防护信号机的红灯和黄灯同时点亮表示引导信号，它们间隔开一个绿灯灯位。

双机构加引导信号是一种专门的信号机型式，需要时，进段（场）信号机可采用此型式。

（三）转辙机

1. 道岔

道岔是机车车辆从一股道转入或越过另一股道的线路设备，是轨道的一个组成部分，也是轨道的薄弱环节之一。道岔由转辙部分、连接部分和辙叉部分组成，如图7-9所示。

道岔有两根可以移动的尖轨，一根尖轨与基本轨密贴，另一根尖轨与基本轨分离。必须同时改变两根尖轨的位置，使原来的密贴分离；对原来分离的密贴，道岔有两个可以改变的位置。我们通常把道岔经常所处的位置叫作定位，临时根据需要改变的另一个位置叫作反位。为改变道岔的两个位置，在道岔尖轨处安装的道岔转辙设备，就是转辙机。

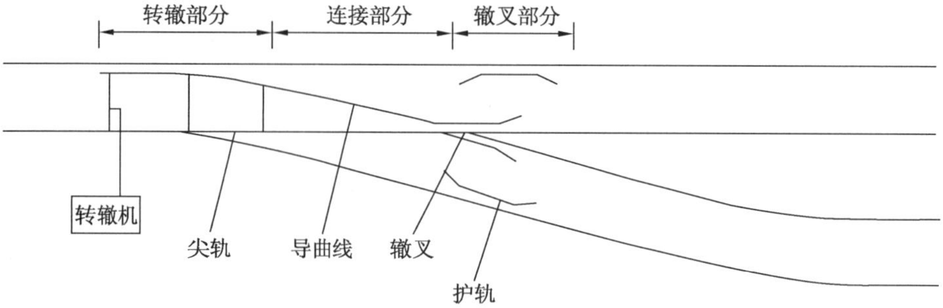

图 7-9 道岔示意图

2. 转辙机

(1) 转辙机的概念

道岔的转换和锁闭设备，是直接关系行车安全的关键设备。由转辙机转换和锁闭道岔，易于集中操纵，实现自动化。转辙机是重要的信号基础设备，对于保证行车安全、提高运输效率、改善行车人员的劳动强度起着非常重要的作用。

转辙机是道岔控制系统的执行机构，用于道岔的转换与锁闭。它是道岔动作的动力部分，通过杆件做直线运动，从而使道岔尖轨进行位移来改变道岔的位置，并给出道岔状态的表示。转辙机是转辙装置的核心和主体，除转辙机本身外，还包括外锁闭装置和各类杆件、安装装置，它们共同完成道岔的转换和锁闭。

(2) 转辙机的作用

转辙机的作用主要有四个：其一，转换道岔的位置，根据需要转换至定位或反位；其二，道岔转至所需位置且密贴后，实现锁闭，防止外力转换道岔；其三，正确地反映道岔的实际位置，道岔的尖轨密贴于基本轨后，给出相应的表示；其四，道岔被挤或因故处于“四开”（两侧尖轨均不密贴）位置时，及时给出报警及表示。

对转辙机的基本要求有以下几个：其一，作为转换装置，应具有足够大的拉力，以带动尖轨做直线往返运动；当尖轨受阻不能运动到底时，应随时通过操纵使尖轨回复原位。其二，作为锁闭装置，当尖轨和基本轨不密贴时，不应进行锁闭；一旦锁闭，应保证不致因车通过道岔时的震动而错误解锁。其三，作为监督装置，应能正确地反映道岔的状态。其四，道岔被挤后，在未修复前不应再使道岔转换。

(3) 转辙机的分类

按传动方式，转辙机可分为电动转辙机和电动液压转辙机。电动转辙机由电动机提供动力，采用机械传动。城市轨道交通中多数转辙机都是电动转辙机，包括 ZD6 系列转辙机和 S700K 型电动转辙机。电动液压转辙机简称电液转辙机，由电动机提供动力，采用液力传动。

按供电电源种类，转辙机可分为直流转辙机和交流转辙机。直流转辙机采用直流电动机，工作电源是直流电。ZD6 系列电动转辙机就是直流转辙机，供电直流 220 V。直流电动机的缺点是，由于存在换向器和电刷，易损坏，故障率较高。交流转辙机采用三相交流电源或单相交流电源，由三相异步电动机或单相异步电动机（现大多采用三相异步电动机）作为动力。S700K 型电动转辙机和 ZYJ7 型电液转辙机为交流转辙机。交流转辙机采用感应式交流电动机，不存在换向器和电刷，因此故障率低，而且单芯电缆控制距离远。

按锁闭道岔的方式，转辙机可分为内锁闭转辙机和外锁闭转辙机。内锁闭转辙机依靠转辙机内部的锁闭装置锁闭道岔尖轨，是间接锁闭的方式。ZD6 系列等大多数转辙机均采用内锁闭方式。内锁闭方式的锁闭可靠程度较差，列车对转辙机的冲击大。外锁闭转辙机虽然内部也有锁闭装置，但主要依靠转辙机外的外锁闭装置锁闭道岔，将密贴尖轨直接锁于基本轨，斥离尖轨锁于固定位置，是直接锁闭的方式。S700K 型和 ZYJ7 型转辙机采用外锁闭方式。外锁闭方式锁闭可靠，列车对转辙机几乎无冲击。

按是否可挤，转辙机分为可挤型转辙机和不可挤型转辙机。可挤型转辙机内设挤岔保护（挤切或挤脱）装置，道岔被挤时，动作杆解锁，保护了整机。不可挤型转辙机内不设挤岔保护装置，道岔被挤时，挤坏动作杆与整机连接结构，应整机更换。电动转辙机和电液转辙机都有可挤型和不可挤型。此外，各种转辙机还有不同转换力和动程的区别。

（4）转辙机的设置

城市轨道交通的正线上一般采用 9 号道岔，车辆段（停车场）一般采用 7 号道岔，通常一组道岔由一台转辙机牵引。如果正线上采用的是 12 号 AT 道岔，其为弹性可弯道岔，需要两点牵引，即一组道岔需两台转辙机牵引。

（5）几种常见的转辙机

① ZD6-A 型电动转辙机

ZD6 系列电动转辙机是我国铁路也是城市轨道交通中使用最广泛的电动转辙机。

ZD6-A 型是 ZD6 系列转辙机的基本型，系列内其他型号的 ZD6 转辙机都是以 ZD6-A 型为基础改进、完善而来的。

ZD6-A 型电动转辙机主要由电动机、减速器、摩擦联结器、主轴、动作杆、表示杆、移位接触器、外壳等组成。

电动机为电动转辙机提供动力，采用直流串激电动机。

减速器用来降低转速以获得足够的转矩，并完成传动。减速器由第一级齿轮和第二级行星传动式减速器组成，两级间以输入轴联系。减速器由输出轴和主轴联系。

用弹簧和摩擦制动板组成输出轴与主轴之间的摩擦连接，防止尖轨受阻时损坏机件。

主轴由输出轴通过启动片带动旋转，主轴上安装锁闭齿轮。

锁闭齿轮和齿条块相互动作，将转动变为平动，通过动作杆带动道岔尖轨运动，并完成锁闭作用。

动作杆和齿条块用挤切销相连，正常动作时，齿条块带动动作杆。挤岔时，挤切销折断，动作杆和齿条块分离，避免机件损坏。

表示杆由前、后表示杆及两个检查块组成。表示杆随尖轨移动，只有当尖轨密贴且锁闭后，自动开闭器的检查柱才能落入表示杆缺口，接通道岔表示电路。挤岔时，表示杆被推动，顶起检查柱，从而断开道岔表示电路。

自动开闭器由静接点、动接点、速动片、速动爪、检查柱组成，用来表示道岔尖轨所在位置。

移位接触器用来监督挤切销的受损状态，道岔被挤或挤切销折断时，断开道岔表示电路。

安全接点（遮断接点）用来保证维修安全。正常使用时，遮断接点接通，才能接通道岔动作电路。检修时，断开遮断接点，以防止检修过程中转辙机转动影响维修人员作业。

② S700K 型电动转辙机

S700K 型电动转辙机是由于我国铁路提速需要，从德国西门子公司引进设备和技术，经消化吸收和改进后，迅速在主要干线推广运用的转辙机。数年的实践表明，该型转辙机结构先进、工艺精良。这不但解决了长期困扰信号维修人员的电机断线、故障电流变化、接点接触不良、移位接触器跳起和挤切销折断等惯性故障，而且可以做到“少维护，无维修”，符合中国铁路运营的特点和发展方向，也适用于城市轨道交通。

城市轨道交通运行速度不高，可采用普通的直流转辙机，但采用三相交流电动转辙机优点十分明显。由于采用三相交流电动机，线路上的电能损失大大减少；又由于采用摩擦力非常小的滚珠丝杠传动装置，因此机械效率高。这样，在同样的控制电流下可增大控制距离，或减小电缆芯线的截面。采用三相电动转辙机后，由于没有直流电动机的整流子，维修工作量大为减少。

S700K 型电动转辙机主要由外壳、动力传动机构、检测和锁闭机构、安全装置、配线接口五大部分组成。

③ ZYJ7 型电液转辙机

在铁路提速道岔上会大量采用 ZYJ7 型电液转辙机。电动液压转辙机是采用电动机驱动，液压传动方式来转换道岔的一种转辙装置。液压式转辙机取消了齿轮传动和减速器，简化了机械结构，将机械磨损减至最低程度，减少了维修工作量，且适用于提速道岔。但液压传动对液压介质要求较高，对元件要求也高，传动效率较低。

ZYJ7 型电液转辙机由主机和 SH6 型转换锁闭器两部分组成，分别用于第一牵引点和第二牵引点。

ZYJ7 型电液转辙机主机主要由电动机、油泵、油缸、启动油缸、接点系统、锁闭杆、动作杆等部分组成。SH6 型转换锁闭器（亦称副机）主要由油缸、挤脱接点、表示杆、动作杆组成。

④ ZD（J）9 型电动转辙机

ZD（J）9 型电动转辙机是为我国铁路提速的需要研制的。借鉴了国内外成熟的先进技术，结合我国铁路线路和道岔的实际情况进行了优化设计，并根据道岔的不同转换动程和转换力，以及交流、直流不同供电方式开发的系列产品。ZD（J）9 型电动转辙机具有转换力大、效率高等特点，既适用于多点牵引分动外锁闭道岔的转换，也可用于尖轨联动的内锁闭道岔的转换。对 ZD（J）9 型转辙机进行改进，可使之成为适用于客运专线使用的转辙机。

ZD（J）9 型电动转辙机具有以下特点：其一，采用滚珠丝杠减速，效率较高。其二，交流系列采用三相 380 V 交流电动机，故障少，电缆单芯控制距离长。根据需要可配置直流系列转辙机。其三，接点系统采用铍青铜静接点组和铜钨合金动接点环。其四，伸出杆件用镀铬防锈，伸出处用聚乙烯堵孔圈和油毛毡防尘圈支承和防尘。其五，转动和滑动面用 SF－2 复合材料衬套和衬垫，维护工作量小。其六，停电或维修时需手动转换的情况下，可转动手动开关轴，断开安全接点插入手摇把，予以手动转换转辙机。

ZD（J）9 型转辙机由底壳、盖、电动机、减速器、摩擦联结器、滚珠丝杠、动作杆、左右锁闭杆、接点组、安全开关组、挤脱器、接线端子等组成。

（四）轨道电路

轨道电路是利用钢轨线路和钢轨绝缘构成的电路。它用来监督线路的占用情况，自动地和连续地将列车的运行和信号设备联系起来，即通过轨道电路向列车传递行车信息，在线路上安设的电路式的装置。轨道电路是信号的重要基础设备，它的性能直接影响行车安全和运输效率。对于城市轨道交通，轨道电路不仅用来检测列车是否占用，更重要的是要传输 ATP 信息。

1. 轨道电路的基本原理

轨道电路是以铁路线路的两根钢轨作为导体，两端加以机械绝缘（或电气绝缘），用引接线连接电源和接收设备所构成的电气回路。最简单的轨道电路如图 7-10 所示。

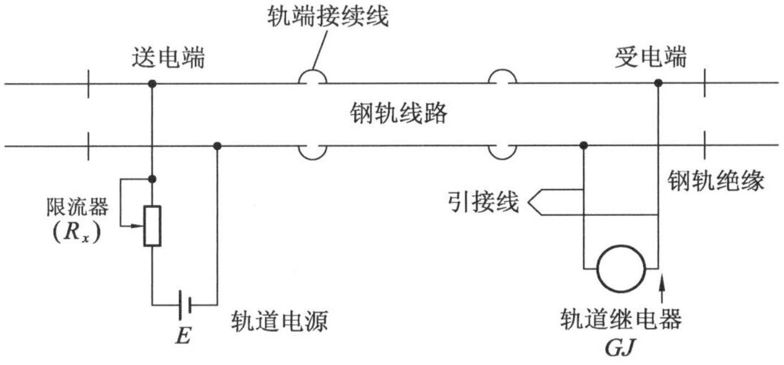

图 7-10　最简单的轨道电路

轨道电路的送电设备设在送电端，由轨道电源 E 和限流电阻 R_x 组成，限流电阻的作用是保护电源不致因过负荷而损坏，同时保证列车占用轨道电路时，轨道继电器可靠落下。接收设备设在受电端，一般采用继电器，称为轨道继电器，由它来接收轨道电路的信号电流。

当轨道电路区段空闲时，轨道电源 E 输出的电流经过一根钢轨线路，送至轨道继电器 GJ。再经另一根钢轨线路、限流器回到轨道电源，使轨道继电器得到电流而将衔铁励磁吸起。当轨道电路区段有机车车辆占用时，电流同时通过轮对和轨道继电器线圈，但由于轮对电阻比轨道继电器线圈的电阻小得多，使轨道电路形成短路状态，因而流经轨道继电器 *GJ* 线圈的电流减小到它的落下值，使衔铁失磁落下。轨道电路能否正常工作，直接关系到列车安全和行车效率。

当轨道电路内钢轨完整且没有列车占用时，轨道继电器吸起，表示轨道电路空闲。轨道电路被列车占用时，被列车轮对分路，轮对电阻远小于轨道继电器线圈电阻，流经轨道继电器的电流大大减小，轨道继电器落下，表示轨道电路被占用。

2. 轨道电路的分类

（1）按照绝缘的性质不同，轨道电路可分为有绝缘轨道电路和无绝缘轨道电路。有绝缘轨道电路用钢轨绝缘将本轨道电路与相邻的轨道电路互相电气隔离。一般的轨道电路常指有绝缘轨道电路。

钢轨绝缘在车辆运行的冲击力、剪切力作用下很容易破损，使轨道电路的故障率较高。绝缘节的安装，给无缝线路带来一定的麻烦，有时需锯轨，因而降低了线路的轨道强度，增加了线路维护的复杂性。电气化铁路的牵引回流不希望有绝缘节，为使牵引回流能绕过绝缘节，必须安装扼流变压器或回流线。因此，无缝线路和电气化铁路希望采用无绝缘轨道电路。

无绝缘轨道电路在其分界处不设钢轨绝缘，而采用电气隔离的方法予以隔离。电气隔离式又称谐振式，利用谐振槽路，采用不同的信号频率，谐振回路对不同频率呈现不同阻抗，来实现相邻轨道电路间的电气隔离。

城市轨道交通正线上采用无绝缘轨道电路，取消了机械绝缘节和钢轨接头，大大减少了车辆轮对与钢轨接缝之间的碰撞，降低了轮对和钢轨的磨损，避免了列车过接缝时乘客的不舒适感。

（2）按照供电方式分类，轨道电路可分为直流轨道电路和交流轨道电路。直流轨道电路又分为直流连续式轨道电路和直流脉冲式轨道电路。交流轨道电路又分为交流连续式轨道电路和交流电码式轨道电路。城市轨道交通一般采用直流牵引。

（3）按照所传输的电流特性不同分类，轨道电路可分为工频连续式轨道电路和音频轨道电路。其中，音频轨道电路又可分为模拟式轨道电路和数字编码式轨道电路。

工频连续式轨道电路中传输连续交变电流，只能用于监督轨道的占用与否，不能传输对列车的控制信息。应用较广泛的工频轨道电路是 50 Hz 相敏轨道电路、PF 轨道电路。它们只有监督列车占用的功能，不能传输其他信息。

模拟式轨道电路用代表不同速度信息的低频对载频进行调制，该调制信号是模拟量，以实现对列车速度的控制。它只能传输速度信息，不能传输更多的 ATP 信息，因此只能实现阶梯式控制模式的固定闭塞。上海地铁 1 号线采用的原美国 GRS 公司的轨道电路和北京地铁采用的英国西屋公司的 FS-2500 型轨道电路，就属于这一类轨道电路。

数字编码式音频轨道电路采用数字调频方式，可以传输更多的信息，包含数字信息，例如列车运行方向、目标距离、目标速度等，能够为车载 ATP 设备提供控制信息。考虑到性能、价格、安全可靠性等多方面原因，数字编码式音频轨道电路在城市轨道交通中得到广泛应用。上海地铁 2 号线采用的美国 US&S 公司的 AF-904 型轨道电路，广州、南京、深圳地铁采用的德国西门子公司的 FTGS 型轨道电路，上海城市轨道交通 3 号线采用的法国 ALSTOM 的 DTC921 型轨道电路，都属于这一类轨道电路。

（4）按照使用处所分类，轨道电路可分为区间轨道电路和车辆段内轨道电路。区间轨道电路主要用于正线，不仅要监督各闭塞分区是否空闲，而且要传输有关行车信息。一般来说，区间要求轨道电路传输距离较长，要满足闭塞分区长度的要求，轨道电路的构成也比较复杂。车辆段内轨道电路用于段内各区段，一般只有监督本区段是否空闲的功能，不能发送其他信息。

（5）按照轨道电路内有无道岔，轨道电路可分为有道岔区段轨道电路和无道岔区段轨道电路。无岔区段轨道电路内钢轨线路无分支，构成较简单，一般用于检车线、停车线等，以及尽头调车信号机前方接近区段、两差置调车信号机之间的区段。车辆段内轨道电路分为无岔区段轨道电路和道岔区段轨道电路。

3. 轨道电路的作用

（1）监督列车的占用。利用轨道电路监督列车在区间或列车和调车车列在站内的占用，是最常用的方法。由轨道电路反映该段线路是否空闲，为开放信号、建立进路或构成闭塞提供依据，还利用轨道电路的被占用关闭信号，把信号显示与轨道电路是否被占用结合起来。

（2）传递行车信息。例如数字编码式音频轨道电路中传送的行车信息，为 ATC 系统直接提供控制列车运行所需要的前行列车位置、运行前方信号机状态和线路条件等有关信息，以决定列车运行的目标速度，控制列车在当前运行速度下是否减速或停车。对于 ATC 系统来说，带有编码信息的轨道电路是其车地之间传输信息的通道之一。

4. 轨道电路的基本要求

轨道电路的基本要求包括以下几方面：

（1）必须满足信号安全设备的“故障—安全”原则，出现故障后，分路时应有可靠的分路检查。

（2）在最不利条件下，受电端的接收设备在调整状态时应可靠工作，分路状态时应可靠不工作。如送电端的发送设备兼作机车信号发码电源时，其入口电流应满足机车信号接收灵敏度的要求。

（3）在最不利条件下，用 0.06 Ω 电阻在轨道电路内的任何一处轨面可靠分路时，均应使受电端的接收设备可靠地停止工作。

（4）各种制式的轨道电路，在规定的技术性能范围内均应实现一次调整。

（5）为保证轨道电路能安全、可靠、正常地使用，任何制式的轨道电路均应进行完整的理论分析和计算。

（6）分路时，轨端绝缘破损、电路内任一元件故障，轨道电路不应失去分路检查或造成防护端轨道电路区段的信号机及机车信号机显示升级。

（7）适用于电力牵引区段的轨道电路，应能防护连续或断续的不平衡牵引电流的干扰。当不平衡电流在规定值以下时，应保证调整状态时稳定工作，分路状态时可靠不工作。

（8）电力牵引区段的轨端接续线应采用焊接式钢轨接续线。

（9）各型站内轨道电路，其间传递的信息均应和与其相配实现电码化的机车信号信息不同，其送、受电端均应能适应电码化的要求。

（五）计轴设备

随着电力机车变流控制技术的发展，牵引电流的高次谐波对轨道电路的干扰影响越来越大。此外，轨道电路的工作状态还严重依赖于道床状态，在道床电阻很低的场合，无论何种轨道电路都无法正常工作。因此，在一些站内轨道电路分路不良及雨季“红光带”等特殊情况下使用计轴器作为检测轨道区段是否空闲的装置是非常有必要的。

计轴技术是以计算机为核心，辅以外部设备，利用统计车辆轴数来检测相应轨道区段占用或空闲状态的技术。发达国家的计轴技术起步比较早，并已开发出技术成熟的产品推广使用，如阿尔卡特公司、德国西门子公司等都在开发和使用计轴系统。

电子计轴器包括室外及室内部分（信号楼或控制中心），室外部分包括地面传感器（计数点）、电缆盒、传输电缆；室内部分主要是信号处理电路及计数处理电路。一个计轴区段在入口和出口各设一套轨旁设备（传感器、电缆盒等），同时在控制中心各设有对应的计数器。设在控制中心的计轴运算器把入口和出口的轴数进行比较从而判断轨道区段的状态。

当有列车驶入区段时，入口计数器（初值为零）开始计轴，计轴运算器把入口计数器和出口计数器（初值为零）所计的轴数相减，这时的轴数随列车进入的数量而增加；当列车完完全进入区段后，轴数不变；当列车开始从出口驶出时，出口的计数器开始计数，这时计轴运算器的数值随列车驶出的数量而减少。列车完全出清本区段（即驶出的轴数与进入的轴数相等），这时轴数等于零。

经历了近20年的发展，电子计轴器有适应于各种情况的多种类型，最有代表性的是ZP43型地面传感器。

1. 电子计轴点ZP43

西门子公司开发的电子计轴点ZP43在计轴系统中作为传感装置。ZP43对电磁干扰不敏感，安装方便。由于其高机械稳定性及恒定的电气参数，所以几乎不需要维护和保养。

计轴点是计轴系统的车轮识别点。它位于轨道区段分界点处。装在这个位置上的传感元件、轨旁设备、电缆接线盒组成一个功能单元，称为计数点ZP。因车轮作用而在ZP中形成的脉冲或信号经由区间电缆传送至位于控制中心的计数单元。实验室及现场试验表明，用新开发的ZP43足以防护上述几种干扰影响。

计数点ZP43是一种车轮电磁识别装置，也即在计数点作用范围内，一对车轮就可改变其交流电磁场的分布，并引发出一个计数脉冲。

每个计轴点ZP43包括一个带有固定联结电缆的轨旁设备与一个电缆盒。轨旁设备包括发送器和接收器，它们由两个固定螺栓与一块屏蔽金属板一起固定在轨腰上。

由于结构上及生产上的措施，如玻璃纤维加强外壳、浸在聚氨酯泡沫中的空心线圈，使得其元件有特别强的抗机械应变的能力。

为了能判别列车不同的运行方向，必须有两个紧密相依的车轮识别系统。ZP43的发送器和接收器外壳都有双套系统。两个系统间事先给定的距离构成经由它们的时间差，由该时间差来判定列车运行方向。

2. 微计算机计轴系统 AzSM

微计算机计轴系统是一种基于微计算机的轨道区段空闲或占用检测的安全设备。AzSM 是“带有多段计数的西门子计轴系统”的英文缩写。在被检测轨道区段的始、终端置有车轮传感器（计数点）。每个车轮传感器经由通信电缆与中央计数设备相连。对车轮传感器的供电也经由此联系通道实现。在固定方向上作为中央处理和监控的计数单元，其任务是将来自计数点的轴脉冲信息归总成一个总体结果，以及给出每一个轨道区段的空闲或占用表示。

AzSM 包括：在所监控轨道区段两端的计数点；最多包括 16 个计数点的计轴单元。

计数单元是一种基于微计算机系统的可靠的数据处理设备。其核心是经过安全性证明的计算机系统 SIMIS-3216，该系统有 3 个数据处理通道，且 3 个通道内的数据流同步。在结构上，计数单元装在 4 排框架上，组件用插入方式安装在框架上。

AzSM 的主要特征有：① 最多可接续 16 个计数点；② 自动纠错；③ 经由联锁总线或调制，解调器向计算机服务器及维修中心给出故障表示。

在轨道区段的始、终端放置车轮传感器。它用以识别在该线路上驶过的列车的所有车轮（轴）数及运行方向。

（六）应答器

应答器也称信标，它也是信号系统的基础设备，随着 ATC 系统的普及，应答器在城市轨道交通中得到广泛的应用。不同的应答器应用于不同的信号制式，称呼也不相同，而且有“有源应答器”和“无源应答器”之分。它们也称为“有源信标”和“无源信标”。

在点式 ATP 子系统中，利用设置在每个车站出站信号机处的应答器，向列车传送 ATP 信息；在基于模拟轨道电路的 ATC 系统中，利用设于区间和车站的应答器（也称为标志器），实现列车在车站的程序对位停车控制；在基于“距离定位”制式的 ATC 系统用无源应答器进行列车定位校核，有源应答器用于车地信息交换。基于无线通信的移动闭塞列车控制（Communication Based Train Control，CBTC）系统中，无源应答器主要用于列车定位校准，而有源应答器主要用于信号后备系统中向列车传送点式信息。应答器由地面、车载两部分设备构成。

1. 地面应答器设备

信号系统为每一个地面应答器分配一个固定的坐标。地面应答器的主要功能是：接收车载应答器天线传递的载频能量和向车载天线发送数据信息。地面应答器是一种可以发送数据报文的高速数据传输设备。地面应答器应能提供上行数据链路，实现地对车的数据传输。地面应答器应具有足够的、可用的固定信息容量，当与地面电子单元连接时，能提供实时可变的数据信息。

（1）地面电子单元（Land Electronic Unit，LEU）

地面电子单元是一种数据采集与处理单元，当有数据变化时（例如信号显示改变等），将改变后的数据形成报文传送给应答器进行发送。

（2）地面应答器

地面应答器有无源应答器和有源应答器两种。无源应答器向列车传送固定的信息；而有源应答器一般都与地面电子单元连接，通过连接的地面电子单元，可实时更新地面有源应答器中存储的数据。地面无源应答器通过接受车载应答器天线传递的载频能量，获得电能量，使地面应答器中的信号发生器工作，然后将事先存储于地面应答器中的数据发送到车载天线。

有的城市轨道交通在车站的出站信号机处设置出站有源应答器，它根据车站联锁确定的列车发车进路状况，向列车传送列车运行方向及进路状态等信息。

2. 车载应答器设备

每个地面应答器对应于线路的某一个固定的坐标，所以列车收到地面应答器信息后可以对列车行走里程进行精确的定位及校正。列车收到前一个地面应答器的信息后，可判断该应答器的特性和位置。这些信息特性包括地面应答器所处的位置、位置参数的精度、列车的运行方向等。如果接收到的地面应答器的信息与预期的不同，车载应答器解码设备应有相应的表示或输出，以便车载 ATP 设备做出相应的反应，并采取相应的安全措施。

车载接收器的主要功能有：发送地面应答器需要的能量；接收来自地面应答器的信息；分析接收到的数据流，找出完整的报文、形成处理好的无错码报文、确定定位参考点、从车上向地面发送包括检查码在内的各种信息。

车载应答器设备包括车载天线、解码器、载频发生器与功率放大器等。车载天线是一个双工的收发天线，既要向地面发送激活地面应答器的功率载波，还要接收地面应答器发送的数据报文。载频发生器与功率放大器，用于产生激活地面应答器所需的载频能量，并通过车载天线传递给地面应答器。车载解码器是用于对地面应答器的数据进行处理的模块，由微处理器、滤波器和其他相关单元组成。解码器用于对地面应答器信息的接收、滤波、数字解调与处理，经处理的数据通过相应的接口传送至相关的设备，如车载 ATP 设备，司机显示单元或无线设备。

三、联锁设备

（一）联锁的原理

联锁是通过技术方法，使信号、道岔和进路必须按照一定程序并满足一定条件，才能动作或建立起来的相互关系。根据系统内各设备在功能上的分工和所在的位置，联锁系统可分解成联锁机构（联锁层）、人机会话层和监控层，如图 7-11 所示。

联锁的目的是防护进路，主要工作为进路建立和进路解锁，下面就进路的建立和解锁分别描述。

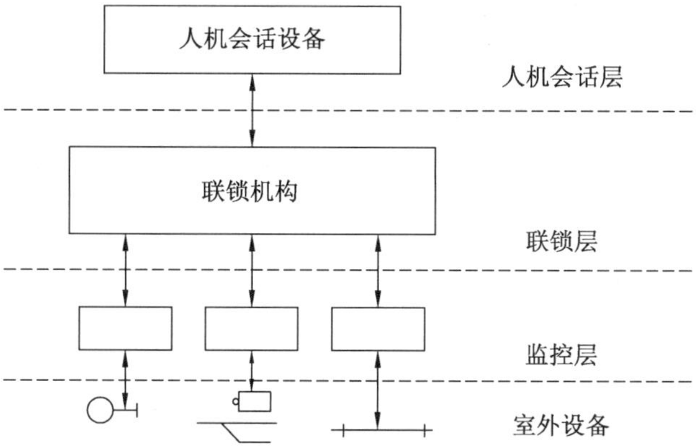

图 7-11　联锁系统层级图

1. 进路的组成

进路根据防护的安全等级可以分成安全进路和非安全进路。安全进路是指路径上有道岔并且要运行旅客列车的进路，非安全进路则是指其他一切进路。

进路一般由三部分组成，分别为主进路、保护区段和侧面防护。其中，侧面防护又可以分成主进路的侧面防护和保护区段的侧面防护两种。

主进路是指进路上从始端信号机至终端信号机通过的路径，包括道岔、信号机、区段等要素。在地铁信号系统中信号机的开放不检查全部区段，只检查一部分区段，这些被检查的区段叫作监控区段，保证列车通过这些区段后能自动将运行模式转为 SM 模式（ATP 监督人工驾驶模式）或 ATO 自动驾驶模式。列车之间的追踪保护就由 ATP——自动列车保护系统来防护了，由 ATP 保证列车前后之间的距离，防止出现列车追尾现象。

保护区段是指终端信号机后方的一至两个区段，这是为了避免列车由于某种原因不能在信号机前方停车而冲出信号机导致危及列车安全的事故的发生。

侧面防护是指为了避免其他列车从侧面进入进路，与列车发生侧向冲突。防护主进路的侧面防护叫作主进路的侧面防护，防护保护区段的侧面防护叫作保护区段的侧面防护。

2. 进路的建立

进路的建立是指从进路开始办理，到防护该进路的信号机开放这一阶段，主要分为以下几个操作步骤：进路元素的可行性检查；进路元素的征用；进路监督及开放信号。

进路元素的可行性检查由联锁计算机完成。该计算机首先检查所选进路的始端、终端信号机构成的进路是否为设计的进路，然后检查所选进路中的元素。后者的检查内容包括：

① 进路中的道岔没有被其他进路或人工锁闭在相反的位置上；

② 进路中的道岔或轨道区段没有被封锁禁止排列进路；

③ 进路中的信号机没有被反方向进路征用；

④ 道岔或监控区轨道电路没有被进路征用。

⑤ 进路上的其他区段没有被其他反方向的进路征用。

进路元素的检查从终端信号机开始，一个元素接一个元素地检查到始端信号机。

进路元素的征用是指元素被该进路选用以后，在这些元素解锁之前，一般情况下，其他任何进路将不能使用。

如果进路有效，进路元素通过了可行性检查，将对这些元素进行征用，即：进路中所有处于与进路要求位置相反位置上的道岔必须进行转换，并且把所有道岔锁闭在进路要求的位置上；进路中的所有轨道区段和信号机被解锁之前，其他进路不能征用；要求提供侧面防护；要求提供保护区段或延时保护区段。

信号系统正常运行时，可利用自排功能排列进路。

为了满足基本运营的需要，联锁系统还设置了追踪进路功能。当 ATS 系统故障导致自排功能失效时，可使用追踪进路功能排列进路。

3. 进路的解锁

进路的解锁是指从列车驶入信号机后方（驶入进路），到出清进路中全部轨道区段这一阶段，或者指操作人员解除已建进路的阶段。进路解锁主要分为取消进路、列车解锁及区段强行解锁。其中，取消进路可分为立即取消进路和延时取消进路；列车解锁分为正常解锁和折返解锁。

取消进路是指进路建立后，因人为需要而取消该进路时的一种解锁方式。一旦进行取消进路的操作，进路始端信号机立即自动关闭，并且根据列车的运行情况又分为立即取消进路和延时取消进路两种。在以下条件下，进路延时取消，该延时由系统自动完成：接近区段占用，并且在列车占用接近区段期间，进路信号机开放过通过信号或引导信号；进路将取消至进路中最后一列车所处的区段，剩余的进路部分由列车通过进行正常解锁；取消进路的条件是被取消的进路的所有轨道区段被进路锁闭，且进路的第一轨道区段必须逻辑空闲。

正常解锁也被称为列车通过解锁或逐段解锁。正常解锁是指列车通过了进路中的轨道区段后，使进路自动解锁，检查区段是否空闲，以及列车是否通过了该区段的基本技术手段是轨道电路。但仅用一段轨道电路的动作，不能确切反映车辆通过了该区段，而必须采用多段轨道电路的顺序动作来反映列车的实际运动情况。

折返解锁是对折返进路中没有被列车全部正常通过的区段的一种自动解锁方式。在此种情况下，列车总是在牵出后又返回，根据正常解锁的定义，折返轨将不能解锁，而需采用一种特殊解锁方式自动解锁。该种特殊的自动解锁方式称为折返解锁。其目的在于：当折返进路排列后，列车沿折返进路返回，如果折返轨道出清，则牵出进路的剩余区段将自动解锁。

正常情况下，进路应随着列车驶过进路而自动逐段解锁，但由于某种故障，如轨道电路不能正常工作，区段可能不能正常解锁。因此，需要人为强行使该区段解锁，称此种人为方式为故障解锁或强行解锁。当对区段进行强行解锁时，立即关闭信号机，并根据列车的运行情况，采取延时解锁或立即解锁，只有在以下条件全部满足时才能进行无延时解锁，否则延时解锁：进路空闲；联锁连接正常；接近区段空闲；或者接近区段占用，但在列车占用接近区段期间，进路信号机既没有开放过通过信号也没有开放过引导信号。

如果区段进行强行解锁操作，则进路和保护区段的征用都将被强行解锁。但是如果该区段同时又提供侧面防护，解锁后不能取消侧面防护的锁闭，也就是说，区段继续提供侧面防护。

（二）联锁设备

控制车站的道岔、进路和信号，并实现它们之间的联锁关系的设备，称为联锁设备。联锁设备可以采用机械的、机电的或电气的方法来实现，可以分散控制也可以集中控制。

联锁设备有继电集中联锁和计算机联锁两类设备。

1. 继电联锁设备

继电联锁是在信号楼或车站值班员室集中控制信号机和道岔的联锁设备。在继电联锁中实现联锁的主要元件是继电器。联锁设备采用色灯信号机和电动转辙机，操作人员只需在控制台上按压按钮就能办理或解锁进路；采用逐段解锁方式，从而缩短了进路建立和解锁的时间，提高了车站通过能力。继电联锁设备由室内设备和室外设备两部分组成。室内设备主要有控制台、继电器组合及组合架、分线盘和电源屏等。室外设备主要有色灯信号机、电动转辙机、轨道电路及电缆线等。

2. 计算机联锁设备

计算机联锁系统由硬件设备和软件设备构成。硬件设备包括联锁计算机、安全检验计算机、彩色监视器、微型集中操纵台、安全继电输入输出接口柜、计算机联锁专用电源屏，以及现场信号机、转辙机、轨道电路等室外设备。软件设备是实现进路、信号机和道岔相互制约的核心部分，由两部分组成：一是参与联锁运算的车站数据库；二是进行联锁逻辑运算，完成联锁功能的应用程序。车站数据库包括车站赋值表、车站联锁表、按钮进路表、车站显示数据等。应用程序由多个程序模块组成，即系统管理程序模块、时钟中断管理程序模块、表示信息采集及信息处理程序模块、操作命令输入及分析程序模块、选路及转岔程序模块、信号开放程序模块、解锁程序模块和站场彩色监视器显示程序模块等。

四、列车自动控制系统

列车自动控制系统（Automatic Train Control，ATC）包括三个子系统：列车自动监控系统（Automatic Train Supervision，ATS）、列车自动防护系统（Automatic Train Protection，ATP）、列车自动运行系统（Automatic Train Operation，ATO）。

ATC 系统包括五个原理功能：ATS 功能、联锁功能、列车检测功能、ATC 功能、列车识别功能。

（1）ATS 功能：ATS 功能主要由位于 OCC（控制中心）内的设备实现。

（2）联锁功能：响应来自 ATS 功能的命令，在随时满足安全准则的前提下，管理进路、道岔和信号的控制，将进路、轨道电路、道岔和信号的状态信息提供给 ATS 和 ATC 功能。

（3）列车检测功能：一般由轨道电路完成。

（4）ATC 功能：在联锁功能的约束下，根据 ATS 的要求实现对列车运行的控制。

ATC 功能有三个子功能：ATP/ATO 轨旁功能、ATP/ATO 传输功能和 ATP/ATO 车载功能。

（5）列车识别（PTI）功能：通过多种渠道传输和接收各种数据，在特定的位置传给 ATS，向 ATS 报告列车的识别信息、目的号码、乘务组号和列车位置数据，以优化列车运行。

（一）ATP 子系统

ATP 系统是保证行车安全、防止列车进入前方列车占用区段和防止超速运行的设备。ATP 系统将联锁系统和操作层的信息、线路信息、前方目标点距离、允许速度信息等通过轨道电路传至车上，车载设备根据 ATP 所传输的信息计算当前所允许的速度，或由行车控制中心计算出目标速度传至车上，由测速器测得列车实际的运行速度。如果列车速度大于 ATP 装置指示速度，ATP 车载设备发出制动指令，列车自动制动，当列车速度降至 ATP 指示速度以下时，自动缓解。而运行操作仍由司机完成。这样，可缩短列车运行间隔，可靠地保证列车不超速、不冒进。

ATP 由轨旁设备和车载设备组成。ATP 轨旁设备主要有轨旁单元和发送/接收器组成。ATP 轨旁单元主要是计算机，负责对所获得的信息的处理、发送和接收。发送/接收器主要是轨道电路，利用轨道电路将信息从地面发送到车辆。ATP 轨旁单元根据联锁、轨道空闲检测系统和应用的数据形成驾驶指令，传输至 ATP 车载设备；ATP 车载设备主要包括接收装置（天线）信息处理器和测速单元。通过此数据计算现有位置的列车允许速度和制动力。

（二）ATO 子系统

ATO 系统主要是实现“地对车的控制”，即用地面信息实现对列车的控制，根据控制中心指令自动使列车正点、安全、平稳运行。ATO 系统是非故障安全系统，是最佳的模拟司机，有高质量的自动驾驶技术，可提高运行效率和舒适度。

ATO 系统在 ATP 系统和 ATS 系统的基础上工作，接收来自 ATP 的速度命令，以及 ATS 系统的列车运行等级信息；完成列车区间运行自动控制、车站站台定位停车控制、车站通过控制；实现司机监督下的自动折返控制、车门开关控制，进行列车运行调整和节能控制。

ATO 系统由地面设备和车载设备组成。

1. 地面设备

在车站设备室内设置站台 ATO 通信器（Platform ATO Communicator，PAC）。PAC 内存储列车行驶至下两个停车点的站间距离、轨道电路数量及长度，以及线路坡度和曲线参数等信息，并于 ATS 系统车站远程终端单元接口得到 ATS 系统及联锁系统的惰行命令、扣车命令、运行方向、下一车站列车通过命令及目的地等信息。以上 PAC 信息在列车停在站台期间，经联锁系统及轨道电路的有关条件通过 ATO 地面环路发送给列车。在各车站上、下行站台及列车折返线的轨道处设置环路。列车通过环路的位置及交叉点得到列车定位信息，启动定点停车程序，按定点停车曲线运行，实现车站定点停车。若列车停准，地面环路会收到车载天线发送的停稳信号，然后进行开关车门和屏蔽门的操作，并在列车停在环路上时实现“车—地”通信。

2. 车载设备

ATO 车载设备由 ATO 控制器、接收天线、发送天线组成。与车辆的接口主要包括列车牵引控制和制动控制。与司机显示单元的接口为开关门指示灯、列车启动按钮及故障报警灯等。

（三）ATS 子系统

ATS 系统在 ATP 系统和 ATO 系统的支持下，主要是实现对列车运行及所控制的道岔、信号等设备运行状态的监督和控制，给行车调度人员显示出全线列车的运行状态，监督和记录运行图的执行情况，在列车因故偏离运行图时及时做出调整，辅助行车调度人员完成对全线列车运行的管理。ATS 是一个计算机化、网络化、模块化的自动监控系统。

ATS 系统硬件配置主要有冗余的控制中心主服务器、数据库服务器、调度员工作站、时刻表编辑器、管理服务器、通信服务器、网络打印机和车站远程终端单元组成。部件与服务器之间通过冗余的以太网连接，控制中心与车站之间通过分布式光缆连接的容错网络进行通信。

ATS 系统由控制中心设备、车站设备、车辆段设备、列车识别系统、列车发车计时器等组成。

1. 控制中心设备

控制中心设备属于 ATS 系统，是 ATC 的核心，用于状态表示、运行控制、运行调整、车次追踪、时刻表编制及运行图绘制、运行报告、调度员培训、与其他系统的接口。控制中心 ATS 设备主要包括中心计算机系统、综合显示屏、调度员及调度长工作站、运行图工作站、培训/模拟工作站、绘图仪和打印机、维修工作站、UPS 及蓄电池。

2. 车站设备

车站有集中联锁站和非集中联锁站的分别。集中联锁站设有一台 ATS 分机，连接 ATS 与 ATP 地面设备和 ATO 地面设备，采集车站设备信息、传送控制命令，与 ATS 系统联系。非集中联站不设 ATS 分机，P、PIS 和 DT 均通过集中联锁站的 ATS 分机和 ATS 系统联系，道岔和信号机由集中联锁站计算机控制。

3. 车辆段设备

（1）AIS 分机。车辆段设一台 ATS 分机，用于采集车辆段内存车库线的列车占用及进/出车辆段的列车信号机的状态，在控制中心显示屏上给出以上信息的显示，以便控制中心及车辆段值班员及车辆管理人员了解段内停车库线列车的车次及车组运用情况，正确控制列车出段。

（2）车辆段终端。车辆段派班室和信号楼控制台（室）各设一台终端，与车辆段 ATS 分机相连，根据来自控制中心的实际时刻表建立车辆段作业计划。

4. 列车识别系统（Positive Train Identification，PTI）

PTI 设备是 ATS 车次识别及车辆管理的辅助设备，其由地面查询器环路和车载应答器组成。地面查询器环路设于各站。PTI 设备用于校核列车车次号。当列车经过地面查询器时，地面查询器可采集到车载应答器中设定的列车车次号，并经车站 ATS

设备送至控制中心，校核是否与中心计算机列车计划中的车次号一致，若不相一致则报警并进行修正。

5. 列车发车计时器（Train Depart Timer，TDT）

TDT 设备设于各站，为列车运行提供车站发车时机、列车到站晚点情况的时间指示，提示列车按计划时刻表运行。正常情况下，在列车整列进入站台后，按系统给定站停时间倒计时显示距计划时刻表的发车时间，为零时指示列车发车；若列车晚点发车，则 TDT 增加停站时间的计时。在特殊情况下，若实施了站台扣车控制，TDT 给出“H”显示；如有提前发车命令，TDT 立即显示“0”；列车通过车站时，TDT 显示“＝”。

任务三　通信系统

一、通信系统的组成

城市轨道交通通信系统由信息传输系统、电话系统、闭路电视监控系统、广播系统、时钟系统、乘客导乘信息系统等组成，如图 7-12 所示。

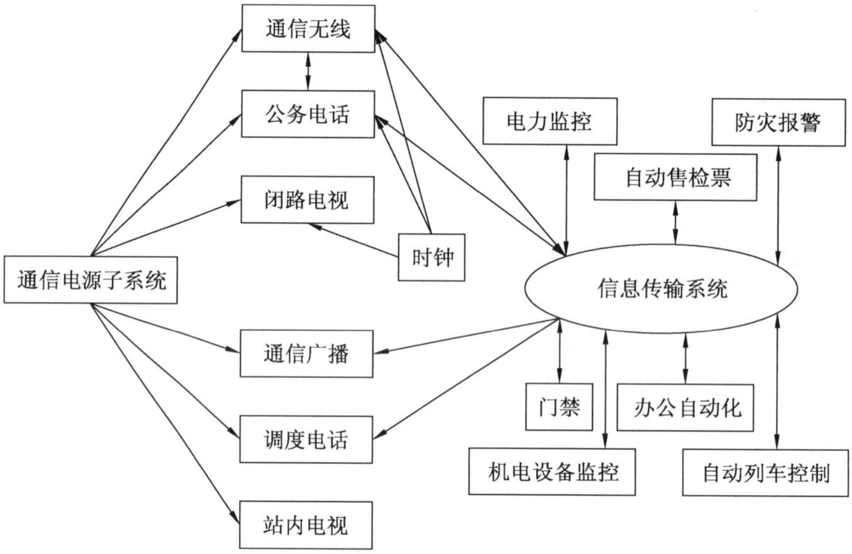

图 7-12　城市轨道交通通信系统

二、电话系统

电话系统主要为城市轨道交通管理、运营及维修人员提供语音通信服务。电话系统由公务电话系统和专用电话系统组成。其中专用电话系统包括调度电话系统和站内、站间和轨旁电话系统。

（一）公务电话系统

在城市轨道交通通信系统中，公务电话系统主要用于轨道交通内部各部门之间的电话联系，为运营、管理、维修等部门的工作人员提供通信联络服务；与专用无线集群系统互联，实现轨道交通有线与无线通信系统相结合；与本地公用电话网互联，实现轨道交通公务电话系统与本市用户（包括火警 119、报警 110、救护 120 等），以及国内、国际长途通信公用电话网的通话；可向轨道交通用户提供语音、数据、传真等通信服务业务，提供电话呼叫、电话会议及与外部通信等功能。公务电话系统以数字程控交换机为核心，与程控交换机相连的电话分机，分布在城市轨道交通各办公管理部门、运营控制中心（OCC）、车站、设备室、停车场及所需电话的其他区域。

城市轨道交通公务电话网相当于企业的内部电话网，采用程控数字交换机组网，并通过中继线路接入当地电话网。一般利用城市轨道交通专用传输网的部分带宽资源组成承载网络，连接远端的车站小交换机或远端模块，此种组网方式称为中继组网方式，如图 7-13 所示。

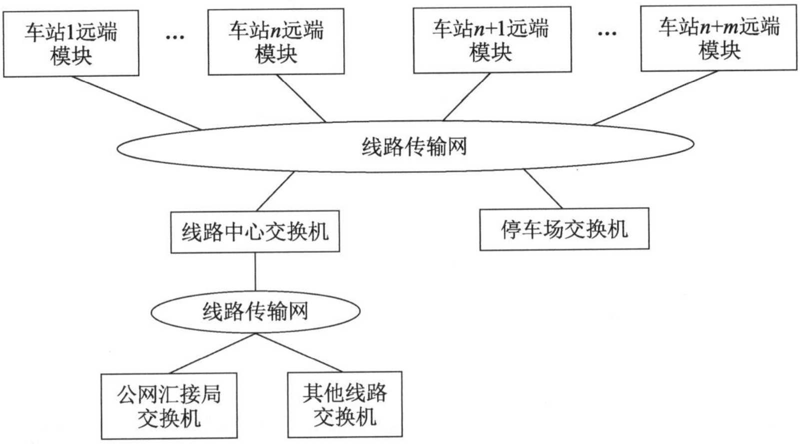

图 7-13　公务电话交换网网络结构

（二）调度电话系统

1. 调度电话系统的构成

城市轨道交通调度电话系统为城市轨道交通的调度人员，如行调、电调、维调、环调等提供专用的单键直通电话，并具有单呼、组呼、全呼、会议、紧急呼叫、强拆、强插等特有的功能。调度电话系统主要包括调度总机、调度台和调度分机三部分，并通过城市轨道交通专用传输系统或通信电缆相连接组成调度电话网。其系统构成如图 7-14 所示。

2. 调度电话系统的功能

城市轨道交通调度电话系统最基本的功能包括通话功能、选叫功能、会议功能、录音功能。各调度台能快速地单独分组或全部呼出所属分机，下达调度命令；各调度分机摘机就可呼叫对应的调度台。

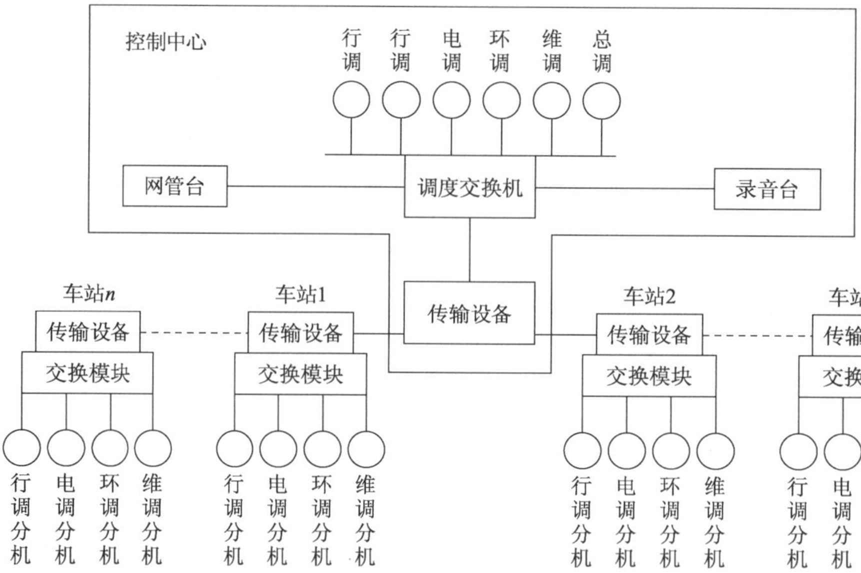

图 7-14　调度电话系统构成

（三）站内、站间和轨旁电话系统

站内电话系统由用户小交换机、车站值班台和电话分机组成。站内电话子系统的分机除了提供公务电话外，主要提供站内各分机与车站值班主机之间的直达通信或分机间的拨号通信服务，如图 7-15 所示。

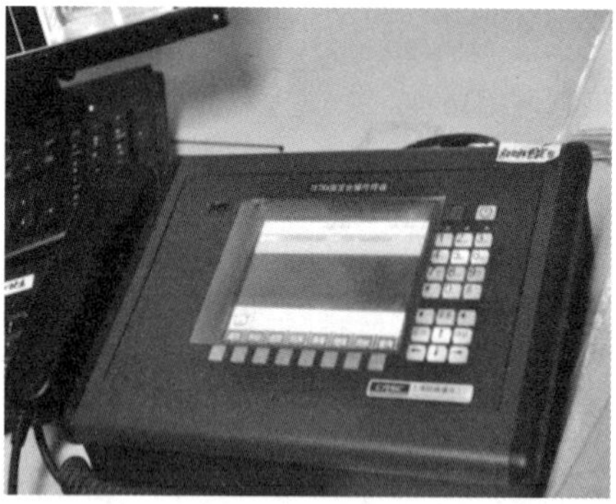

图 7-15　站内值班电话

站间电话可为车站值班员与相邻车站的车站值班员提供直达通信服务，即直通电话机双方的任何一方摘机即可与对方通话。

轨旁电话为安装在隧道内或地面、高架线路旁的话机。通过站内电话系统连接邻站的车站值班台或接入公务电话网，为隧道内、地面、高架线路旁的维修人员和紧急情况下的列车司机提供通信服务，如图 7-16 所示。

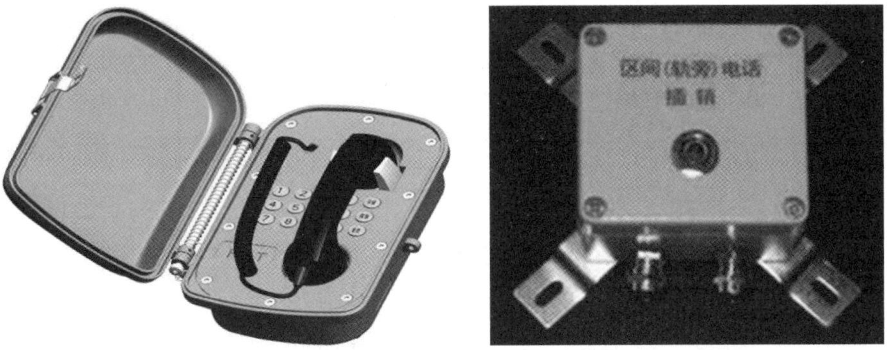

图 7-16　轨旁电话

三、闭路电视监控系统

城市轨道交通闭路电视（Closed Circuit Television，CCTV）监控系统为控制中心调度管理人员、车站值班员、列车司机及站台工作人员等在所管辖车站的站厅、站台、出入口、机房等主要区域提供实时视频监控服务，以确保城市轨道交通系统正常安全地运行。

城市轨道交通 CCTV 监控系统采用车站、控制中心两级互相独立的监控方式，平常以车站值班员控制为主进行视频监控，控制中心调度员可任意选择上调各车站的任一摄像头的监控画面。在紧急情况下则转换为以控制中心调度员控制为主进行视频监控。在一个城市有多条线路的情况下，上层的线网管理中心可以设置为线网闭路电视监控中心，根据需要调看各线路监控画面，从而形成车站、控制中心和线网管理中心的三级视频监控系统。出于安全与事故取证要求，车站和控制中心还应具有录像功能。

（一）闭路电视监控系统的组成

闭路电视监控系统由摄像机（含监听头，即话筒），控制部分，传输部分，监视器，报警部分和网管部分组成，如图 7-17 所示。

1. 摄像机

摄像头的基本工作原理为：景物通过镜头生成的光学图像投射到图像传感器的表面，然后转换为电信号。图像传感器是一种半导体芯片，其主要部分是感光器，表面包含有几十万至几百万个光电二极管。光电二极管在受到光照射时产生电荷，即将光图像转换为电图像，再通过电子扫描读取各光电二极管所产生的电信号，形成模拟视频信号输出。若是数字摄像头，还需经过 A/D 转换和数字信号处理，形成数字视频信号输出。目前所使用的摄像头分为模拟摄像头、数字摄像头和网络摄像头。有带夜视（红外线）摄像功能的摄像头，也有不带此功能的摄像头。

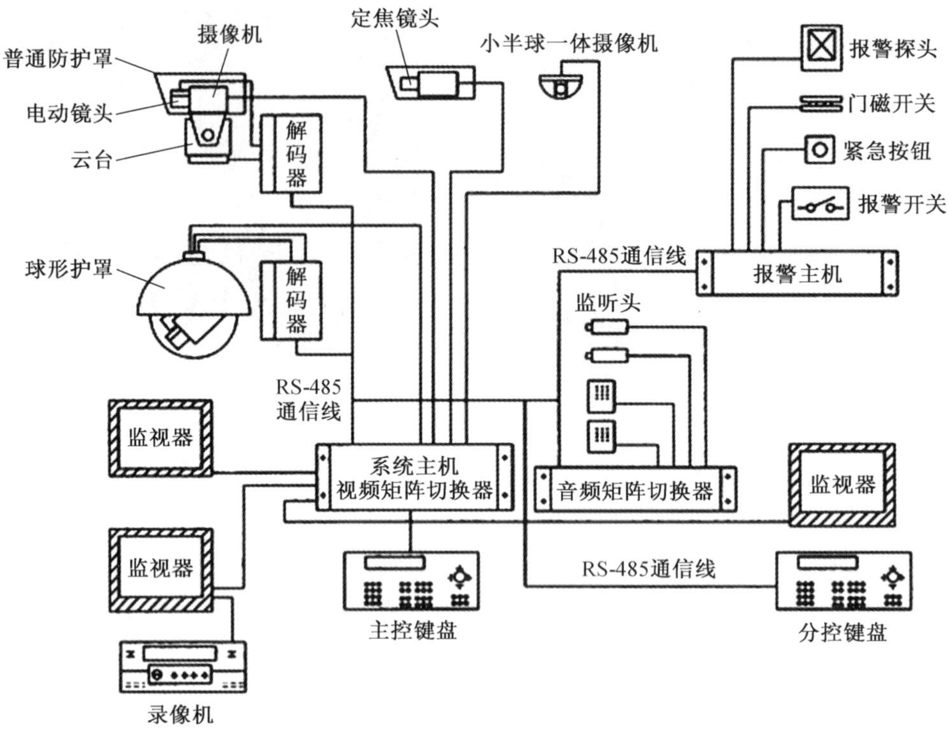

图 7-17　闭路电视监控系统的组成

2. 控制部分

控制部分是整个闭路电视监控系统的核心，由主控制台、副控制台和远端解码器组成。

主控制台亦称主机，对系统中各个设备进行控制。其主要功能为：视频信号的放大与分配、图像信号的校正和补偿、视频网络控制、图像信号的切换和分割、图像信号的记录、摄像机及其辅助部件的控制。

如图 7-18 所示，主控制台由视频网络控制器、视频切换器、画面分割器、帧场切换处理机、视频放大器、视频分配器、时间/日期发生器、字符叠加器、录像机等设备组成。

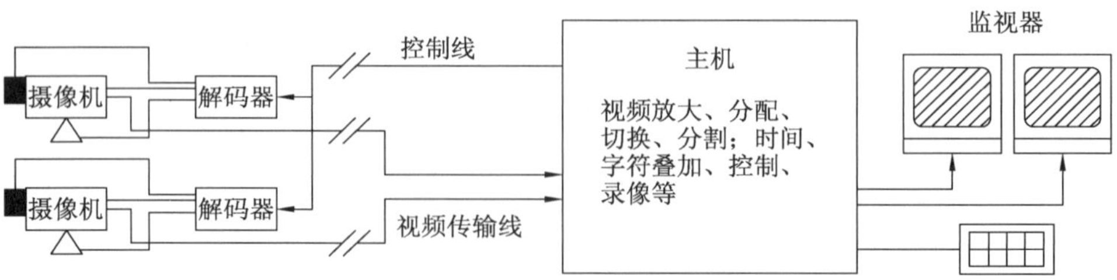

图 7-18　控制台设备组成框图

设在一个或多个监控分点的副控制台只是一个操作键盘，采用 RS-485 总线连接主控制台，与主控台操作键盘的功能相同，可以对整个系统进行各种控制和操作。

远端解码器属CCTV监控系统的前端设备，一般安装在配有云台与电动镜头的前端摄像机附近，有时为了防止室外恶劣环境对设备的侵蚀，远端解码器也可安装在离摄像机不远的室内。

3. 传输部分

CCTV系统的前端设备与中心端（主机）设备通过传输系统进行通信。该系统一方面将前端摄像头、监听头、报警探测器或数据传感器捕捉到的音视频信号及各种探测数据传送到中心端；另一方面将中心端的各种控制指令传送到前端多功能解码器。因此，CCTV的传输系统应该是双向的。因上、下行带宽不对称，故上、下行传输一般使用不同的传输介质来实现。例如，上行用同轴电缆传送视频信号，下行用屏蔽双绞线传送控制信号。城市轨道交通的监控系统，往往借助已有的通信传输线路或IP网络来传输控制中心与各车站之间的各种CCTV监控信号。

4. 监视器

监视器用于显示由各监控点摄像机送来的视频信号，是视频监控系统中不可缺少的设备。对于几个摄像机的小系统，有时只需要一个监视器，由人工或自动选择画面，或分割多窗口显示。对于具有数十个或上百个监控点的大型视频监控系统而言，通常需要数个或数十个监视器。在大型视频监控系统的控制中心大厅中，还配置有巨大的电视墙，如图7-19所示。

图7-19　电视墙

网络视频监控系统出现以后，监视器已不再是视频监控系统的必备设备，可直接利用PC的显示器浏览所选择的摄像画面。

5. 报警部分

视频监控系统通常还具有环境监控信号的采集、编码、传输与报警功能，并具有报警与视频监控连动的功能。

6. 网管部分

用户管理：用户的增减、用户的授权、用户优先级等，均由系统管理员完成。

系统网管：系统服务器自动完成系统的管理，包括设备在线检测、连接管理、自我诊断、网络诊断等。

系统日志：对于系统中的操作，如系统报警、用户登录和退出、报警布防和撤防、系统运行情况等，都有系统日志记录。

控制权协商：当多个用户同时控制一个前端时，为了避免控制混乱，只能有一个用户对该前端有控制权。这是通过管理员预定的优先等级或网上自动协商完成的。

信息查询：登录用户可查询系统的使用和运行情况，如在线用户名单、前端运行状态、报警信息等。

（二）闭路电视监控系统的功能需求

城市轨道交通对闭路电视监控系统的基本需求如下：

（1）城市轨道交通的 CCTV 监控系统监控画面的质量，应达到广播级标准清晰度（标清）电视或 DVD 的质量标准。车站值班人员、控制中心调度员应能对监控图像进行选择显示，以自动循环显示方式或画面分割方式调看已设置分组的图像，或调看某一监控点的图像。

（2）系统可实现控制中心、车站和司机的三级监控。三级监控应是自成系统的，控制中心应有权调看车站级的监控点图像或回放历史图像。

（3）车站一级的用户包括车站值班员和防灾值班员，他们能任意地选择、控制本车站中任意一台或一组摄像机的图像，并切换到相应的监视器上。

（4）控制中心的用户包括行车调度员、环控（防灾）调度员、电力调度员、维修调度员、公安值班人员等能选择、控制全线所有车站（含机房）内的任意一台或一组摄像机的图像，并切换到相应的监视器上。

（5）通过合理安排 2 ~4 台站台定焦摄像机的位置，给列车司机提供能观察到全站台乘客上下列车情况的监控画面，用以控制车门和屏蔽门的开闭，防止夹伤乘客。站台摄像机无控制功能，其输出的视频信号送至列车司机可以看到的站台监视器，或采用无线传输方式传至列车驾驶室的监视器上。

（6）控制中心和车站的监控画面能进行选择与控制，可采用人工切换或自动扫描方式，平时循环或分割显示画面。

（7）安防、门禁、烟雾等告警可与图像切换功能、摄像头控制进行联动。即报警时，环控（防灾）调度员所监控的画面自动切换至告警点相关的摄像机画面。若采用一体化摄像机，在安防告警时，摄像机的摄像头自动对准报警点并自动监听现场的声音；在门禁告警时，摄像机的摄像头自动对准被非法开启的门；烟雾告警时，摄像头自动对准烟雾告警区域等。若同时出现多处告警，则监视器循环显示事故现场。

（8）各级用户的监视器是独立分设的，数量根据用户的需要而确定。

（9）各个城市轨道交通车站配置有硬盘录像设备，各摄像机的监控画面均需进行自动录像，并能保存一定的时间，以备日后调看。在控制中心亦配置有硬盘录像设备，用以录制切换到中心监视器上的图像。控制中心行车调度员使用的监控设备具有人工/自动录像和放像的功能。

（10）城市轨道交通闭路电视监控系统的车站监控区域，按上、下行站台区及站厅区（进/出口、电梯、闸机、自动售票等）划分。

（11）城市轨道交通闭路电视系统目前采用 CCD 彩色摄像机。该摄像机分为带有云台、电动镜头的一体化摄像机和不可控制的定焦距的固定摄像机。车站值班员或控制中心调度员可通过操作控制键盘对一体化摄像机进行遥控，控制摄像机的角度、焦距、光圈和距离。

（12）车站一级视频监控系统的视频信号采用射频同轴电缆连接，控制信号采用 2 芯屏蔽线连接；车站至控制中心的上行视频信号和下行控制信号，通过城市轨道交通专用传输系统进行传输。

（13）各监视器显示的图像上应叠加有车站名称、监控区域名称、摄像机编号，以及摄像日期和时间等信息，维护人员可以更改以上信息。

（14）主要设备应具有人工或自动检查功能，自动部分包括自测试、自诊断、故障寻迹等自检功能，并可上传故障告警信息，或由控制中心集中采集检测结果。

（15）设备应具有抗电磁干扰的能力。

四、广播系统

（一）广播系统的作用

城市轨道交通系统中广播系统按设备安装的地点可分为两部分，一部分为地面广播，一部分为车载广播。

地面广播的作用是：对乘客进行广播，通知列车到站和离站的信息，或播放音乐以改善候车环境，或在发生意外情况时疏导乘客。对乘客广播的播音范围主要是站台和站厅区。广播的另一个作用是对工作人员进行广播，其播音范围为办公区域、站台、站厅、隧道及车辆段/停车场内，以便及时发布与行车有关的信息，使工作人员协同配合工作。

地面广播信息可以由控制中心广播台发出，也可由车站值班员发出。

车载广播的主要作用是给乘客发布到站信息，播放一些背景音乐，同时在紧急情况下可向乘客播放信息。

（二）广播系统的组成

1. 地面广播系统的组成

地面广播系统一般由车站设备、传输线路和控制中心设备组成。图7-20所示为广播系统示意图。

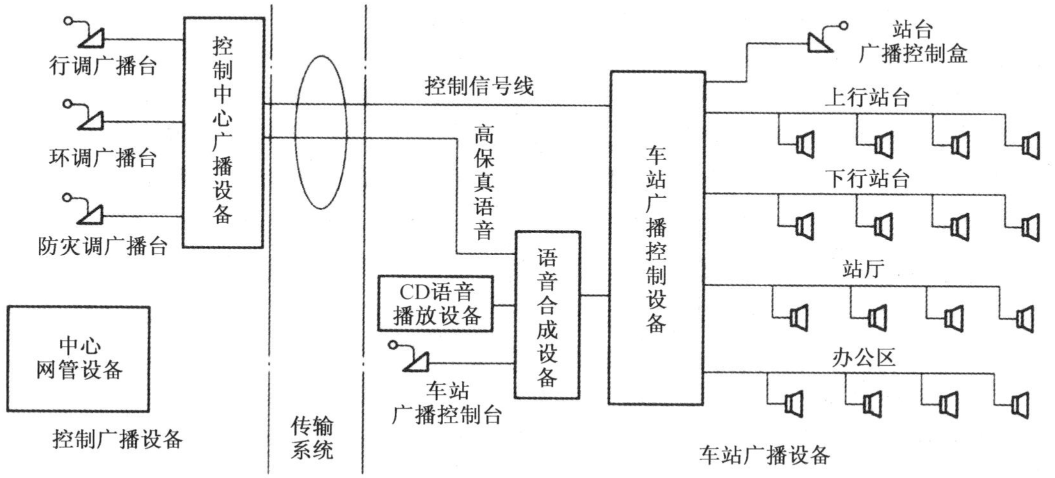

图7-20 地面广播系统示意图

2. 车载广播系统的组成

车载广播系统有两种模式：一种是为地面上行驶的列车设计的；另一种是为隧道内行驶的列车设计的。

（1）地面列车车载广播系统

由于列车行驶在地面，车上可接收到GPS定位信号，车载广播一般采用GPS接收机定位触发，实现自动广播。其系统设备由GPS接收机、车载广播控制设备、车厢扬声系统组成，如图7-21所示。

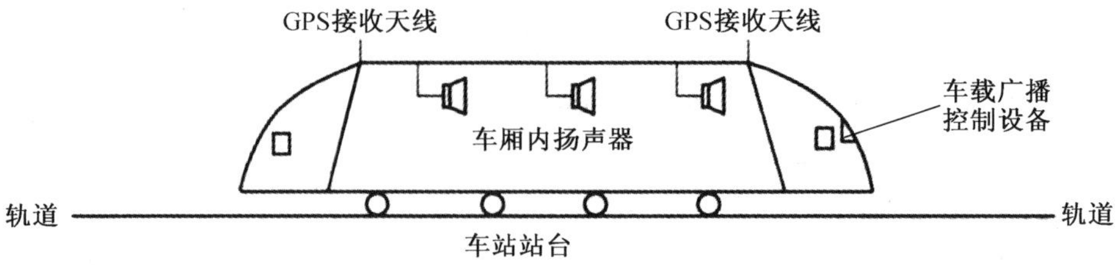

图7-21　列车车载广播系统组成

GPS接收机接收卫星定位信号，并将信号传送到广播控制设备，实现列车信息定位的功能。

车载广播控制设备接收GPS接收机发出的列车定位信号，并判断播发信息的内容，将事先存储的语音信息播发出去。同时，车载广播控制设备具有人工广播的功能，当需要播发紧急信息或GPS接收机故障时，驾驶人可通过控制面板上的控制按键人工播发信息。

车厢扬声系统能对列车上的乘客进行广播，一般采取并联方式。

（2）隧道列车车载广播系统

地铁内的列车一般行驶在隧道内，无法接收GPS定位信息，需要通过轨道电路触发设备来实现自动播发广播信息的功能。

其系统设备由轨道电路触发设备、车载接收设备、车载广播控制设备、车厢扬声系统组成，如图7-22所示。

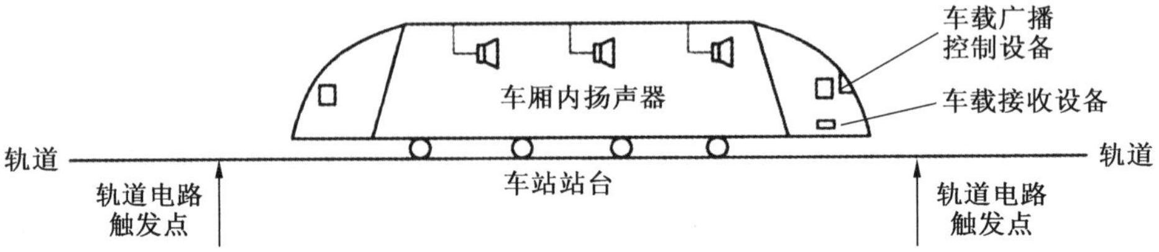

图7-22　列车车载广播系统组成

五、时钟系统

时钟系统为各线、各车站工作人员、乘客及相关系统设备提供统一的标准时间信息，为其他各系统提供统一的定时同步信号，使整个城市轨道交通执行统一的定时标准，确保各个系统协调一致。

（一）时钟系统的组成

时钟系统由中心母钟（一级母钟）、车站和车辆段母钟（二级母钟）、时间显示单元（子钟）组成。一级母钟设置在控制中心，二级母钟设置在各车站和车辆段，子钟设置在中心调度室、车站综合控制室、牵引变电所值班室、站厅、站台层及其他与行车直接相关的处所，如图 7-23 所示。

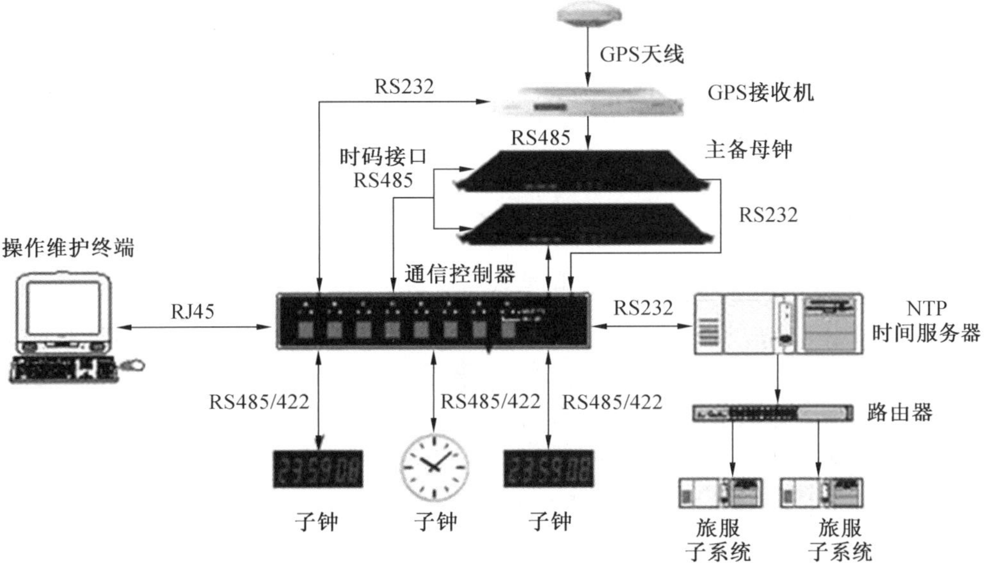

图 7-23 时钟系统组成

（二）时钟系统的基本功能需求

1. 可靠性

时钟系统所有设备均能满足一天 24 h 不间断连续运行。

2. 同步校对

控制中心一级母钟设备接收外部 GPS 标准时间（时标）信号进行自动校时，保持与 GPS 时标信号的同步。一级母钟周期地送出统一的同步脉冲和标准时间信号给其他系统，并通过输出信号统一校准各二级母钟，从而使整个时钟系统长期无累积误差运行。

系统具备降级使用功能。当一级母钟在失去 GPS 时标时应能独立正常工作；二级母钟在传输通道中断的情况下，应能独立正常工作；各子钟在失去外部时钟驱动信号时，亦能独立正常工作。在降级使用中允许时钟精度下降。

3. 时钟精度

在 GPS 时标同步下，一级母钟受控时钟精度应在 $\pm\frac{1}{3}$ ms/d 以上。一级母钟独立时钟精度（不受控情况下）应在 ±0.8 ms/d 以上，二级母钟独立时钟精度应在 ±10 ms/d 以上，一级和二级母钟都应带有日期、时间显示。

4. 日期、时间显示

一级母钟能产生全时标信息，格式为“年，月，日，星期，时，分，秒，毫秒”，并能在设备上显示。二级母钟具有日期、时间显示功能。

一级母钟和二级母钟具有数字式及指针式子钟的多路输出接口。数字式及指针式子钟均应有时、分、秒显示，显示应清晰，数字子钟具备 12 h 和 24 h 两种显示方式的转换功能（亦可选用带日期显示的数字子钟）。子钟安装位置应便于观看。子钟为双面或单面显示设备，设在控制中心、车站和车辆段/停车场等必要的区域和房间内。

5. 为其他系统提供标准时间信号

中心一级母钟设备设有多路标准时间码输出接口，能够在整秒时刻给其他各相关系统提供标准时间信号。

6. 设备冗余

一、二级母钟采用主、备母钟冗余配置，并具有热备功能。当主母钟出现故障时，自动切换到备母钟，由备母钟全面代替主母钟工作。主母钟恢复正常后，备母钟自动切换回主母钟。

7. 系统扩容和升级

系统采用分布式结构方式，可方便地进行扩容。对每个节点二级母钟系统的改动都不会影响整个系统。节点设备扩容时无须更换软件和增加控制模块，只需适当增加接口板便可扩大系统的容量。

8. 可监控性

主要时钟设备应具有自检功能，并可由中心维护检测终端采集检测的结果，实时显示各设备的工作状态和故障状态。当系统出现故障时，维护检测终端能够进行声光报警，指示故障部位，对故障状态和时间进行打印和存储记录，并具有集中告警和联网告警功能。

9. 防电磁干扰

列车电机所产生的电磁波会对时钟系统产生干扰，需采取必要的防护措施，避免干扰信号进入时钟设备与线缆。

六、乘客导乘信息系统

乘客导乘信息系统（Passenger Information System，PIS）指的是城市轨道交通采用成熟、可靠的网络技术和多媒体传输、显示技术，在指定的时间，将指定的信息显示给指定的人群的系统。其主要作用是为乘客提供各类车务及站务信息，同时它还与移动电视网连接提供各类公共信息。

图 7-24　乘客导乘信息系统

（一）PIS 系统的结构

PIS 系统从结构上可划分为五个子系统：控制中心子系统、车站子系统、车载子系统、网络子系统、广告制作子系统。

1. 控制中心子系统

控制中心通过接口采集外部信息流如地面交通路况、天气预报等，对内它将所需的信息及列车运行状况等进行整合，经编辑、处理，生成内部信息，按既定规则或版式播出，以达到向乘客传递信息的目的。控制中心负责视频流的转换及各类信息的播放，监控网络及终端设备的工作状态，并负责系统故障维修的集中管理，确保系统正常运营。

2. 车站子系统

它集中监控本车站内的 PIS 系统设备，接收并下载中心子系统的数据，如命令、各类信息内容（连同节目列表）、系统参数（时钟信息等），并分发至车站内的 PIS 系统每一显示终端，除此还负责外部系统数据的导入、导出，控制站内 PIS 系统每一显示终端的信息发布和站务信息的编辑保存。在控制中心或网络子系统出现故障时，按照下载的节目列表和节目内容在本站显示终端上自动播放。

车站子系统的主要设备包括车站服务器、车站操作工作站、显示控制器、各类显示终端。

3. 车载子系统

车载子系统用 WLAN 接入技术，可以实现列车与地面之间的双向高速实时通信。车载设备通过接收无线传输的信息，经处理后实时地在列车车厢 LCD 上进行音频、视频播放。本系统兼有对列车乘客乘车情况的监视功能，能够通过监视器采集列车车厢内乘客的乘坐情况，对视频信息进行记录和显示，并能实时上传至控制中心，如图 7-25 所示。

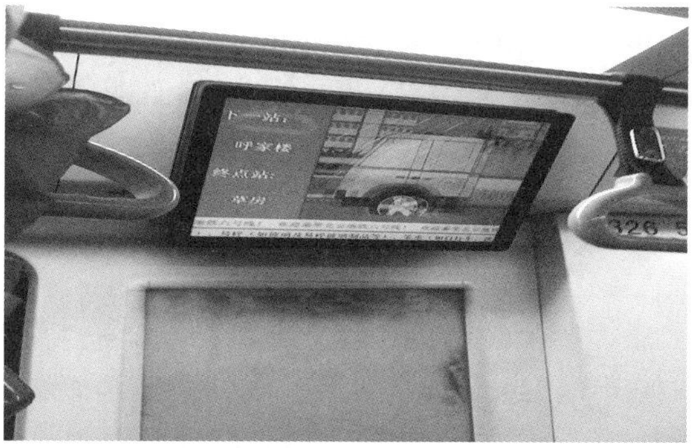

图 7-25　PIS 系统车载子系统显示终端

4. 网络子系统

网络子系统是利用系统自身构建的以太网络给 PIS 提供网络通道，该通道用来传输从中心到各车站、车辆的各种数据信息、视频信息和控制信息。网络子系统包括有线网络、无线网络和车载局域网络三个部分。

5. 广告制作子系统

随着社会商业化的发展，商业广告也逐渐成为车站不可缺少的一部分，在周围随处可见。对于人流相对集中的城市轨道交通，更是吸引着众多的需要发布广告的客户。借助城市轨道交通 PIS 系统的引导信息发布平台，增加广告播放显示屏，或者引导信息显示屏在显示引导信息的间隙，可以插播一些商业广告（图 7-26）。这不但可以增加引导显示屏显示信息的多样性，增加观看兴趣，还可以获得一定的经济收益。借助 PIS 系统对显示信息的管理功能，还可以将广告信息作为一种被管理的播放信息纳入进来，从而将 PIS 系统和广告系统融合到一起。

图 7-26　地铁广告

（二）PIS 系统的功能

PIS 系统的功能包括紧急信息功能、显示信息功能、广告播出功能、定时自动播出功能等。其中，紧急信息功能：PIS 系统可预先设定紧急信息和即时编辑发布紧急信息；显示信息功能：PIS 系统可显示时钟、显示实时信息和显示列车服务信息，如图 7-27 所示；广告播出功能：PIS 系统是一个多媒体广告的发布平台，广告可以分为图片广告、文字广告和视频广告；定时自动播出功能：PIS 系统可根据事先标记设定好的播出列表自动进行信息播出。

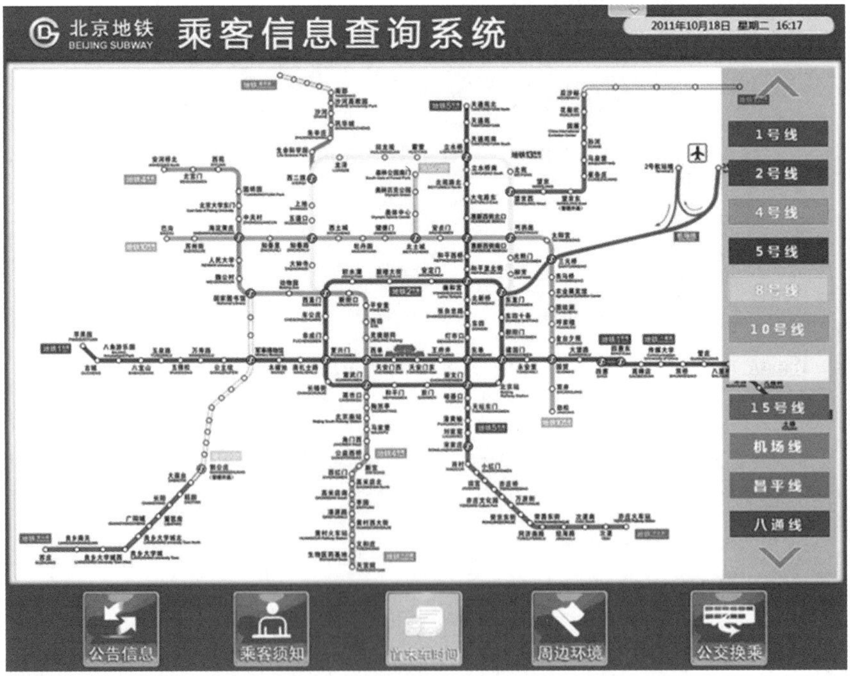

图 7-27　地铁信息查询系统

项目习题

1. 写出城市轨道交通信号基础设备及功能。
2. 简述城市轨道交通常见信号色、显示意义，以及信号机的分类。
3. 简述继电器电路组成及工作原理、轨道电路组成及工作原理。
4. 结合各个通信子系统，谈谈城市轨道交通通信系统的功能。

项目八　车站照明系统

项目导学

近年来，全国各地大力开展地铁建设，地铁逐渐成为各大城市主要公共交通，根据规划，预计到2020年全国轨道交通线路将达到6000公里。届时，我国将成为地铁运行里程数世界第一的国家。节约资源是我国的基本国策，国家实施节约与开发并举、把节约放在首位的能源发展战略。地铁车站照明用电系统是在牵引用电和环控用电后的第三大用电系统。地铁车站照明系统需要长时间运行，会产生非常大的能耗，在对其进行节能设计时，需要结合实际特点，选择适用性最强的照明产品，确保在不影响车站照明效果的基础上，减少电力能耗。

地铁照明系统节能不仅要做好节能设计和前期施工管理，同样需要提高对运营维护的重视。尤其是运行能耗问题，基于节能降耗发展原则，必须要采取措施来对各基础系统建设及运行方式进行调整。其中，车站与区间照明系统呈独立状态，为乘客及运维人员提供方便和舒适的光源，但是如果管理不合理，也会造成严重的资源浪费。我国针对此进行了明确规定，地铁照明系统的能耗标准应为地铁车站平均设备负荷的14.2%～16.1%，但是就实际情况来看，占比可以达到20%～30%，造成大量的电力损耗。

本项目将主要介绍城市轨道交通照明系统的方式、种类、配置及控制方式。

学习目标

知识目标：掌握照明系统的分类及控制方式；了解照明系统的节能措施。

能力目标：能掌握照明系统的控制方式，具备系统功能辨识和设备基本操作的能力。

素质目标：能具备一定的电调员岗位能力和技能要求。

任务一　概述

电气照明是通过照明电光源将电能转化为光能的照明方式，能在夜间或天然采光不足的情况下制造一个明亮的环境，以满足生产、生活及学习的需要。

一、车站照明方式与照明种类

由于城市轨道交通车站，尤其是地铁车站，大部分位于地下，故其照明系统显得尤为重要，必须设置合理的照明系统。车站照明系统采用380 V三相五线制、220 V单相三线制方式供电。

（一）照明方式

城市轨道交通车站各场所照明方式可分为一般照明、分区一般照明、局部照明和混合照明。一般照明指为照亮整个场所而设置的均匀照明。分区一般照明指对某特定区域，如工作地点，设计成不同的照度来照亮该区域的一般照明。局部照明指特定视觉工作用的、为照亮某个局部而设置的照明。混合照明指由一般照明和局部照明组成的照明。

（二）照明种类

城市轨道交通车站工作场所照明种类可分为正常照明、应急照明、值班照明和过渡照明。

（1）正常照明指在正常情况下使用的室内外照明。

（2）应急照明指因正常照明的电源失效而启用的照明。应急照明包括疏散照明和备用照明。疏散照明作为应急照明的一部分，是用于确保疏散通道被有效地辨认和使用的照明；备用照明作为应急照明的一部分，是用于确保正常活动继续进行的照明。

（3）值班照明指非工作时间为值班所设置的照明。

（4）过渡照明指为减少建筑物内部构筑物与外界过大的亮度差而设置的，亮度可逐次变化的照明。

二、照明系统的配置

城市轨道交通车站照明系统按区域分类可分为出入口照明、公共区域照明、办公及管理区域照明、设备房照明、区间隧道照明及电缆廊道照明。在不同的区域应配置不同的照明形式。

（1）控制中心的控制台、屏前区，车站站厅的自动售票、自动检票及一般通行区等同一场所内的不同区域有不同照度要求时应采用分区一般照明。

（2）在一个工作场所内有局部照明要求时，应设局部照明。

（3）对于照度要求较高，且单独设置一般照明不合理的场所，宜采用混合照明。

（4）非24 h连续运营的地下铁道的公共场所，如站台、站厅、通道、楼梯等，应设值班照明。应从正常照明中分出一部分作为值班照明，并单独控制。

（5）行车值班室、控制室、通信信号机房、计算机房售票室等需保证正常活动继续进行和视看的重要房间和部位应设备用照明。

（6）车站出入口、双层地面站及高架车站昼间站台到站厅楼梯处应考虑过渡照明。过渡照明宜优先利用自然光过渡，当自然光过度不能满足要求时，应增加人工照明过渡。

（7）在地下铁道车站站台站厅、楼梯通道出入口等处应设疏散照明。疏散照明由出口标志灯、指向标志灯、疏散照明灯等组成，在地下铁道站站台站厅的出口、车站出口及其他通向站外的应急出口处均应设置出口标志灯。出口标志灯的安装高度应为2.2～2.5 m。在地下铁道车站站台站厅、楼梯、通道及通道转弯处附近，当不能直接看见或不能看清出口标志灯时，应根据需要设置指向标志灯，安装间距不应大于20 m。在地下铁道车站站台、站厅、楼梯、通道及通道转弯处附近、出入口等处均应设置疏散照明灯。

（8）站台板下及变电所夹层一般作为电缆廊道，应设电缆廊道照明。电缆廊道照明一般采用36 V安全电压，照明变压器分别设在两端配电室内。

三、照明系统的控制方式

车站照明系统的控制方式可分为就地级控制、集中控制和系统级控制三种。

（一）就地级控制

各设备及管理用房进门处设有就地开关箱（盒），可控制相应设备及管理用房的一般照明。区间隧道的一般照明受设于隧道网端入口处的区间隧道一般照明配电箱控制。

（二）集中控制

照明配电室内设有相应照明场所的照明配电箱，可在室内集中控制相应场所的一般照明、应急照明及广告照明。正常情况下，配电箱所有开关均应全部合上，以便通过就地级控制和站控室集中控制相应场所的照明。

（三）系统级控制

站控室内设有照明控制柜，通过柜面上的转换开关和按钮，可实现对站台站厅公共区的一般照明、广告照明的手动/自动控制转换（手动控制是指通过照明控制柜上按钮或照明配电室照明配电箱上按钮开/关控制，自动控制是指通过机电设备监控系统实现控制）和人工控制及区间隧道一般照明手动控制。

在BAS系统上可监控站台站厅公共区一般照明、广告照明的工作状态（手动/停/自动）。此外，根据需要，事故照明也可在蓄电池室交直流切换柜上进行控制。

四、照明设备

照明系统是城市轨道交通重要的耗能设备，在保证生产运营的前提下，必须合理设置照明系统，以节约能源。

（一）光通量和照度

照明系统有两个基本参数，即光通量和照度。

光通量指光源在单位时间内向周围空间辐射的使人眼产生光感的辐射能，单位是流明（lm）。照度是受照物体单位面积上接受的光通量，单位是勒克斯（lx）。对于不同的工作场合，根据工作特点和对保护视力的要求，国家标准规定了必要的最低照度值。

（二）电光源

常用的电光源按发光原理可分为热辐射光源、气体放电光源和场致发光光源等几类。热辐射光源是电流流经导电物体，使之在高温下辐射光能的光源，如白炽灯和卤钨灯。气体放电光源是让电流流经气体或金属蒸气（如汞蒸气），使之放电而发光。如荧光灯、高压汞灯、高压钠灯、金属卤化物灯、氙灯等。场致发光光源是把发光体

（如荧光粉、砷化镓等）置于光源的电极间，电极加上电压后将产生电场，由电场激励发光体发光，如交流场致发光光源和发光二极管组成的 LED 灯等。实际应用中要根据照明场所的不同选择合适的电光源。

1. 白炽灯

白炽灯是最早出现的电光源，即第一代电光源。白炽灯将灯丝加热到白炽的程度，利用热辐射发出可见光。白炽灯具有显色性好、结构简单、使用灵活、能瞬时点燃、无频闪现象、可调光、可在任意位置点燃、价格便宜等特点。

2. 卤钨灯

卤钨灯也是一种热辐射光源。灯管多采用石英玻璃，灯头一般为陶瓷制，灯丝常做成螺旋形直线状，灯管内充入适量的氩气和微量卤素碘或溴。因此，常用的卤钨灯有碘钨灯和溴钨灯。卤钨灯的发光原理与白炽灯相同，但比普通白炽灯光效高、寿命长、光通量更稳定、光色更好。

3. 荧光灯

荧光灯是一种低压汞蒸气放电灯。荧光灯具有表面亮度低、表面温度低、光效高、寿命长、显色性较好、光通分布均匀等特点。它被广泛用于进行精细工作、照度要求高或进行长时间紧张视力工作的场所。

4. 高压汞灯

高压汞灯发光原理和荧光灯一样，只是在构造上增加一个内管。它是一种功率大、发光率高的光源，常用于空间高大的建筑物中。

5. 高压钠灯

高压钠灯是利用高压钠蒸气放电而工作的，具有光效高、紫外线辐射小、透雾性能好、光通维持性好、可在任意位置点燃、耐震等特点，但其显色性差。

6. 金属卤化物灯

金属卤化物灯与高压汞灯类似，但在放电管中除了充有汞和氢气外，还加充发光的金属卤化物（以碘化物为主）。金属卤化物灯发光效率高、显色性能好，但平均寿命短。

7. 氙灯

氙灯利用高压氙气放电产生很强的白光，这种白光和太阳光十分相似，因此氙灯色性好、功率大、光效高。它主要用于广场、港口、机场、发电站、体育场、大型建筑工地等大面积、高亮度的照明场所。

8. LED 灯

LED 灯是利用发光二极管作为光源，具有发光效率高，光线不含红外线和紫外线，无辐射，而且可靠耐用维护费用极为低廉等特点。LED 灯将是未来室内照明的主流。

城市轨道交通照明应选用高效、节能、环保的光源。目前，城市轨道交通车站一般采用白炽灯和荧光灯。

（三）灯具

灯具是指能透光、分配和改变光源光分布的器具，包括除光源以外所有用于固定和保护光源所需的全部零部件，以及与电源连接所必需的线路附件。

任务二　车站照明系统节能方法

一、照明系统节能

针对地铁车站照明系统进行节能降耗研究，将重点放在系统设计上。前期设计是否合理，在很大程度上决定了电能使用率及最终运营效果。基于国家相关规定与标准，需要在满足照明基本功能的前提下，对照明产品进行择优选择，降低实际运行电力损耗。就现状来看，节能难点主要体现在以下几个方面：智能控制与监控有效融合；车站不同功能空间照明的控制，以及大空间照明的设计；节能灯具的选择；等等。另外，要明确系统节能设计，并不是以牺牲照明效果为目的，无论是采取何种节能措施，均需要保证系统照度、眩光、色温、显色性等视觉效果技术指标满足标准要求。一切设计均需要从实际需求出发，结合地铁车站照明需求，基于国家标准，确定设计优化要点。

二、地铁车站照明系统能耗分析

（一）系统照度

以广州地铁某地下车站的照明系统为对象，对其进行照度测量。在站台、站厅、楼梯及自动扶梯上设置测试点，最终结果为站台平均照度为255. 2 lx，相比标准照度200 lx高；楼梯部位平均照度为175 lx，自动扶梯平均照度为152 lx，它们均满足GB/T 16275—2008《城市轨道交通照明》（以下简称GB16275）中的要求。另外，对车站现场照明系统进行全面检测后发现，在站台侧沿着屏蔽门所设置的长条灯带照明对站台整体照度值的超标的影响比较大，在关闭屏蔽门灯带后，站台的平均照度依然能满足GB16275中的要求。由此可见，设计以满足照度要求，兼顾节能需求，预留了适量的余量。

（二）广告照明

传统广告灯箱采用日光灯管作为背光，一个灯箱内设置了15 ~20 盏40 W的日光灯管，总功率达到600 ~800 W。对地铁车站广告照明部分进行统计分析，可以发现其占到三级负荷的60%左右，在整个车站照明系统内占据较大能耗比例。现在很多地铁车站设计师逐渐认识到此类问题，并采取了相应的调整措施，如使用大屏显示器替代传统广告灯箱，节能效果显著。另外，广告灯箱设计与车站照明设计为相互独立的状态，车站照明系统设计时仅为广告灯箱预留位置及电气控制，导致广告灯箱照明功能无法得到利用。

（三）运营管理

对地铁车站照明系统运行情况进行综合调研，在设计上根据运营时间对车站照明系统设置了正常照明和值班照明两种模式。正常照明是指地铁运营时段应开启的照明灯具的模式，值班照明指非运营时间为车站内值班人员正常工作所设置的照明。BAS系统为照明设置了不同模式的固定时间自动切换，但是很多情况下系统关闭后，由于站内需要进行各类作业和施工，仍会被人为打开，而造成照明模式未能自动按模式运行。另外，既有地铁车站设计时，相关的节能标准没有细化，对各类照明系统的用电量无法进行分时段分回路进行统计和分析。最后，对于地铁区间照明，主要用作区间应急疏散，兼作区间工作照明。目前普遍按照每 10 米一盏灯具的标准设置，并且全部为应急照明系统，通过 EPS 系统供电。国内地铁普遍设置为常亮，但在运营结束后且区间内没有作业的情况下，该部分照明是浪费的。实际上，车站照明系统运行管理仍存在优化的空间。

三、地铁车站照明系统能耗分析

（一）制定节能管理方案

基于地铁车站照明系统实际运行特点，以降低系统运行能耗为目的，制定科学可行的管理制度，加强运营结束后照明系统管理，避免电能的浪费。一方面，对所有地铁车站均制定相应的管理制度，设置独立电表，安排专门的人员进行照明系统用电管理，将节能效果与其工作考核挂钩，以此来提高其参与的积极性，严格按照指定的规范与制度进行管理，必定可以达到显著的节能效果。另一方面，加强车站运营结束后的照明管理，当车站内有施工作业时，要求作业人员在结束后通知车站，由车站及时安排将相应区域照明转换为自动模式。

（二）制定合理照度标准

为将节能降耗措施落实到地铁车站照明工作中，在设计的时候应结合实际情况制定合理的照度设计标准，在保证照明效应的同时，减少电能损耗。根据建筑等级、使用情况、所处地区等因素，车站站台、站厅、通道等公共场所照度可提高或降低一个照明等级。因此，设计时可根据客流来划分车站等级，针对站台、站厅和通道等公共场所制定不同等级车站的照明等级，从而在满足照明标准的同时也可兼顾到节能的目标。

（三）广告灯箱设计调整

采用日光灯管作为背光的传统广告灯箱是地铁车站照明系统主要能源消耗对象，为达到节能效果，可以选择应用能耗更少的 LED 节能灯。在相同的照度标准下，15 W 的LED 灯管的亮度相当于 40 W 普通的日光灯。据测试，在广告灯箱内设置整体式 LED 照明背板，可到达节能 70% 以上。此外，还可以使用激光投影和 LED 大屏等新的媒介来播放广告，达到相同广告收入的情况下耗电量降低的目标。

（四）照明灯具择优应用

目前 LED 灯具技术已经发展成熟，在照度、色温、使用寿命等各项参数与传统日光灯相等的情况下，LED 灯具的功率仅为传统日光灯的 30%，因此选择 LED 灯具代替日光灯可为车站照明系统节约 30% 左右的用电量。同时由于 LED 灯具的功率小，运行电流小，可以相应减小配电电缆截面，减少线路损耗。

（五）设计节能

在设计方面建议针对区间照明设置不同的照明模式，以便可根据实际需求进行调整。按一条 20 公里的地下线路，每 10 米设置一盏 30 W 的灯具计算，双线共需设置 4000 盏灯，全线区间照明灯具总功率共计 120 kW。设置区间非运营时间且没有作业的关停照明的模式，在全线每日50%的区间满足该情况下，非运营时间按5 h计算，关停该部分区间照明，每日可节省300 kWh，假如每个车站平均照明负荷为404 kW，每日节省4 h用电，则车站每年便可节约109500 kWh用电，按照电价0.7元/kWh计算，则每年可节约电费7.6万元。此外，对于设备区内的设备房及风室和风道，建议增加“人来灯开，人走灯关”的功能。由于设备巡检和检修的时间相对较少，预计增加这项功能设备区照明的总用电量将降低95%以上。

任务三　地铁车站室内艺术照明的定位与功能

一、地铁车站室内艺术照明的定位

（一）艺术照明的概念

艺术照明就是利用光的各种特性（如良好的显色性、合适的色温、配光曲线的运用等），人工光的表现手法，适当的灯具选型等，来渲染环境气氛，表现地铁文化，增强地域性和场所感，活跃环境为目的的照明。对于地铁车站室内艺术照明的研究，仅限于地铁车站室内站厅层、站台层、通道、出入口及楼梯和自动扶梯等空间的艺术照明，不涉及车站区间照明、动力照明设计、附属照明等的设置。

地铁内部空间中的照明首先要发挥功能性作用，即导向作用，引导旅客走向正确的方向。其次才要结合空间形态和内部装修的特点有选择地设计艺术照明，使其无论从位置的选择、比例的运用到最终的照明效果，都能与功能性照明相互协调，给行人带来愉悦感。

首先，照明的目的、性质不同。地铁中的功能性照明是为乘车创造安全、舒适的视看环境，使行人能够快速识别环境、确定方向，最终达到快速乘车和换乘的要求。而艺术照明主要是为了美化地铁内部环境、供乘客观赏、烘托气氛、缓解候车的烦躁情绪等。

其次，两者对照明的要求不同，因而评价指标也不同。根据GB/T 16275—1996《地下铁道照明标准》的规定，地铁内部空间，如站厅、站台、通道、出入闸口、楼梯及自动扶梯、售票处、控制室等空间的功能性照明，应满足一定的照度、亮度、均匀度的要求，严格的眩光控制，良好的光学和视觉诱导性，要执行严格的数量和质量标准。而该标准对地铁车站室内的艺术照明却没有确定的指标，而且不同人对其评价差别也很大。

再次，所采用的光源灯具不同。地铁内部空间中多采用格栅灯盘、支架灯盘、筒灯等提供功能性的照明，同时在光源的选择上多为T6荧光灯管、T8荧光灯管、白炽灯、节能灯等。而艺术照明无论是灯具的选择还是光源的选择都更加丰富，如金卤灯、卤钨灯、PAR灯等。国外的地铁车站室内艺术照明甚至会使用LED、霓虹灯、光纤照明等。

最后，两者的照明方式不同，地铁中的功能性照明多为以下照光为主的直接照明，这种由灯具发射的光通量有90%甚至是100%直接投射到假定工作面上，因为这样光源的光通量利用率最高，所以是最节能的照明方式。而艺术照明的方式多种多样，如投光灯的直接照明、有轨照明、间接照明、漫射照明等，配合使用点光、面光、带光等多种表现形式。

通过总结得出以下几个结论：第一，地铁车站室内空间中的艺术照明是独立的照明，其主要目的是为了形成优美的光环境，创造环境气氛。第二，艺术照明不可以使地铁室内的环境亮度过高，应该与整个地铁环境相协调，因为强烈的明暗对比会使人们的视线在移动过程中被空间的明暗突然打断，所以要有适当的光照过渡，为视线提供良好的视看环境。第三，地铁艺术照明不是针对艺术品的照明。针对艺术品的照明是具有特定功能的独立照明，与艺术照明不同。第四，地铁车站室内空间中的艺术照明不可以替代功能性照明，如果将艺术照明兼作功能照明，则地铁内部空间的环境照度会大大削弱，从而影响乘客正常的行走及对乘车和换乘的需求。

对于艺术照明的认识，虽然还处在不断深化的过程中，但艺术照明已经作为一项重要内容日益受到重视。艺术照明带来的是美好而令人向往的艺术境界，因为它创造了人们不受拘束的想象空间，把生活转化为理解，把物质转化为精神，唤起人们的审美体验，从美学意义上看，是以美好环境去感动人的怡情过程。

（二）艺术照明的特点

光环境的控制与设计在室内环境设计中占据重要位置，尤其是艺术照明设计逐渐成为室内环境设计的一个重要环节。“光”具有显示或改变空间形象的本领，“光”具有烘托气氛、传递情感的魅力，“光”与“影”相结合又具有神秘的造型能力。充分认识和发挥艺术照明的特质，才能提高地铁车站室内设计的文化价值，满足乘客的视觉心理的要求。

艺术照明要体现美感、气氛、意境和时代精神，在性质上更侧重艺术效果，所采用的照明设备和布灯方式应该满足下列要求：

① 视觉能够体现环境的主题思想；

② 写实借助灯光使空间情景具有真实感；

③ 美感把场所的美感表现出来，提高观众的审美情趣；

④ 表现描绘节日情景，强化艺术效果，使人得到启示和教益。

融合必须使照明技术和灯光布景等密切配合，把照明融合在主题思想和故事情节之中。

（三）艺术照明的类型

按照空间界面和所处的位置，地铁车站室内的艺术照明可分为顶面的艺术照明，立面的艺术照明（如针对特定墙面、隔墙、柱面等的艺术照明），以及特别针对空间中某些建筑结构、特殊构件的照明。同时，艺术照明又可以分为：① 由照明光源创造的艺术照明。如利用光源的各种特性透射、折射、反射，利用光的度量（亮度、照度、光通量等）的变化创造的艺术照明。② 由照明光源与被照物体之间的相互作用创造的艺术照明。被照物体的形状、表面状态是创造艺术照明的载体。③ 利用照明光源的颜色创造的艺术照明。光源的颜色是创造艺术照明和表现环境气氛的重要手段。④ 有照明灯具创造的艺术照明。⑤ 由照明方式创造的艺术照明。照明方式是对照明装置进行布置的方式，它与建筑造型相结合，可以创造出多种艺术形式和照明构图。

（四）艺术照明与功能性照明的联系

地铁车站室内空间中的功能性照明和艺术照明既相互区别，同时这两种照明又在照明技术与照明位置的选择上存在一定的联系，艺术照明也可以起到补充一定功能性照明的作用。

首先是照明技术方面的联系。GB/T 16275—1996《地下铁道照明标准》中对站厅、站台、出入口通道等处的基础照明有严格的规定，基础照明照度均匀度应按最低照度与平均照度之比确定，其数值不宜低于0.7。现实施工中，由于许多原因，可能达不到相应的标准，此时艺术照明就可以补充基础照明照度和亮度上的不足。当艺术照明与功能性照明或其他辅助照明并存时，在满足基本照明要求的前提下，功能性照明的比例应适当降低。并且此时功能性照明或其他的辅助照明在照度和亮度数值上要适当降低，以此来突出艺术照明。

其次是位置上的联系。功能性照明大部分存在于站厅、站台、通道、出入口顶部。艺术照明位置的选择更加广泛，一般设置在站厅层、站台层或通道顶面、站厅层和站台层墙壁或隔墙处、楼梯和自动扶梯的上下换乘空间等。功能性照明与艺术照明的位置不要相互冲突。但现实生活中会出现艺术照明与功能性照明在位置上并存的现象，如站厅或站台顶面，这时要注意协调两者的数量和比例关系，降低功能性照明的比例。功能性照明的设置要突出实用性，而艺术照明则要突出装饰性和艺术性。如图8-1所示，斯德哥尔摩地铁站台台层顶面使用随意弯曲的白色霓虹灯管照明来塑造环境气氛。当艺术照明与功能性照明在站台顶面并存时，在满足基本照度的前提下，格栅灯盘的功能性照明纵向排列，以此来降低其数量，同时增加艺术照明的比例，从而达到美化环境的目的。

图8-1　斯德哥尔摩地铁

二、地铁车站室内艺术照明的功能

现代建筑不仅重视室内空间的构成，更重视室内环境及人的感官对艺术照明灯具及艺术照明效果的要求。人工照明已不再是简单的空间照明工具，而是把照明灯具、照明效果与现代艺术相结合，在建筑中起到装饰环境和美化环境的作用。一个优秀的室内照明设计，在满足人对环境视觉功能的要求和电器设计要求的同时，还要着重对光照、光色彩与光环境、照明灯具等方面的照明设计。因此，在进行地铁车站的室内艺术照明设计时，在满足人们视觉和使用功能的前提条件下，还要满足人们的心理要求，将照明设计与装饰艺术有机结合，利用光色、灯具造型、照明效果体现出不同的创作意境，给人们创造独特的、有艺术性的活动环境。

1. 装饰与美化作用

地铁内部空间的照明大部分以人工照明为主，灯光照明与自然光照明相比具有极大的灵活性，可以完全从需要和表现效果出发。使用灯光不单纯是为了照明，也可起到美化装饰整个室内环境的作用，一定比例的艺术照明对地铁环境的装饰与美化作用是不可否认的。

例如在室内装饰设计中，照明灯具常起到装饰与美化环境的作用，应根据室内空间结构、建筑风格的不同，合理选择相应的灯具进行照明和装饰设计，使照明灯具和室内空间结构与装饰风格有机地结合在一起，给人以美的享受。将不同的灯具有机地结合使用，可共同表现主题，起到照明装饰的作用。因此，在室内照明设计中，应充分考虑空间的不同、环境的差异和用途的不同来选用相应的灯具，进行合理布置，利用其优美的造型及其光色的丰富和协调，使室内环境具有特定的气氛和意境。

可见，艺术照明可通过照明方式、光照亮度的变化、光影的分布等来美化环境气氛，增强空间感觉，创造出动人的艺术效果。在艺术处理上，要根据整体空间进行艺术构思，以确定合理优美的布局格式，选择适合的光源类型和灯具样式。

2. 渲染环境气氛

地铁光环境设计对于营造地铁空间的氛围来说是比较重要的，其中艺术性照明起到了不可替代的作用。

空间的气氛会因光色的不同而变化，这是由于不同色温的灯光对于空间的渗透力及营造空间的气氛方面的功效是完全不同的。暖色调表现愉悦、温暖、华丽的气氛，如在地铁商业空间（图 8-2）中为适应这一主题思想，在处理光环境的时候从光源的形态、颜色等方面入手，以鲜艳的暖色为主，使人联想到阳光与火焰，很容易产生热烈欢快的情绪共鸣和轻松购物的潜能。而冷色光则表现宁静、清爽、高效的格调。地铁车站室内空间的艺术性照明在色温的选择上各不相同，因此对光色的选择应根据不同的环境、室内的风格、地理位置等来确定。

图 8-2　新加坡地铁商业空间

地铁内部空间中的艺术性照明利用其灯具的造型、光线和色温等的变化来创造空间气氛。在考虑其照明效果时，既要满足室内亮度、光质的要求，也应注意灯光布局的合理性和室内总体照明气氛的要求。因此，如何利用艺术性照明的色温、色度来渲染整个区域场景的氛围以便更好地在满足功能要求的前提下，将照明设施（如灯具、灯架等）很好地隐藏，把照明技术和艺术有机地结合起来，做到美观与实用相得益彰尤为重要。

3. 丰富地铁内部空间层次

在地铁内部主要空间的照明，如站厅层、站台层、通道及公共区域的照明都以基础照明（也称为一般照明）为主，使灯具均匀的布置在被照场所的上空，在被照面上形成比较均匀的照度。在这种情况下，会使地铁内部空间的照明缺乏层次感，而一定比例的艺术性照明的设置不仅可以补充基础性照明照度的不足，而且可以揭示空间、限定和改变空间，以此来丰富内部空间的照明层次。

在地铁艺术照明设计中，充分运用人工照明的扬抑、隐现、虚实、动静，以及控制投光角度和范围等的手段，可建立光的构图、秩序和节奏，极大地渲染空间的变幻效果，改善空间比例，限定空间领域，强调趣味性中心，增加空间层次，明确空间导向性。此外，还可以通过明暗对比，在一片环境亮度较低的背景中突出“明框效应”，以吸引人们的视觉注意力，从而强调主题。

4. 增强地域文化

每座城市都有自己的历史沉淀，它的轴线、肌理、各类景观建筑、历史古迹、各种艺术元素等都有自身的特色与烙印，这所有的元素相融形成城市的文化。文化是抽象的、无形的，而艺术照明是五彩的、亮的、可视的，用艺术照明的光载体来体现地域文化的内涵。二者相辅相成，艺术照明设计要表现和突出地域文化，促使艺术照明与地域文化相融合，形成所谓的光文化。地铁车站的室内艺术照明不仅是一个装饰，从功能上讲，还具有标识的意义，可以帮助人们判别一个事物、场所所在，表现这个地区特有的东西。

任务四　地铁车站室内艺术照明设计的手法

一、艺术照明的选址

在地铁空间中并不是所有站点都设置艺术照明，而是从实际的需求出发，综合考虑站点所处的地理位置、历史文化元素、站点的结构、装修特点、客流量、换乘量等来考虑是否设置艺术性照明。

以南京地铁 2 号线的艺术照明设计为例，首先对地铁车站各站点分级，根据照明要求、客流量、换乘量、各站点所处地理位置、经济发展状况需求及其各站建筑的结构特点，将整条地铁 2 号线 26 座车站规划为 4 类：

Ⅰ类——光彩级。客流量很大，位于商业区的站点或交通枢纽换乘站点。

Ⅱ类——亮化级。主要是客流量较大，根据城市规划在将来会成为商业区或交通枢纽换乘站的站点。

Ⅲ类——控制级。客流量一般，且在未来的城市规划发展下客流量不会明显增长的站点。

Ⅳ类——特殊级。位于具有文化、艺术氛围区域内的站点，将来会有专业艺术品设计的站点。

在各站点分级的基础之上，考虑是否设立艺术照明。

二、艺术照明的位置

众所周知，当我们对建筑物配置照明时，由于种种原因，不可能对建筑物上所有的部位都配置灯光，那么就应该选择最有照明表现价值并且其灯光效果与场所气氛相适配的建筑构件或局部来进行塑造，有选择地照亮建筑物某些局部，通过光影组合来描绘立面构图。因此选择照明部位是艺术照明设计中一个很重要的问题，它对形体塑造、光影、气氛等都有极大的影响。被照明部位通常选择空间中容易形成良好光影、能有效体现空间美感或设计思想的构件和部位。地铁空间在艺术照明的安装位置上应着重考虑，以乘客的视觉为基本出发点，可将艺术照明的位置的选择归纳为：仰视位置，如站厅层、站台层、通道、出入口楼梯与自动扶梯结合区域的顶面、立柱等位置；平视位置，如站台层和站台层墙面、隔墙等；俯视位置，如地面。

1. 仰视位置

仰视位置设置的艺术照明，如站厅层、站台层、通道、出入口楼梯与自动扶梯换乘区域的顶面、立柱，以及地铁商业空间顶部等位置。这里需要注意的是，仰视位置设置的艺术照明一般是在通道与站厅层交接处的顶面，或是通道自动扶梯、楼梯与站厅、站台结合处，为起到划分空间的作用，预示着一个空间向另一个空间的转化，利用艺术对照明灯具的造型或光色的处理，突出转折性与引导性。

日本地铁泛田桥站中，绿色的管状装置从站厅层顶面一直延伸至自动扶梯顶部，犹如一片绿色的树林环绕在头顶，荧光灯管置于管状装置中（图 8-3）。这种照明方式极具趣味性，同时又为丰富视觉效果起到锦上添花的作用，打破了以往车站顶面均匀布灯的手法，增强了趣味性和易识别性。加拿大蒙特利尔地铁室内空间中，在站厅层顶面，将几十个金属材料的十二边形构造物挂置在站厅层顶部，同时把数个荧光灯管设置在十二边形构造物的内侧，塑造奇特而夸张的照明效果，克服了地铁室内吊顶的呆板形式，通过照明灯具的艺术化处理使空间具有特殊的气氛和情调，给乘客视觉上的冲击（图 8-4）。

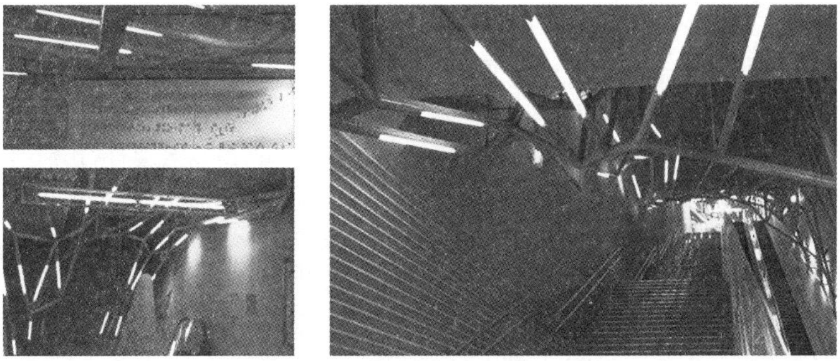

图 8-3　日本地铁泛田桥站

图 8-4 加拿大蒙特利尔地铁

在仰视位置如顶面做艺术照明设计时，最常用的方式是以灯具来进行艺术处理，就是利用各种灯具如小型的花吊灯、观赏性灯具、装在吊顶内的暗灯等来美化空间，或者利用灯具排列组合成各种形状，如方形、菱形、圆形的布置，起到陪衬或装饰的作用。北京地铁虽然在建造时工艺材料不算先进，突出实用性和功能性，但也认真考虑了艺术照明灯具的造型、装饰形式及与周边环境的联系，效果是显得简陋了，但设计的思路却是难能可贵的（图 8-5）。朝鲜平壤地铁在站厅层和站台层顶部将灯具的布置与地铁建筑相结合，花饰图案无论繁简都处理得比较得当，小型花吊灯形成富丽堂皇的气氛，色调温暖明亮，与室内装修形成美观的整体，具有很强的艺术感染力（图 8-6）。

图 8-5　北京地铁东四十条站

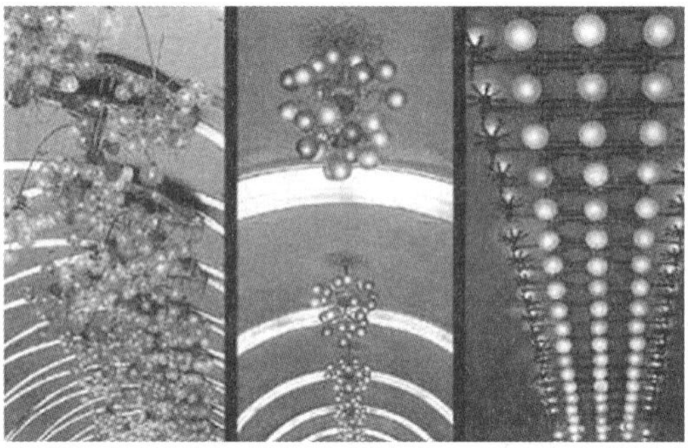

图 8-6　朝鲜平壤地铁站厅

2. 平视位置

通常情况下，我们会使用色彩、质感和构图在平行于行人视线的位置创造空间中的视觉兴趣点，但与利用人工照明的手法所塑造的视觉焦点是无法比拟的。视觉焦点也可以被理解为视觉中心，它是建构视觉图式的重要因素。我们可以用不同的亮度分布设计，创造出层次的变化，既可以在空间中形成唯一一个视觉焦点，也可形成两个同等亮度的视觉焦点（图 8-7）。在地铁车站的内部空间中，为了保证乘客的安全和维持正常的交通秩序，需要在站内各立面设置满足视觉需求的照明。而大量的研究和实验证明，利用艺术照明在行人平视位置设置视觉兴奋点，可使空间更加宽敞明亮，各界面的边界更加清晰，照明的引导性更强，同时还可以在满足照度和亮度的标准下进一步减少灯具数量，达到经济性的要求。

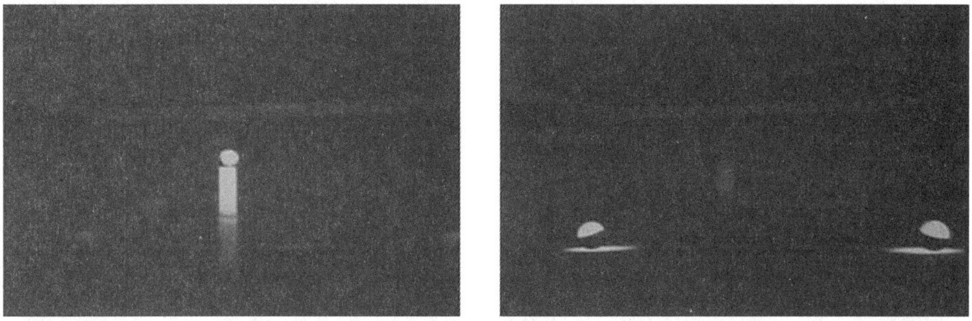

图 8-7　不同的亮度分布形成空间中不同的视觉焦点

光在突出核心形态方面的作用是其他手段所无法比拟的。乘客进入地铁站后是一个连续移动的状态，视觉焦点随之不断地变化，除了站厅内的公共艺术品和灯箱广告可以边走边看外，大部分时间无法找到视觉的焦点。尤其是到了站台，乘客处在一种或站或坐的候车状态，而这种状态相对于在站厅或通道时的快速移动是静止的。乘客在等车时的视觉焦点往往以广告灯箱为主，其次是东张西望、看书、看报。如果此时利用艺术照明在平视墙面的位置塑造空间焦点，就能打破空间均质化所造成的单一形式的视觉现象，防止产生视觉疲劳。其手段是运用视觉感受的差异性原则制造等级偏差，以强烈地吸引视觉的注意力，光束集中于某一点，从而降低其他区域的量度达到突显目的，使主次轻重一目了然，空间重点得以强化。南京地铁 2 号线元通站在站厅层出闸口处，将大小不同的蓝色圆环巧妙地连接形成隔墙，圆形的照明灯具镶嵌于隔墙之中，不仅起到分割空间的作用，乘客在平视方向的视线也很容易被吸引，找到空间中的视觉焦点，形成一道独特的风景墙（图 8-8）。除此之外，在一些过渡或转折空间平行于视线方向的墙面，也会利用艺术灯光创造出深浅或明暗的变化，在墙面塑造出富有层次变化的照明效果，吸引人们的视线。日本地铁大门站中，在站厅层与站台层的换乘区域的正立面墙壁上，利用荧光灯照明来形成空间中的视觉焦点，打破了原有空间的沉闷气氛（图 8-9）。而日本地铁两国站中，在墙面上利用纵向的线性的照明与周围墙壁形成强烈的明暗反差，不仅可以聚焦视线，同时还起到了良好的方向引导作用。

图 8-8　南京地铁 2 号线元通站

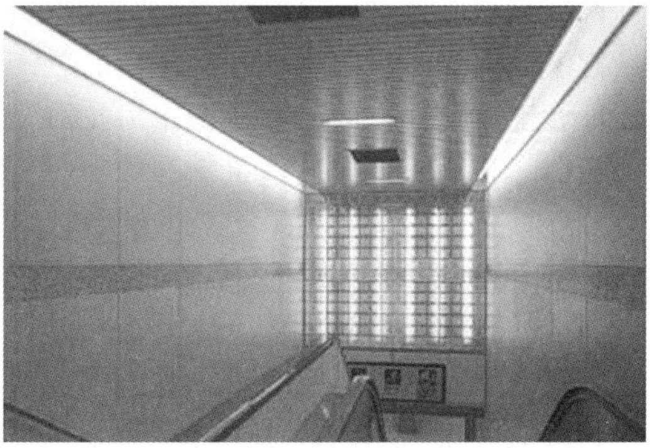

图 8-9　日本地铁大门站

3. 俯视位置

在地铁车站室内，有时也会因为环境、车站所处位置等因素，在地铁车站的站厅层、站台层、商业空间的地面或楼梯与自动扶梯等低于行人视线方向，考虑设置小比例的艺术照明。例如，香港地铁青衣站是集东涌线、机场快线及公交首末站为一体的枢纽站。青衣城的独特设计，引进了海洋及航海的理念，承袭邮轮的特色布置。在大厅入口处，服务台被设计为一艘轻盈的小型游艇，服务台下部利用蓝色光纤照明勾勒出奇幻的深海世界，配合墙壁上描绘的热带鱼和海底岩石，带给行人无限的视觉惊喜（图 8-10）。

图 8-10　香港地铁青衣城站商业空间

三、艺术照明常用灯具

根据国际照明委员会（CIE）的定义，灯具是透光、分配和改变光分布的器具。关于地铁车站室内艺术照明灯具的选择首先要考虑到灯具的光学特性，如光强的分布、灯具的效率、灯具表面亮度的分布、灯具遮光角、利用系数等，既要满足功能和照明质量的要求，又要便于安装维护，同时还应该注意灯具的选择应该将功能与美观相结合。

1. 灯具的选型

灯具是一种产生、控制光源，并将光源发出的光进行再次分配的器件。灯具的选型对于照明配光、限制眩光和环境的装饰美化等功能，在塑造环境气氛、产生良好的心理和生理感受方面起着重要作用。因为造型别致的灯具本身就具有装饰美化环境，塑造空间气氛、突显艺术氛围的功能。

灯具是艺术照明中最直观的照明器，被称为“发光的雕塑”。在实际生活中，灯具既是一种照明工具同时也是一种实用艺术品，优秀的灯具应该具有审美和功能两方面俱佳的表现。灯具有着千姿百态的外观，具有观赏性，其造型、布置、颜色在周围空间中特别是黑暗环境中有重要作用，因此会在地铁空间中产生重要的艺术效果。例如，镶嵌灯嵌入顶棚；悬吊灯常悬挂成串的型制塑料组件，其形状有针叶、叶片、框格、三角格等，光从内部或外部照射，形成花簇；壁灯的灯体简洁，托盘也比较简朴、变化丰富，具有艺术效果。

灯具的造型繁多，在具体选择布灯的时候，一方面要满足地铁内部空间中照明的要求，达到相应的国家标准；另一方面，要考虑地铁内部空间的建筑结构、空间体量、装修风格、形状、色彩、质感、管道、安全维护等因素。利用不同造型的灯具与空间相配合，共同体现设计风格及地域性特点。艺术照明灯具的类型也决定了空间的外观，它可以使空间变的或明亮清新，或阴暗沉闷；或轻松舒适，或枯燥乏味；或暗淡郁闷，或激动人心。例如，朝鲜平壤地铁站内部装修多采用石材，顶部的造型以拱形和弧形居多，柱身和柱头的雕刻烦琐，大体量的装饰柱在空间中重复出现，再配合高大的拱券与弧形的顶部造型，更增强了空间的纵深感（图 8-11）。在这样的空间中，灯具的选择必须与内部的结构、空间体量、风格色彩等相匹配，多选择较大体量、造型丰富的装饰吊灯。

图 8-11　朝鲜平壤地铁站厅层、站台层

2. 灯具的布置

地铁中常用的灯具布置方式有均匀布置和选择性布置两种。基础照明常采用均匀布置方式，强调照明的模块化和模数化。而艺术照明常采用选择性布置方式，首先是选择适当的位置，如在通道与站厅的交汇处、站厅层与站台层上下换乘的区域、出闸口、进闸口、重点的陈列品处等；其次是选择合适的灯具造型和排列组合方案，利用灯具组成各式各样的图案，使其具有强烈的艺术感染力。

在地铁内部空间中，灯具排列组合的美观性同样重要，它直接影响地铁内部照明的艺术效果。在近距离观察时，每个灯具的细节都很引人注意，如造型、颜色、材料、表面质感等；而远距离观察时，灯具的整体布置就显得突出了，并且给人的印象与总的照明效果有关，这种整体是由一个个灯具组合起来的，而且比每个部分的单纯总和还要表现得更丰富些。莫斯科地铁胜利公园站被称为“世界最深地铁站”（图 8-12），在其出入口扶梯处设置了三排纵向排列的低矮灯杆，高度在 70 ~ 80 cm，高于人的视线，既起到了照明的效果，又富有强烈的装饰气息。远距离观察时，通过灯具等距离的纵向排列，更增强了空间的纵深感，由于处于交换层，很好地预示了由一个空间向另一空间转换；而近距离观察时，圆形的柱头采用磨砂玻璃的材质，可防止眩光的产生，光线温暖柔和，艺术气息尤为突出。

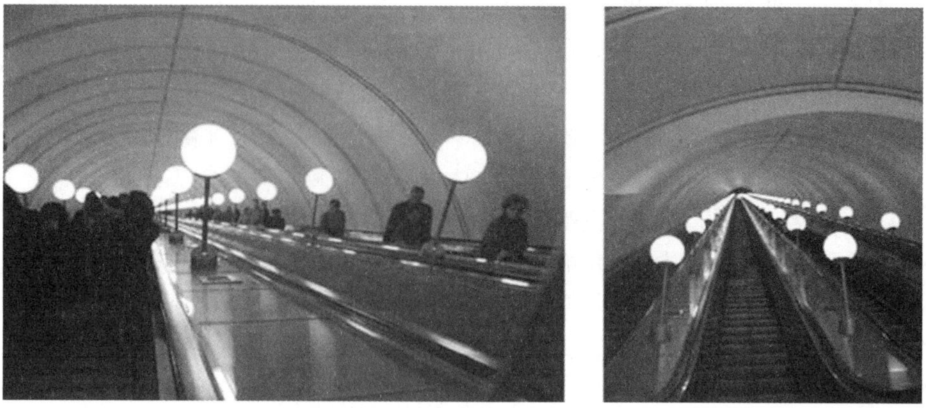

图 8-12　莫斯科地铁胜利公园站

近几年，新的设计理念和设计方式不断涌现，家具、陈设品、灯具，甚至空间的界面造型，不再是各自独立的装饰的元素，而是经常被以各种方式结合为一体，既发挥了它们的装饰效果，又扩大了室内的空间。乔志亚地铁在站厅层与站台层中庭部位，将树状装饰造型的陈设品与照明灯具相结合，塑造了艺术照明灯具与空间陈设品造型相结合的一体化效果（图 8-13）。

图 8-13　乔志亚地铁

四、艺术照明适宜的表现手法

（一）灯光的处理技法

光的艺术就是利用灯光的表现力来美化空间环境，在利用人工照明为地铁内部提供良好照明的同时，利用光色的协调、灯光的折射、反射、人工光的抑扬、隐现、动静及控制投光角度及范围，来建立光的构图、秩序、节奏等手法，可极大地丰富地铁车站室内艺术照明设计。而一切与室内照明设计形式美相关的原则和技巧，如灯光的韵律、对称、对比、渐进、烘托、层次等手法，在地铁车站室内空间的艺术照明布光设计中都是适用的。

1. 灯光的流动和静止

灯光的流动和静止可塑造生动活泼、气氛热烈的环境效果。在地铁室内空间中，绝大多数情况是利用灯光的静态效果，但对于地铁中的某些特殊空间如地铁商业空间，有时需要灯光的动态效果来吸引乘客。图 8-14 所示为日本地铁两国站灯光效果。

图 8-14　日本地铁两国站

2. 灯光的对比与同化

地铁空间中的艺术照明常用亮度的对比、光影的对比和光色的对比来塑造艺术照明效果。在地铁室内连续的（接连的）空间设置适当的亮度对比可强化照明的层次感；光影的对比可促进空间光通量和光强的总额平衡；而光色的对比可使艺术照明呈现异彩纷呈的效果。

3. 灯光的抑扬

灯光的抑扬也称灯光的强调控制，在室内空间中创造出重点、明暗、强弱、层次烘托环境气氛，因地铁室内空间的功能而定。由于光可以限定空间，改变空间的性质，在创造空间序列时，通过控制亮与暗、大与小、虚与实、强与弱，获得空间连接起伏的效果，通过灯光的明暗来打破空间的沉闷气氛。图 8-15 所示为日本地铁大门站灯光效果。

图 8-15　日本地铁大门站

4. 灯光的层次和平淡

艺术照明利用灯光的层次和平淡，在地铁室内形成适度的灯光变化和亮度分布，使空间形成平淡、柔和的效果，来满足乘客的需求。

除此之外，还要考虑艺术照明光源与被照物体的关系：光的方向性、光和阴影、光的造型立体感等。

光的表现手法多样，从方向性看一般有顶光、底光、顺光、逆光等。顶光是自上而下的照明，类似夏日正午日光直射，物体投影小，不宜做造型光。底光是自下而上的照明，它是人工照明常用的光照模式。在地铁车站室内，为了强调建筑物的特殊构件或细节，通常会采用自下而上的光照方式。顺光是来自正前方的投射光线，能够照亮细节，不利于在画面中表现大气透视效果，空间立体效果也较差。逆光也称“背面光”，可分为正逆光、侧逆光、顶逆光三种形式。逆光是艺术照明常用的配光方式，能使光照物体的外轮廓分明，产生极为强烈的对比效果。侧光也称掠射光，受侧光照明的物体有明显的阴暗面和投影，对立体形状和质感有较强的表现力，是人们最容易接受的一种照明方式。

创造性地处理光线，就是将光的表现形式艺术化和戏剧化，巧妙地处理光影关系。照明空间大致可以分为两种情况，一是主要提高功能的价值，二是提高美的价值。前者是为了安全和生产上的空间，为了尽早地正确地显示出视觉对象，就需要有最低限度的阴影表现和更加明亮均匀的照明。相反，在寻求美的价值的空间里，均质照明在视觉上是无意义的。

在地铁车站室内的大多数空间中，都应该尽可能避免因为遮挡而形成的在视觉工作对象上的阴影，因此在光源的选择和灯具的排列组合上都要加以注意。但在地铁车站室内的某些元素，如雕塑、陈设品、一些结构上的特殊构件，利用照明灯具的各种反射器、透镜、格栅等与照明光源相互作用，通过光影来突现造型方面的立体感和表面的凹凸变化。而对于立柱，可塑造其体量感、比例尺度和立面的起伏效果。图8-16所示的日本地铁月岛站，利用点光源所塑造的光影变化，在墙面上模拟出月食的变化。

图8-16　日本地铁月岛站

光照是表现物体立体感的主要因素。在做艺术照明设计时，充分利用人工照明光照的层次、光照的方向、照明手法等，来塑造物体表面的质感和轮廓，丰富造型的明暗层次，可起到很好的造型、塑型作用。这里需要注意的是，造型的立体感不仅仅是理论上的单纯三维形体，更重要的是通过人工照明技法处理后的立体感，比如根据实际的情况，忽略结构上的缺点而突出一些有特点的特殊构件。

（二）光色的协调

艺术照明光色的要求主要包括光源的色温与光源的显色性两方面。

1. 光源的色温

地铁对色温的要求是比较高的，不同装饰气氛的要求需要配置不同色温的光源。如果配置相反，就会产生变色，破坏室内照明的艺术效果，甚至使乘客产生不舒适、压抑的感觉，致使情绪低落。

照明光源的色温是反映照明环境颜色的技术参数，同时色温又是艺术效果和表现环境气氛的重要依靠手段，只有得到合理使用才能达到要求的效果。如普通型白炽灯是黄红色的，卤钨灯是暖白色的，它们都给人温暖亲切的感觉；高压汞灯是蓝绿色的，高压钠灯是金白色的；霓虹灯又有红、蓝、绿色等。色温低于 3000 K 时为暖光环境，高于 5000 K 时为冷光环境。一般情况下，色温在 3000 K 以下时，光色就开始偏红，给人一种温暖的感觉，如咖啡馆、酒吧等空间；当色温超过 5000 K 时，颜色则偏向蓝光，给人一种清冷、明快的感觉；而处在 3000 ~ 5000 K 范围之内的色温则为中性色温。

图 8-17 所示为俄罗斯圣彼得堡地铁通道，在墙裙处采用暖色石材的贴面材料，顶面是大跨度的弧形穹顶，而地面铺设反光率很低的石材，由于室内装修以暖色为主，为了突出圣彼得堡地铁的历史文化内涵和古老的城市特色，在照明上采用了低于 3000 K 的色温，在满足使用要求的情况下配以低照度，使空间气氛特别的温暖、和谐、柔和。

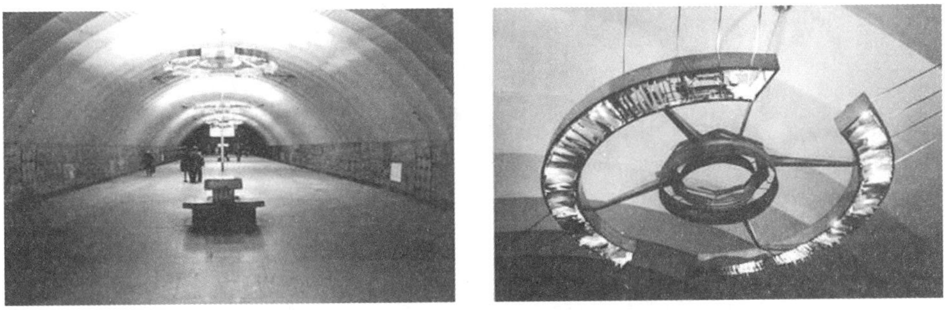

图 8-17　圣彼得堡地铁通道

2. 光源的显色性

显色性是反映光源发出的光接近自然光的程度。显色性高的光源对物体颜色的表现较好，我们所看到的颜色也就更接近天然原色；显色性低的光源对颜色的表现较差，我们所看到的颜色偏差也较大。地铁车站室内艺术照明应该采用显色性高的光源，否则会产生色变，使装饰效果产生较大差异，从而导致乘客产生恐惧心理。

（三）布光方式的搭配

在完成了艺术照明光源与灯具的选择后，具体到空间的布光就是形式设计的工作了。运用不同的布光方式会产生不同的照明效果，设计中许多的设想都是通过艺术照明语言来表达的。在地铁内部空间中艺术照明常用的表现方式有点式照明、线式照明和面式照明。对于地铁车站室内空间中的视觉焦点和一些特殊局部，要对布光进行充分的个性化的艺术处理，发挥艺术照明的优势。

1. 点式照明

点式照明是将点光源灯具按照一定的方式进行设置，形成所需要的图形和布局。这种照明具有特殊的格调，气氛宁静而不喧闹。点式照明可以营造一个区域的高光，一定数量的点光源可布置出顺序和韵律，同时更容易与装修的面、体、块等形态相协调，构成点、线、面、体的合理层次组合。点式照明投光范围小而集中，由于点光照明度强，因此大多用于站厅层、站台层等场所的重点照明。

2. 线式照明

在几何学上，线是一个看不见的实体，是点在移动时留下的轨迹，因此它是由运动产生的，具有一直伸向无限的趋势。线式照明是照明方式之一，它利用灯具或光线形成光带，线条清晰，擅长表现照明空间中的运动感和透视感，是视觉的引导者。其表现形式变化多样，有条形，条格形，环形（圆环形、椭圆形），三角形及其他多边形，如周边平面型光带吊顶、周边凹入型光带吊顶、内框型光带吊顶、内框凹入型光带吊顶、上投光槽、天花凹光槽、地脚凹光槽等。线式照明带具有一定的导向性，在人流众多的公共场所环境设计中常常用作导向照明，其他几何形光带一般作装饰之用。线光源如高显色性荧光灯，光纤、霓虹灯等可用来指示方向，突出一个面的边缘，或勾勒出一个空间。在芝加哥奥黑尔机场联合航空专用通道的顶面，450 支以上的霓虹灯在闪烁，与周围的光照墙面的反差给人留下深刻的印象，改变了以往通道照明单一、乏味的形象（图 8-18）。

图 8-18　芝加哥奥黑尔机场联合航空专用通道

3. 面式照明

我们所理解的平面是要求适合于艺术照明的范围。面光是指室内天棚、墙面和地面做成的发光面。面光照明的特点是宽容、温和，又有人情味。墙面光一般为图片展览所用，特点是光照均匀，光线充足，表现形式多种多样。大面积墙面的漫反射照明方式使空间弥漫着柔和的灯光，利用色彩绚丽的面光，形成连续的发光板，加强墙面的纵深感和引导性，使乘客的视觉得以延伸。日本地铁大门站把隔墙做成连续的放光面，将荧光灯管间隔 10 ~ 15 cm 安装在隔墙中，利用材料的透光性，提供很柔和的漫射照明，效果逼真，简单实用。应注意，发光面周围的亮度应小于发光面亮度的 1/10，但也不宜小于 1/50。面光源可以在垂直墙面上塑造很好的照明层次，同时使横向空间更具延展性。控制投光的角度和范围，可以建立空间秩序，改善空间比例，强调趣味中心和明确空间导向。

（四）艺术照明与建筑结构的融合

地铁的主要功能是为人们提供乘车和换乘的交通场所，人们在其中逗留时间较短，只有十几分钟甚至几分钟。因此从功能而言，地铁车站的装修应该简洁明了，以追求整体气势和大效果为主，不宜追求过于繁复的细节。我们知道艺术照明能改变结构的感觉，可以使结构更加敦实，也可使它支离破碎，甚至可使结构从视觉效果上完全消失，所以艺术照明可表达或破坏建筑结构的视觉质量。如果能充分发挥结构构件的装饰作用，将其韵律、节奏、质感、形式巧妙地处理，充分发挥其艺术震撼力，则往往更为经济，更富吸引力，也更有现实意义。

将照明光源隐藏在顶棚的建筑构造中或与装饰构件相结合，会形成多种艺术效果。例如，日本地铁本乡三丁木站在通道与出入口楼梯的交汇处和吊顶的暗槽内安装了 24 W 的荧光灯，利用光带突出了顶面的边缘，强化了吊顶的形状，吊顶中部的圆形光槽等距离排列，形成秩序感与韵律感。这种方式既突出了建筑顶部的造型，又丰富了照明形式，同时还起到装饰与美化的作用。

欧美地铁站的内部环境设计就经常使用这一手法，将裸露的建筑内部结构与照明器相结合，通过灯光的点缀来使结构部件发挥装饰的作用，同时又丰富了地铁内部空间的照明层次。图 8-19 所示为加拿大蒙特利尔地铁站台层，钢筋混凝土拱梁虽然暴露在外，但设计师却利用外露的拱梁形成很好的空间过渡处理。层层下降的粗壮拱梁使出站处空间逐渐下降，候车座位处故意塑造出一个较低矮的空间，可为乘客增加局部的亲切感。将荧光灯管设置在层层下降的拱梁之间，利用灯光的点缀，既丰富了地铁空间的照明层次，又体现了拱梁的敦厚之感。从远处望去，灯光与拱梁相互结合，形成良好的韵律感与秩序感，给乘客提供美的感受。这是一个通过灯光设置使建筑结构发挥装饰作用的实例，在这个案例中，粗壮的拱梁成为空间过渡和丰富空间照明层次的手段。

图 8-19　加拿大蒙特利尔地铁站台层

项目习题

1. 写出城市轨道交通照明系统的分类。
2. 写出城市轨道交通照明系统的控制方式。

项目九　城市轨道交通给排水与环控系统

项目导学

地铁车站给排水系统由给水系统和排水系统两部分组成。其中给水系统包括生活给水系统、生产给水系统和消防给水系统，排水系统则包括污水系统、废水系统和雨水系统。

另外，环境与设备监控系统是将城市轨道交通沿线车站、区间和相关建筑内的环控、低压照明、屏幕门和给排水等设备，以集中监控和科学管理为目的而构成的综合自动化系统。

学习目标

知识目标： 掌握城市轨道交通车站给排水系统的组成；了解城市轨道交通车站给排水系统设备的结构及工作原理；了解城市轨道交通车站给排水系统的运行管理工作内容；了解城市轨道交通车站给排水系统的维修工作内容；了解城市轨道交通车站给排水系统的故障处理流程及方法；掌握环境与设备监控系统构成；掌握中央级控制系统的基本功能；掌握车站级控制系统的基本功能；了解设备监控系统主要的监控内容。

能力目标： 能辨识城市轨道交通给排水设备，以及环境与设备监控系统的构成。

素质目标： 能掌握城市轨道交通运营管理专业对应的就业岗位应具备的岗位能力和技能要求。

任务一　城市轨道交通给排水系统

地铁车站给排水系统的功能是满足车站的生产、生活和消防用水对水量、水质、和水压的要求，保证车站和车辆段排水通畅，为轨道交通安全运营提供服务，同时对生活污水和生产污水进行收集和处理，使其达到排放标准。地铁车站给排水系统由给水系统和排水系统两部分组成。其中给水系统包括生活给水系统、生产给水系统和消防给水系统，排水系统则包括污水系统、废水系统和雨水系统。

（1）生活给水系统：供应地铁车站及有关建筑的饮用、烹饪、洗浴及浇灌和冲洗等生活用水。除水量、水压应满足需要外，饮用水质必须符合国家颁布的生活饮用水水质标准。

生活给水系统主要是对给水系统的状态、参数进行监测与控制，保证系统的运行参数满足建筑额定供水要求，以及供水系统的安全。

（2）生产给水系统：供给空调设备冷却、洗涤，以及车辆和机电设备维修过程中所需的生产用水。由于工业种类、设备维修工艺各异，因而对水量、水压及水质的要求也不尽相同。

（3）消防给水系统：由于消防水系统与防灾报警系统和自动灭火系统密切联系，国家技术规范规定消防给水应由消防系统统一控制管理，因此，消防水系统由消防联动控制系统进行控制。

一、系统的组成

（一）给水系统的组成

1. 生活、生产给水系统的组成

生活、生产给水系统由水源（城市自来水）、水池、水泵、水塔（水箱）、气压罐、管道、阀门、水龙头等组成。

2. 消防给水系统的组成

消防给水系统由水源（城市自来水）、消防水泵、管道、阀门、消火栓（喷头）、水流指示器等组成。

（二）排水系统的组成

1. 污水系统的组成

污水系统主要由集水井、潜污泵、管道及附件、化粪池、压力井、排水检查井等组成。

污水系统的工艺流程如图 9-1 所示。

来自轨道交通车站污水 → 集水井 → 压力井 → 化粪池 → 城市排水系统

图 9-1　污水系统工艺流程图

2. 废水系统的组成

废水系统主要由集水井、潜水泵、管道及附件、压力井、排水检查井等组成。

废水系统工艺流程如图 9-2 所示：

来自轨道交通车站污水 → 集水井 → 压力井 → 城市排水系统

图 9-2　废水系统工艺流程图

3. 雨水系统的组成

雨水系统包括室外排水明沟（埋地雨水沟）、PVC 排水管、排水检查井等。

二、给排水系统主要设备

（一）阀门

地铁排水系统的阀门主要有闸阀、蝶阀、止回阀（单向阀）、排气阀、安全阀，以及卫生间的各种冲洗水阀。

1. 闸阀

闸阀是指关闭件（闸板）沿通路中心线的垂直方向移动的阀门，使用很广泛（图 9-3）。一般口径 *DN* ≥50 mm 的切断装置都选用它，有时口径很小的切断装置也选用闸阀。在介质通过阀体时流动方向不变，因此产生的流动阻力小，安装时没有方向性；开启缓慢，不会产生过大冲击。缺点是结构复杂，外形尺寸大；闭合面磨损快，维修不方便。

图 9-3 闸阀

2. 蝶阀

蝶阀是用圆形蝶板作启闭件并随阀杆转动来开启、关闭和调节流体通道的一种阀门。蝶阀的蝶板安装于管道的直径方向。在蝶阀阀体圆柱形通道内，圆盘形蝶板绕着轴线旋转，旋转角度为 0°～90°之间，旋转到 90°时，阀门呈全开状态。地铁采用的蝶阀按驱动方式分为手动蝶阀和电动蝶阀，如图 9-4 和图 9-5 所示。蝶阀质量轻，体积小，与金属密封的闸阀和截止阀相比，采用软密封的蝶阀可以实现完全密封，气密性非常好。蝶阀操作简便，在 90°回转范围内即可实现启闭功能。

图 9-4 手动蝶阀

图 9-5 电动蝶阀

3. 止回阀

止回阀在动作时利用阀前后的压力差使阀门完成自动启闭，从而控制管道中的介质只向指定的方向流动，当介质即将倒流时，它能自动关闭，从而阻止介质逆向流动，如图 9-6 所示。

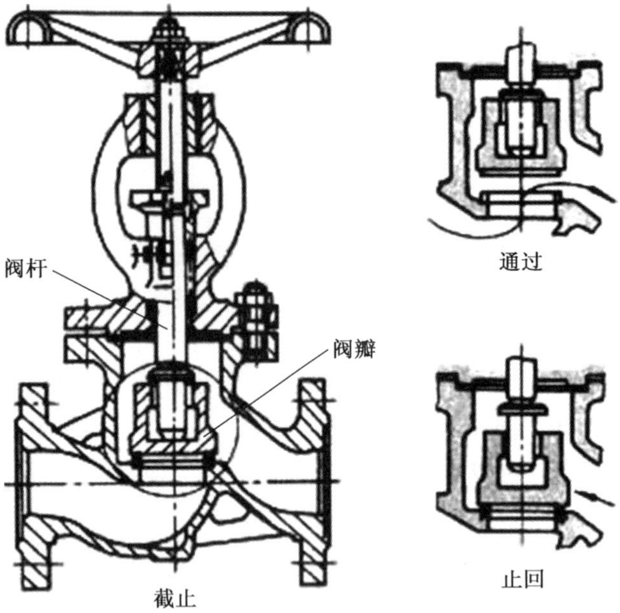

图 9-6　止回阀

4. 排气阀

在一般情况下，水中含少量的溶解空气，在输水过程中，这些空气从水中不断释放出来，聚集在管线的高点处，形成空气袋，使输水变得困难，系统输水能力可因此下降 5% ~15%。排气阀的作用是排除管道中聚集的空气。排气阀如图 9-7 所示。

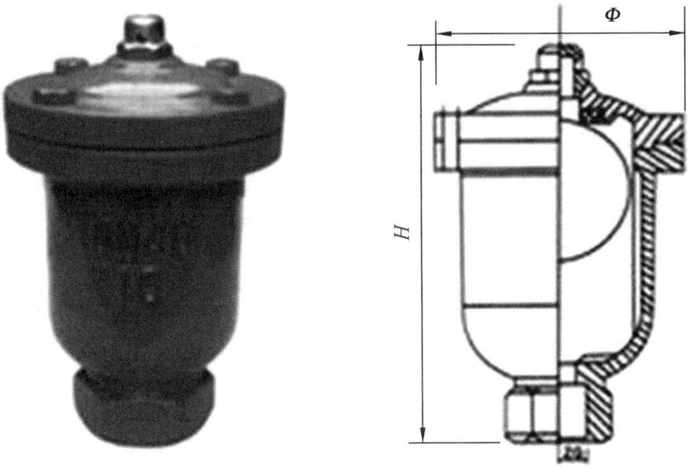

图 9-7　排气阀

5. 安全阀

安全阀的作用是当管路里的流体压力超过一定值时，安全阀打开，排放一定量的液体，释放部分压力，保护管道安全。安全阀如图 9-8 所示。

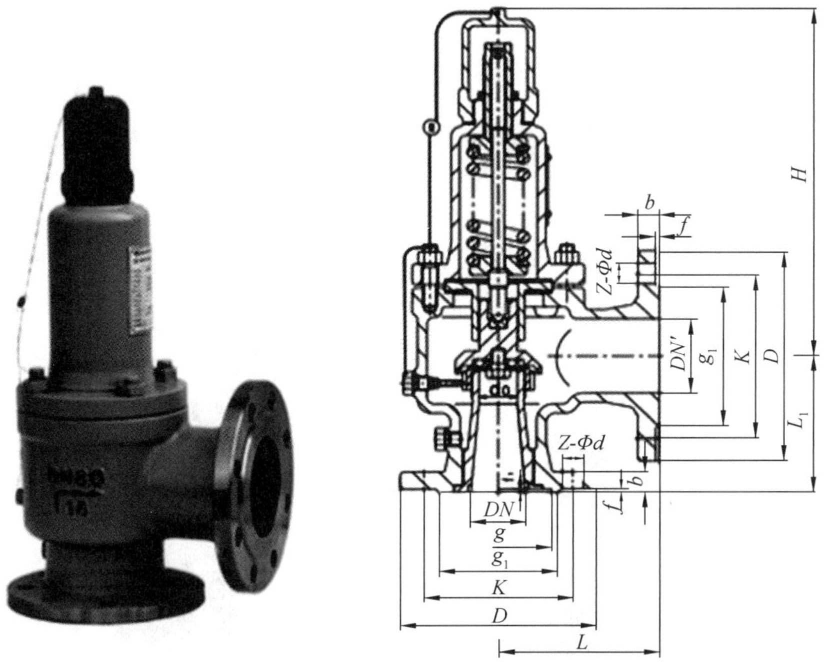

图 9-8　安全阀

（二）水泵

水泵是输送液体或使液体增压的机械。它将原动机的机械能或其他外部能量传送给液体，使液体能量增加。水泵主要用来输送液体包括水、油、酸碱液、乳化液、悬乳液和液态金属等，也可输送液体、气体混合物以及含悬浮固体物的液体。

水泵性能的技术参数有流量、吸程、扬程、轴功率、水功率、效率等。根据不同的工作原理，水泵可分为容积泵、叶片泵等类型。容积泵是利用其工作室容积的变化来传递能量；叶片泵是利用回转叶片与水的相互作用来传递能量，有离心泵、轴流泵和混流泵等类型。水泵一般多以泵的结构和作用原理来分类，有时根据需要也按用途、动力类型和泵的水力性能等进行分类。

按用途分，水泵有给水泵、砂泵、泥浆泵、污水泵、污物泵、井用泵、潜水电泵、喷灌泵、家用泵、消防泵等。

按动力类型分，水泵有手动泵、畜力泵、脚踏泵、风力泵、太阳能水泵、电动泵、机动泵、水轮泵、内燃水泵、水锤泵等。

按工作原理分，水泵有离心泵、混流泵、轴流泵、旋涡泵、射流泵、容积泵（螺杆泵、活塞泵、隔膜泵）、链条泵、电磁泵、液环泵、脉冲泵等。

1. 水泵型号代号

根据使用场合的不同，水泵可分为以下几种：① LG—高层建筑给水泵；② DL—多级立式清水泵；③ BX—消防固定专用水泵；④ ISG—单级立式管道泵；⑤ IS—单级卧式清水泵；⑥ QJ—潜水电泵。

2. 各水泵性能特点

(1) WQS 系列潜水泵

该水泵（图 9-9）具有高扬程、深潜没、耐磨蚀、高可靠性、无堵塞、自动安装、自动控制、可全扬程工作等优点，在高扬程、潜没深度大、水位变幅大、排送含有一定磨蚀作用的固体颗粒的介质方面，具有独特功能。

(2) XBD 立式单吸多级消防给水泵

该水泵（图 9-10）主要用于工业及民用建筑固定消防系统（消火栓灭火系统、自动喷水灭火系统和水喷雾灭火系统等）的给水，尤其适用于高层建筑分区消防给水系统。

图 9-9　WQS 系列潜水泵

图 9-10　XBD 立式单吸多级消防给水泵

(3) XBD 系列立式单级单吸切线消防泵

该水泵（图 9-11）主要用于工业及民用建筑固定消防系统（消火栓灭火系统、自动喷淋灭火系统和水喷雾灭火系统等）的给水。

(4) DL 系列单吸多级高层建筑给水泵

该水泵主要应用于高层建筑供给常温清水。

(5) 单级立式管道泵

该水泵用于供暖及空调系列冷热水循环、水厂供水、消防喷淋、管道增压。

(6) 2BVX 系列真空泵

该水泵主要应用于容器抽真空、冷凝器抽真空、水提取系统。

图 9-11　XBD 系列立式单级单吸切线消防泵

3. 离心水泵的工作原理与特点

水泵开动前，先将泵和进水管灌满水，水泵运转后，在叶轮高速旋转而产生的离心力的作用下，叶轮流道里的水被甩向四周，压入蜗壳，叶轮入口形成真空，水池的水在外界大气压力和自身重力下沿吸水管被压入补充了这个空间。继而压入的水又被叶轮甩出经蜗壳而进入出水管。由此可见，若离心泵叶轮不断旋转，则可连续吸水、压水，水便可源源不断地从低处扬到高处或远方。

离心水泵的一般特点有以下几个：

（1）水沿离心泵的流经方向是沿叶轮的轴向吸入，垂直于轴向流出，即进出水流方向互成90°。

（2）由于离心泵靠叶轮进口形成真空吸水，因此在起动前必须将泵内和吸水管内灌注引水，或用真空泵抽气，以排出空气形成真空，而且泵壳和吸水管路必须严格密封，不得漏气，否则不能形成真空，也就吸不上水来。

（3）由于叶轮进口不可能形成绝对真空，因此离心泵吸水高度不能超过10 m，加上水流经吸水管路带来的沿程损失，实际允许安装高度（水泵轴线距吸入水面的高度）远小于10 m。若安装过高，则不吸水。

三、给水系统

城市轨道交通给水系统中水的来源有两种：市政供水（需具备供水条件）和自备井供水。其主要用途有生活用水（车站乘客及工作人员用水）、生产用水（冷水机组水系统补水）、消防水。

城市轨道交通供水管网根据供水的条件不同可分为具备市政供水条件的管网和不具备市政供水条件的管网两种类型，如图9-12和图9-13所示。供水的类别则可分为生活水管网和消防水管网两种。

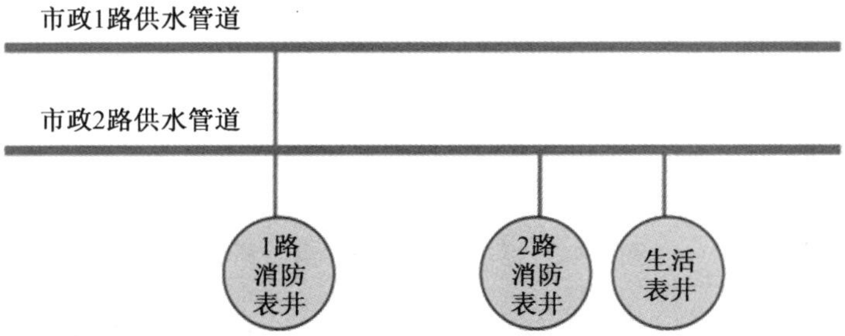

图9-12　具备市政供水条件的管网

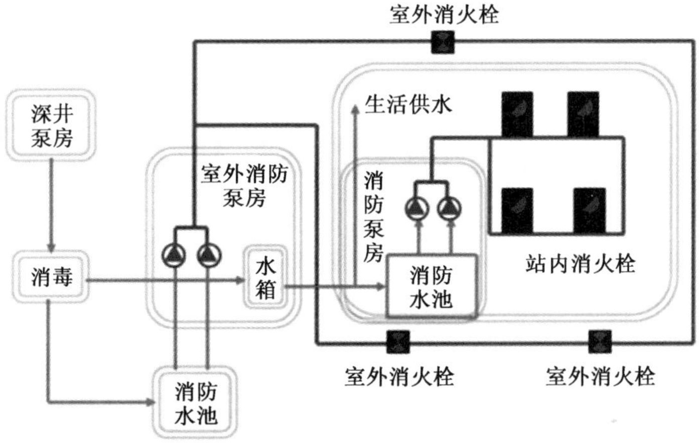

图9-13　不具备市政供水条件的管网

说明：一般情况下，车站水源由两路不同市政管路供给，其中一路供消防用水，另外一路分别供消防及生活用水。

（一）水表读数方法

水表按分支分为一级表、二级表、三级表。一级表指市政水表，市政与地铁给水管路的分界点；二级表指由市政引至车站风道的第一块水表；三级表指各设备机房、卫生间、洒水栓、冷塔补水表。

图 9-14 所示为一标准机械水表的表盘示意图。水表表盘上一般有 8 个指针示值标盘。读数时仅读取大于 1 立方米的示值。

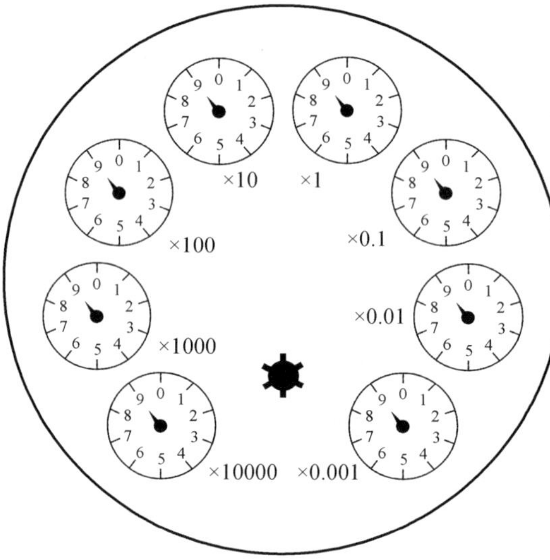

图 9-14 标准机械水表表盘示意图

认读水表时，要从高位指针向低位依次认读，即从 ×10000 的指针示值标盘顺时针从下向上依次认读。如果千位、百位、十位指针位置在两个数字之间时，要注意上下两个相邻指针与它的关联。如图 9-15 所示，个位指针是在 0 和 9 之间，也就是还没有进位，所以十位指针应该读 8，而不读 9。

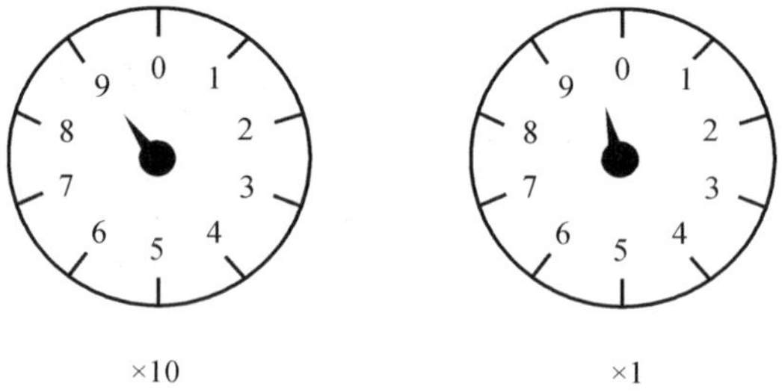

图 9-15 认读水表

（二）给水附件

安装在给水管道及设备上的启闭和调节装置称为给水附件。给水附件可以分为配水附件和控制附件两类，配水附件有水龙头等，控制附件有阀门等。控制附件包括闸阀、截止阀、蝶阀、球阀、安全阀、倒流防止器等。

（1）闸阀：闸阀的启闭件是闸板，闸板的运动方向与流体方向相垂直，闸阀只能作全开和全闭，不能作调节和节流。

（2）截止阀：关闭严密，但水流阻力较大，用于管径不大于 50 mm 或经常启闭的管段上。

（3）旋塞阀：又称转心阀，是通过旋转 90°使阀塞上的通道口与阀体通道相同或分开，实现开启或关闭的一种阀门（图 9-16）。它一般与缓冲管、压力表连接。

图 9-16　旋塞阀

（4）止回阀：能自动阻止流体倒流的阀门。阀瓣在流体压力作用下开启，流体从进口侧流向出口侧，当进口侧压力低于出口侧时，阀瓣在流体压差或本身重力作用下自动关闭以防止流体倒流。

（5）浮球阀：如图 9-17 所示，浮球始终漂在水面上，当水面上涨时，浮球也跟着上升。浮球上升带动连杆也上升。连杆与另一端的阀门相连，上升一定位置时，连杆支起橡胶活塞垫，封闭水源。

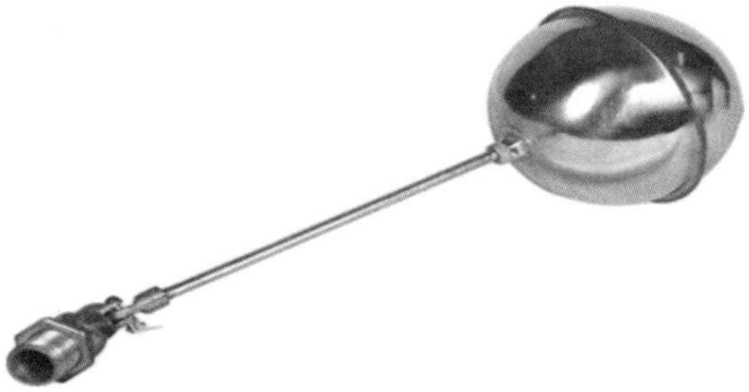

图 9-17　浮球阀

（三）给水系统构成及功能

地下车站由室外市政管网引到 DN80 管上的生活给水管进入车站，供车站内卫生间、盥洗间等生活给水，车站冲洗、空调冷却系统等的生产用水均由 DN80 的生活给水管直接接出供给，并分别设表计量，生活给水系统为枝状管网。车站站厅层、站台层两端设冲洗用给水栓。区间主排水泵房、洞口排雨水泵房等处设置冲洗水栓，冲洗水栓用水从区间消火栓上接出。

高架车站由室外 DN150 的给水引入管上引出一根 DN50 的生活给水管进入车站。站内卫生间、盥洗间等生活用水、车站冲洗用水均由 DN50 的生活给水管直接接出供给，并分别设表计量，生活给水系统为枝状管网。车站站厅层、站台层两端设冲洗用洒水栓。

四、排水系统

城市轨道交通排水系统主要包括：

① 生活污水：卫生间污水；

② 车站主排：车站及区间产生的废水；

③ 洞口雨水：洞口产生的雨水；

④ 局排：扶梯及机房局部渗透的雨水。

根据其所处环境条件的不同可将排水条件分为具备市政条件和不具备市政条件两种。

具备市政条件的排水系统包括：

① 废水：车站废水由车站废水泵及局排水泵排至站外压力废水井，后经检查井汇入市政污水管网。

② 污水：车站污水由车站污水泵排至站外压力污水井，后流入站外化粪池，再汇入市政污水管网。

不具备市政条件的排水系统包括：

① 废水：车站废水由局排水泵排至站外压力废水井，后经检查井流入站外沟渠。

② 污水：车站污水通过重力流汇入站外化粪池，站外化粪池设有超声波液位仪（目前，站外化粪池均未设置超声波液位仪）。

（一）车站污水泵

污水泵房尽量设置在厕所附近，主要排除厕所粪便污水和车站的生活污水。各项生活污水均应通过排水管道集中至污水泵房的污水池，由卧式污水泵提升至室外压力井，消能后，经化粪池处理再排入城市污水管道或人工清掏化粪池。泵房内设有两台卧式泵，一用一备，二级负荷，由车站综控室 BAS 进行监控。

污水泵的控制方式包括污水泵设就地手动控制和综控室 BAS 远程控制（自动控制）。

污水池设超声波液位计，提供就地高报警水位、启泵水位、泵水位、低报警水位显示，实现就地自动控制泵的启停，并将水位信号输出给综控室的 BAS，实现远程控制泵的启停。图 9-18 所示为典型污泵管路示意图。

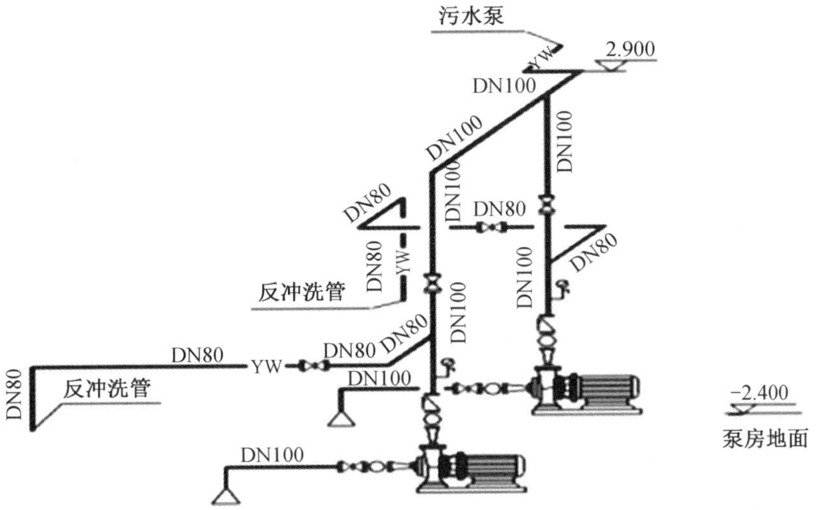

图 9-18　典型污泵管路示意图

（二）车站废水泵

车站废水系统主要是排除车站范围内的结构渗漏水、地面冲洗废水和消防废水等。泵房内一般设两台立式排水泵，平时只有一台工作，必要时两台同时使用（AL：启一台；AH：启两台）。

泵房内设反冲洗管，排水压力管道由车站风道接至地面市政排水系统或站外沟渠。站台板下的积水顺电缆排水沟以按重力流考虑流至废水池。图 9-19 所示为地下车站废水泵房。

图 9-19　地下车站废水泵房

（三）洞口雨水泵

在地下区间隧道入洞处的低点位置设置雨水泵站，洞口处敞口段雨水由排水沟截留后排入泵站内集水池。

泵房内设三台立式排水泵，最大水量时三台同时工作，排水压力管道就近接至地面市政雨水系统。

（四）排水系统的构成及功能

1. 排水系统的技术规定及要求

排水应根据污水的性质、污染程度，并应结合室外的排水体系和城市排水规划对污水进行分类集中，就近排放。污水的排放应符合国家及当地现行有关的排放标准。

排水采用分流制，排水系统对结构渗漏水、消防及冲洗废水、生活及粪便污水、露天出入口及隧道洞口的雨水分类集中，就近排至城市污水系统、雨水系统或地面河流。

当车站附近无城市污水排水系统时，其排出的生活污水必须经过处理，达到排放标准后，才能排放。

2. 排水系统的分类及排水量标准

高架车站排水系统主要包括车站污水系统、车站废水系统和屋面雨水系统。

地下车站排水系统主要包括车站污水系统、出入口及敞口风亭排雨水系统、废水系统、局部排水系统及临时排水设施等。

地下区间排水系统主要包括区间隧道排水系统、出入洞口雨水排水系统等。

排水量标准：车站工作人员生活用水排水量按用水量的95%计算；冲洗及消防废水排水量和用水量相同；地下车站及区间结构渗水量按0.5 L/（m^2·d）计算；敞口风亭、露天洞口及区间出入洞口排雨水量按50年一遇的最大暴雨强度计算；高架站屋面排水雨水量按10年一遇的暴雨强度计算。

3. 排水系统各部分介绍

（1）污水系统

地下车站污水排水系统是将车站生活污水集中到污水泵房的污水池内，经污水泵提升经室外化粪池后排入城市污水管网。高架车站的生活污水自流至室外化粪池后排入城市污水管网。

（2）废水系统

地下车站废水系统是将车站结构渗漏水、冲洗水、消防废水、出入口自动扶梯下机坑等低洼处的积水分别收集，汇入各自集水坑，经废水泵提升后分别排入城市污水管网。高架车站废水直接排入城市污水管网。

（3）雨水系统

地下车站敞口风亭、露天洞口及出入口等雨水分别汇入附近集水坑，经废水泵提升后分别排入城市雨水管网。高架车站屋面雨水经虹吸雨水系统收集后排入城市雨水管网。

排水系统各部分包括：

① 区间主排水泵站；

② 污水泵房；

③ 车站废水泵房；

④ 洞口排雨水泵站；

⑤ 车站出入口及敞开风口的排雨水泵房；

⑥ 局部排水设施；

⑦ 临时排水泵房；

⑧ 其他排水措施及配套设施。

五、消防给水系统

轨道交通水消防系统主要分为两部分：消火栓灭火系统和水喷淋灭火系统。消火栓在轨道交通地面、地下和高架处都是主要的消防灭火设备。

轨道交通水消防系统由消防给水设备即消火栓部分（包括水枪、水带、消火栓、消防管道、消防水池、高位水箱、水泵、接合器及增压水泵等）和电控部分（包括启泵按钮、防灾报警器启泵装置及消防泵控制柜等）组成。

1. 消防水源

每座车站从二路不同的市政管网分别引入一根 DN150 进水管。在消防泵房内连通，消防时直接从市政管网抽水，不设消防水池，同时在每路进水管上设置防污染止回阀，并单独设表计量。地面、高架车站及附属建筑的消防泵房应采用稳高压装置。

车站及地下区间隧道内设消火栓给水系统，高架及地面区间应利用市政消防设施，不单独设置水消防系统，但有声屏障的封闭段，应按相关专业要求设置水消防系统。

如车站所在处的市政给水管网无法提供两路消防供水，则可采取以下措施：

（1）地下车站引入一根消防给水管时，其与相邻地下站的水源互为备用，消防泵的服务范围为两个车站、两个车站之间的地下区间及两车站外侧前后两个地下区间，车站及地下区间的消防给水系统均设置为环状管网。

（2）高架车站引入一根消防给水管且无法共用相邻车站的水源时，应增设消防水池。

2. 消防泵房

（1）设有消防增压泵房的地下车站，应设两台立式消防泵，一用一备。消防系统不设稳压装置，消防引入管与环状管网连通成超越管，平时由市政管网压力直接供水稳压，并设止回阀。消防引入管上应设倒流防止器。换乘车站的消防增压泵房宜采用资源共享，并和其他有关专业配合。

（2）设有消防增压泵房的高架车站，应设两台立式消防泵，一用一备。消防系统要设置稳压装置。

地下车站消火栓泵的扬程计算按 20 L/s 水量至车站最不利点计，并按 10 L/s 水量由区间至相邻车站接口处校核，取其中大者作为水泵选型参数。高架车站消火栓泵的扬程计算按设计水量送至车站最不利点计。

消防泵均选用恒压切线泵，设自动巡检，一级负荷，由 FAS 进行监控。消防泵机组整体撬装，消防控制柜由消防泵厂家配套（自带）。

3. 系统布置原则

（1）消火栓系统总管在车站及区间内均形成环网。

（2）车站、长度大于 25 m 的地下人行通道及通风空调机房等处均满足规范要求设置消火栓箱。消火栓箱的布置应确保有两股充实水柱同时到达室内任何部位。

（3）车站消火栓间距应满足国家现行规范，单口消火栓一般不大于 30 m，双口消火栓一般不大于 50 m。应尽量采用单口单阀消火栓，局部布置困难处才采用双口消火栓。

（4）地下区间每隔 50 m 设一个单口消火栓，不设消火栓箱及水龙带等设备，但应设水泵启动按钮，可将水龙带设置在邻近车站站台端部专用设备箱内。

六、城市轨道交通给排水系统总体设计原则

（1）给水应满足工程对水量、水压和水质的要求，坚持综合利用、节约用水的原则，并应有防止污染的措施。

（2）给水系统水源采用城市自来水，车站应采用生产、生活用水和消防用水分开的给水系统。车站内生产、生活给水系统为枝状管网，由城市自来水管引入一路给水管和车站内生产、生活给水管连接。消防给水系统采用环状管网，一般由不同的城市自来水管引入二路给水管和车站内消防给水管连接。

（3）轨道交通消防设计按同一时间内发生一处火灾为准。火灾延续时间，消火栓系统按 2 h 计算，自动喷水灭火系统按 1 h 计算。

（4）轨道交通消防应有完善可靠的消防给水系统及自动灭火系统，所有的建筑物应根据不同建筑的功能和重要性，按《建筑灭火器配置设计规范》配置不同种类的灭火器，以确保能迅速有效地扑灭各种火灾。所有配置的消防设施附近均不应有遮挡物遮挡。

（5）市政自来水管网压力不能满足消防要求而水量能够满足消防要求时，应设消防增压泵房。消防时采用直接从城市自来水管网吸水，不设消防水池。此种消防供水方式应与消防部门和自来水公司协商后确定。

（6）高架车站和沿线附属建筑消防设计按《建筑设计防火规范》或《高层民用建筑设计防火规范》执行。高架区间消防尽量利用市政消防设施，必要时设置消火栓系统。

（7）地下区间上下行线各设置一根消防给水管，在车站端部和车站环状管网连接。区间消防组水连通管的设置应结合区间联络通道设置，在经济技术比较合理的情况下，地下区间的两条消防给水干管之间可不设连通管。

（8）结合轨道交通车站设置的地下商场及地下车库等附属建筑，单独进行消防报批及验收，其面积或停车数量达到设置自动喷火灭火系统规定时，必须设置自动喷水灭火系统。自动喷水灭火系统应采用独立的系统，不应和生产、生活及消火栓消防给水系统共用。

（9）轨道交通排水应根据污水的性质、污染程度，并应结合室外的排水体系和城市排水规划对污水进行分类集中，就近排放。同时地铁污水的排放应符合国家现行有关排放标准。

（10）排水采用分流制。排水系统对结构渗漏水、消防及冲洗废水、生活及粪便污水、露天出入口及隧道洞口的雨水，应分类集中，就近排至城市污水系统、雨水系统或地面河流。

（11）当车站附近无城市污水排水系统时，地铁排出的生活污水必须经过处理，达到排放标准后才能排放。

（12）轨道交通给排水管道及设备应采取有效的防止杂散电流腐蚀措施。地下车站的给排水管道宜由车站出入口通道或风道引出。穿过地下主体结构的给排水管道均应设防水套管，给水管在主体结构内侧设防杂散电流的绝缘接头，在主体结构外侧采用一段 3 m 的给水塑料管。排水管只在主体结构内侧设绝缘接头。

（13）给排水设备的选型，应采用技术先进、安全可靠、经济合理、经过实际运营考验的国产设备，其规格应尽量统一，且应便于安装和维修。自动灭火系统是否采用国外产品由业主招标确定。

（14）车站及区间的给排水管和市政给排水管接管位置、冷却塔位置、水表井、水泵接合器、室外消火栓、检查井、污水处理设施、化粪池等位置的设定，均应和该市有关部门达成协议。

任务二　城市轨道交通环控系统

环境与设备监控系统（BAS）是本着安全、可靠、节能的原则进行设计的，目的是以现代计算机技术、网络技术、自动控制技术、软件技术实现对车站各类机电设备的智能化控制，使得系统更安全、可靠、节省人力、物力、降低运营成本。

地铁环境与设备监控系统是为给乘客创造安全、舒适、可靠的乘车环境，对地铁车站、区间的空调、通风、给排水、照明、车站动力、自动扶梯等设备的运行状态进行自动化管理，使设备按预设状态自动运行，节省能源，方便管理，使设备产生最佳效果。

BAS 控制系统结构图如图 9-20 所示。沈阳和北京的地铁车站 BAS 系统结构属于典型的结构，如图 9-21 和图 9-22 所示。

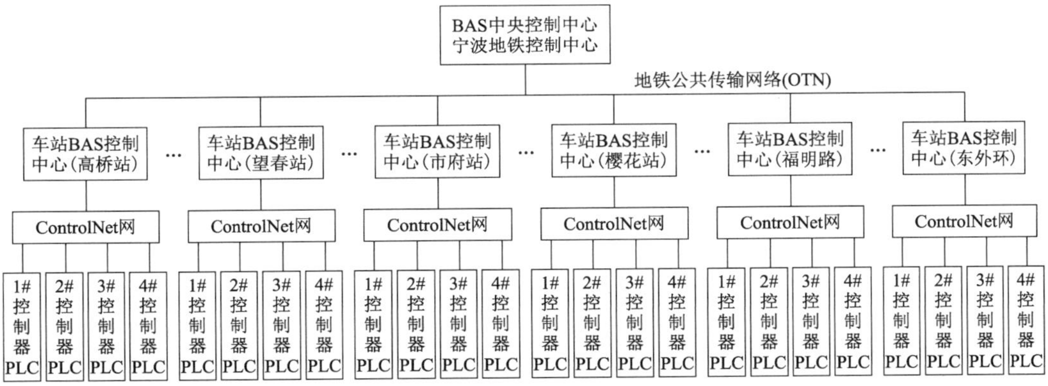

图 9-20　BAS 控制系统结构图

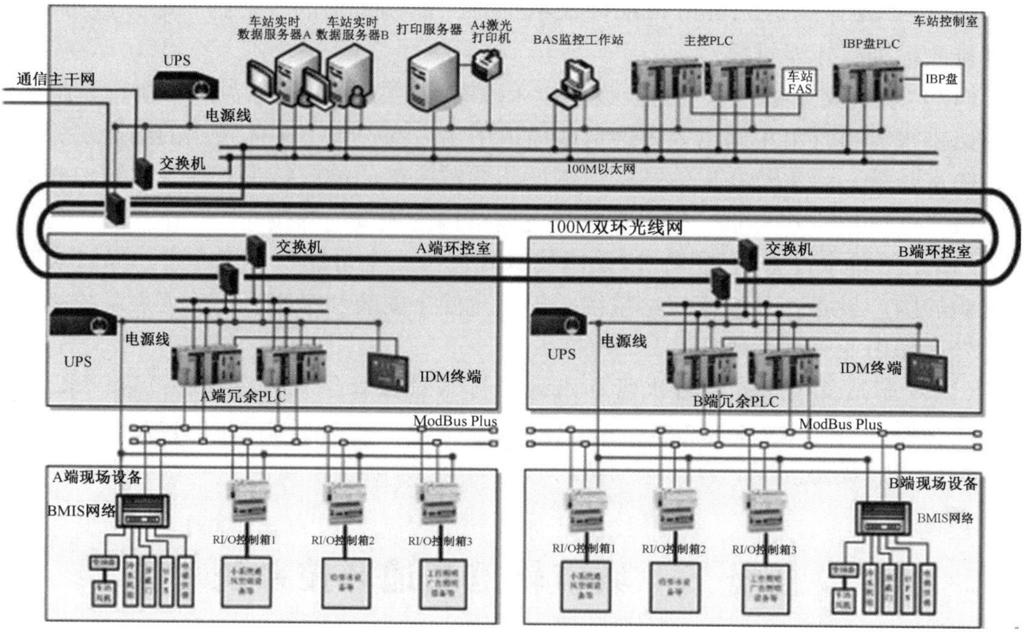

图 9-21　沈阳地铁典型车站 BAS 系统结构图

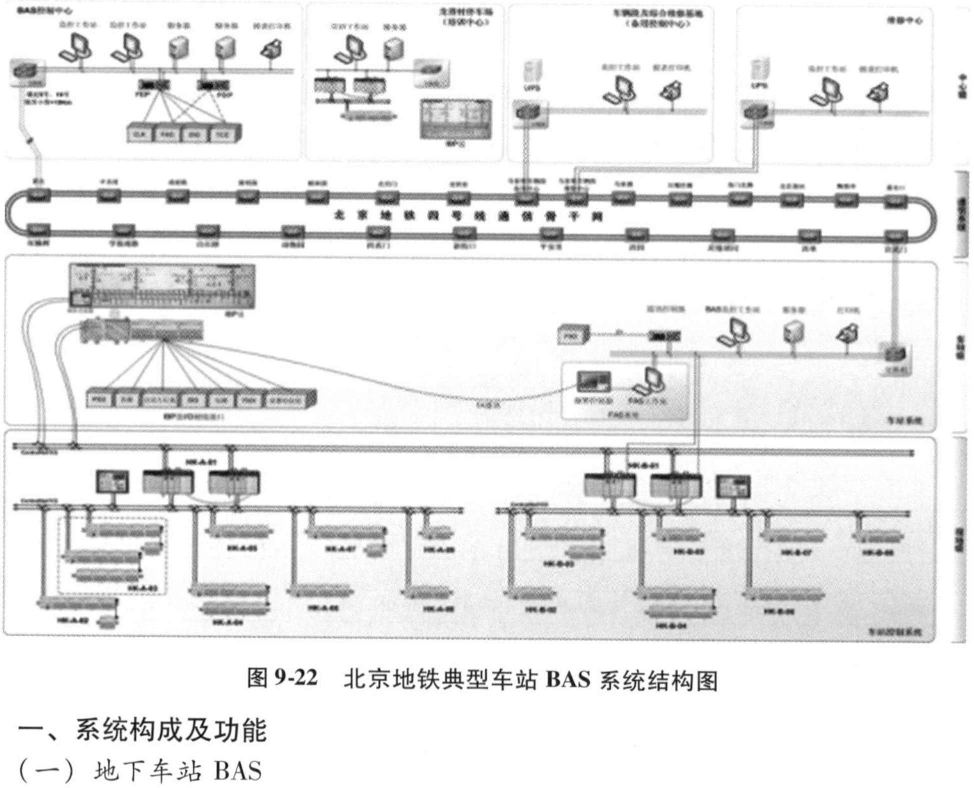

图 9-22　北京地铁典型车站 BAS 系统结构图

一、系统构成及功能

（一）地下车站 BAS

地下车站 BAS 车站级对本车站所辖区间隧道及车站的通风空调大系统、小系统，及其水系统、动力照明系统（含智能低压、智能照明系统、EPS 等）、区间疏散指示、自动扶梯、电梯、给排水系统、区间人防门等相关设备进行监控及管理，同时对相关设备用房和公共区的环境温湿度等参数进行监测。车站监控工作站由综合监控系统提供。BAS 车站级向综合监控系统上传设备运行状态、故障报警等信息，并接收综合监控系统下发的模式、设备控制等信息。

（二）高架车站 BAS

高架车站 BAS 车站级对本车站通风空调系统、智能照明系统、EPS、自动扶梯、电梯、给排水系统等相关设备进行监控及管理。车站监控工作站由综合监控系统提供。BAS 车站级向综合监控系统上传设备运行状态、故障报警等信息，并接收综合监控系统下发的设备控制等信息。

（三）停车场、车辆段 BAS

停车场、车辆段 BAS 由 PLC 控制器（非冗余配置）、RI/O、各类通信接口模块、现场总线等组成。车辆段监控工作站由综合监控系统提供。BAS 车辆段站级向综合监控系统上传设备运行状态、故障报警等信息，并接收综合监控系统下发的设备控制等信息。停车场、车辆段 BAS 的主要功能是实现对停车场和车辆段内通风空调系统、智能照明系统、EPS、给排水系统等相关设备进行监控及管理。

地铁设备监控系统设控制中心和车站两级管理，控制中心为主控级，车站为分控级。控制结构为控制中心、车站、就地三级控制。车站管理级的监控设备设置于车站控制室，控制中心管理级的监控设备设置于控制中心的中央控制室。

中心级系统工作站一般设置在控制中心，后备工作站和维修工作站一般设置在车辆段。全线车站通过骨干网络将车站信息传输到控制中心。

控制中心工作站和服务器作为中心级监控管理系统设备，负责采集全线各车站的设备状态信息和当前的环境参数，列车堵塞在区间时，向相邻车站发布堵塞模式指令，火灾时可向火灾相邻车站发布火灾模式指令；平时可对全线车站各种模式进行可编程操作和模式下载操作。

维修中心工作站作为控制中心服务器的远程维修终端，承担全线设备的维护管理。

后备中心工作站作为控制中心工作站的远程备用终端，当控制中心工作站“失效”时，可维持对全线各车站最基本的操作功能。

二、中央级控制中心基本功能

（一）数据采集功能

1. 应答方式

先由中央级下达数据调用指令及车站节点地址和数据类型，与车站节点地址吻合的车站系统予以响应，将本站数据信息选择性上传。中央级下发控制指令，进行状态显示，程序下载等应用时，采用应答方式获取数据。

2. 实时方式

事件一旦发生，则相关数据立即进行传送。实时数据具有高的数据传送优先级，是必须保证传送的数据。

3. 定时方式

根据预设的时间表，在预定的时间实现数据传送。这种方式适用于对实时性要求不高的数据。

（二）显示功能

1. 车站设备综合显示

通过显示地铁线路概貌图，反映出各车站的地理位置并宏观显示车站和隧道的主要设备工作状态（主要指环控设备）。在概貌图上，用颜色变化及声光区分车站环控设备的运行状态，用颜色交替闪烁方式、声光报警显示车站级环控设备的故障情况，以引起操作人员的注意。

2. 工艺图显示

主要是显示环控系统图，可直观地了解环控系统工作状态，并可以进行对环控系统的控制。

3. 分画面显示

可动态显示某车站环控设备（可分区域、分系统显示）、动力照明、自动扶梯设备等的运行状态和故障状态。

4. 趋势图显示

通过趋势图可以观察各车站环境温度、湿度等参数的变化规律，为管理人员提供全线车站的环境指标，以确定调控方案。趋势图包括实时趋势图和历史趋势图。

5. 控制方式显示

显示中央级和各车站级的控制方式。如果某车站控制方式切换到中央级，该车站接收中央级的控制指令。否则，车站级将自行控制本站环控设备和车站其他设备。

6. 运行模式显示

通过运行模式显示画面，可预选、增加、修改环控运行模式，包括事故运行模式。增加、修改环控运行模式将受权限的限制。

7. 设备统计显示

以文本方式实时显示车站机电设备的累计运行时间、故障种类及地点、起止时间及累计时间等相关运行数据。

8. 其他功能

所有的报警信息具有不同类型的报警功能和显示方式；不同级别的报警有不同的显示状态，同时有确认的功能；并有数据、时间、确认和处理的记录。对各类报警具有声光报警，报警画面弹出的功能，提醒操作员。

（三）控制功能

控制中心管理人员通过对全线设备和环境参数的自动监视，制定全线运行模式，调度、组织、协调全线车站设备按指定模式运行。

控制中心能提供远程控制设备的功能，典型的控制命令有：开/关，启/停，升/降，合/分等。一般情况下，不建议在中央级使用这种控制。

中央级控制方式一般包括单点控制、模式控制、顺序控制、时间表控制、系统联动控制等。

1. 单点控制

从被控对象所在图形画面中选择一个对象进行遥控操作，此对象可以是内部变量或外部物理设备。这种方式控制效率低，主要用于现场级控制，中央级较少使用。

2. 模式控制

由一组预设的控制命令构成，实现某一特定的功能。模式控制只需发出模式指令（模式号）即可，这是中央级和车站级 BAS 的主要控制方式。

3. 顺序控制

这是一种模式控制，是一组带条件判断的顺序执行的控制指令。即多个受控对象按照一定的安全联锁关系定义为一个顺序操作序列，操作员通过顺序控制画面，选择需要的顺序操作序列，对各受控对象进行操作。顺序操作一旦被启动执行，将自动地按照顺序控制序列逐步执行。

4. 时间表控制

根据用户配置的时刻表定时自动或半自动向设备发出各种控制指令，包括单点控制、顺序控制、模式控制等。该功能由预先设置的日期和时间进行触发。时间表程序同时可允许多个基本遥控和组控功能的执行。操作员可查询、管理时间表。时间表程序最终下载至 BAS 的 PLC 中，独立运行。

5. 系统联动控制

系统内部或子系统之间的自动或半自动的触发控制。

（四）管理功能

管理功能主要是对地铁机电设备（空调、通风、给排水及消防系统、自动扶梯照明等）实现自动化管理，进行程序自动、实时、定时监视设备运行状态，控制开启和关停，检测环境参数，调控环境舒适度及进行节能管理。采集、处理有关信息，进行历史资料存档和设备维修管理。通过数据库管理系统，实现对地铁全线设备的现代化管理，为地铁创建舒适、安全的乘车环境。

具体功能包括：

① 监控管理；

② 数据库管理；

③ 运行模式管理；

④ 节能管理；

⑤ 设备运行管理；

⑥ 监视各车站站厅、站台和管理设备用房的温度、湿度等环境参数，并将这些监视数据实时记录入历史数据库中；

⑦ 报表打印管理；

⑧ 数据查询管理；

⑨ 权限管理；

⑩ 设备维护管理；

⑪ 时钟系统为 BAS 提供标准时间信息。

三、车站控制系统基本功能

车站级 BAS 是本车站设备的控制及管理中心，其主要功能包括：

① 管理、监控本站机电设备的运行情况；

② 确定本站 BAS 的运行参数；

③ 确定本站 BAS 的运行模式，管理本站模式库和模式动作表，本站运行数据的采集、存储及处理，并上传至中央级；

④ 利用接收和存储的数据提供高级应用（进行车站优化控制等）；

⑤ 在阻塞事故情况下，能在中央级协调下，按照预定模式，控制本站设备的运行，保障乘客和设备的安全。

车站级 BAS 拥有本站 BAS 的完全控制和管理能力。车站级 BAS 与中央级 BAS 的功能有大量重叠，此时，依靠系统的授权、优先权等机制来保证控制和管理的安全性、可靠性和一致性。

车站级是下级系统，在涉及多个车站的设备联合运行时，车站级需服从中心级的协调管理，并在总体运行方案上接收中心级的指令。在运行方案制定、模式制定、运行参数更改等管理功能上，以及单机操作和一般模式运行上，车站级与中心级需通过授权等方式进行协调，以免出现矛盾。中央级负责协调管理的控制指令主要是总体运行方案、阻塞事故和早晚通风的模式指令。车站级 BAS 接收上述指令后，执行中心级制定的运行方案和模式，并下达至控制器执行。

车站级控制系统具有设备动态图形显示功能、故障报警功能、数据查询和报表打印等功能。车站级控制系统对于所有的监控设备，均可以实现单独控制、联锁控制和各种模式控制。当供电电源中断后，系统可停止相关设备操作。当电源恢复供应后，系统自动启动，自动完成程序上载和初始化，并根据各设备的当前状态，按联锁要求恢复正常运行，保证设备的安全。

区间污水泵正常情况下自动运行，维持水池水位不超标。当发现水位超高时，BAS 报警，此时可以手动远程控制水泵运行。

系统可监测车站管辖范围内的环境质量，按暖通空调要求对各种参数采样点与调控点进行数值和状态的巡回检测，记录管辖范围内典型区域环境参数和车站大型设备运行时间，整理并将数据实时报送中心。

车站级控制系统可将设备运行状态、报警信号及测试点数据上传至 BAS。在车站监控工作站上，所有的报警信息都可具有声光报警，报警界面自动弹出，同时要求确认，并进行数据、时间、确认和处理等记录。

车站级操作员工作站具有设备动态图形显示功能、故障报警功能、数据查询和报表打印等功能。另外，工作站还可通过趋势图和文本方式显示环境参数曲线、水箱（池）液位等参数，通过运行模式选择画面能够点选或输入环控运行模式和照明控制方案。

车站级监控系统具有机电设备状态监视、数据查询、报表打印、车站设备维修指南等管理功能。

车站级监控系统正常情况下受控于中心级，全线通信网络故障时具备离网独立工作的功能。车站级具有完整的控制管理功能。除需要中央级协调的工作外，其他管理与控制任务均由车站级完成。

对于车站级 BAS 的监控内容，主要从以下几方面进行阐述：

（一）暖通空调系统

暖通空调系统主要包括区间隧道通风系统、车站公共区暖通空调系统、设备及管理用房暖通空调系统、空调水系统。暖通空调系统具备三种控制方式：中心级控制方式、车站级控制方式和就地级控制方式，其中就地级控制方式享有最高优先权。

1. 区间隧道通风系统

区间隧道通风系统的监控对象包括车站送/排风机（兼区间风机）、区间射流风机、轴流风机（软启动）、迂回风道门、相关风阀等。区间隧道通风系统分为正常运行、夜间运行、阻塞运行、火灾事故运行模式，模式的启/停时间主要依据地铁运营开始及停止的时间和日期。

（1）正常运行：列车正常运行时，车站暖通空调系统投入运行，而区间隧道通风系统停止运行，利用列车活塞风作用携带车站的冷气流冷却区间隧道。

（2）夜间运行：夜间收车后，根据系统的时间表功能，区间隧道通风系统进行半小时（可调整）的纵向机械通风，排除隧道中的废气和余热余湿，利用室外日夜温差进行蓄冷降温，抑制白天站台或区间温度上升。

（3）阻塞运行：当列车因故障或其他原因而停在区间超过 2 min 时，中心级下达堵塞运行模式指令到车站级，车站级控制通风系统设备在阻塞模式下运行。从而抑制隧道内的温度，保证列车空调冷凝器在正常范围内工作。

（4）火灾事故运行：当列车在区间隧道发生火灾时，首先尽可能将列车驶进相邻车站。如果列车仍滞留在区间隧道内，将根据列车停放部位和火灾发生部位，确定通风方向，按预设的区间火灾运行模式，开启车站两端的隧道 TVF 风机进行排烟，保证火灾区段断面风速不小于 2 m/s。

2. 车站公共区暖通空调系统

车站公共区暖通空调系统（简称“大系统”）的监控对象包括车站送/排风机（变频轴流风机）、大型表冷器、相关风阀等。

3. 车站设备管理用房暖通空调系统

车站设备管理用房暖通空调系统（简称“小系统”）监控对象包括车站送/排风机、空调机组、后备空调系统、排风/排烟机、相关风阀等。

4. 空调水系统

冷冻机房的水冷式冷水机组、冷冻水循环水泵、冷却水循环水泵、冷却塔等设备及配套阀门自成控制系统，具有水系统启/停顺序控制和过程控制的功能。水系统配套的控制系统通过通信方式将水系统设备状态和温度、压力、压差、液位、流量等工艺参数送至 BAS 进行监视。表冷器及空调机组处的电动阀门由 BAS 进行监控。

BAS 对车站环境温湿度、二氧化碳等环境指标进行实时监测，监视、显示和记录车站区域测试点的温度、湿度等环境参数，并以趋势图的方式显示温度传感器、湿度传感器、二氧化碳传感器等的数值。

（二）给排水系统

给排水系统的监控对象包括废水泵、污水泵、雨水泵、区间排水泵、电动阀门、电伴热等（包括消防管电伴热）。

1. 污水泵监控

污水泵设就地自动控制（自动启停、高报警水位两台泵同时开、低报警水位停泵）功能，手动控制功能，综控室 BAS 远程控制功能。

2. 废水泵、雨水泵、区间排水泵监控

地下车站废水泵房设有 2 台（或 3 台）立式排水泵，1 主 1 备（或 2 主 1 备）。运行时先启动第一台，再启动第二台，必要时 2 台（或 3 台）同时使用。

3. 集水坑潜水泵监控

集水坑潜水泵监控可控制潜水泵启停；监视水泵工作状态、集水池启泵和停泵水位；集水池高水位、低水位报警。

4. 返信要求

所有被控对象均返回运行状态信号、故障信号、手动/自动转换开关信号及水位信号；主排水泵、污水泵对电机电流进行监视。

5. 电伴热设备监视

生活水管和消防水管的管网压力和电伴热设备的通断、故障等均由 BAS 进行监视。

6. 管网压力监测

设有消防泵的车站显示水泵吸水管的压力信号（两个）、水泵扬水管的压力信号（两个）；无消防泵的车站显示消防管网的压力信号（两个）、消防引入管的压力信号（两个）。

【案例分析】

沈阳地铁 1 号线给排水系统的监控对象为废水泵、污水泵和雨水泵，典型的地下双层车站给排水系统的设备配置为：废水泵 2 台、污水泵 2 台、雨水泵 8 台、区间排水泵 2 台。BAS 需要对各种水泵的启停及运行状态进行监控，对设备故障和高水位进行报警。

其中，废水泵位于车站废水泵房内，BAS 监视每台废水泵的启停状态和故障报警，检测废水池的高水位（开泵水位）、低水位（停泵水位）和超高水位（危险水位），监视每台废水泵的手动/自动切换状态。废水泵 2 台 1 组，按 1 主 1 备方式工作。

废水泵的监控点：

启停控制（DO：启动、停止）

运行状态（DI：启动、停止）

手动/自动状态（DI：手动、自动）

高水位报警（DI：高位）

故障报警（DI：报警）

开泵水位（DI：开泵水位）

停泵水位（DI：停泵水位）

污水泵位于车站污水泵房内，BAS监视每台污水泵的启停状态和故障报警，检测污水池的高水位（开泵水位）、低水位（停泵水位）和超高水位（危险水位），监视每台污水泵的手动/自动切换状态。污水泵2台1组，按1主1备方式工作。

污水泵的监控点：

启停控制（DO：启动、停止）

运行状态（DI：启动、停止）

手动/自动状态（DI：手动、自动）

高水位报警（DI：高位）

故障报警（DI：报警）

开泵水位（DI：开泵水位）

停泵水位（DI：停泵水位）

雨水泵每2台1组，分别位于车站雨水集水池泵房内，BAS监视每台雨水泵的启停状态和故障报警，检测雨水池的高水位（开泵水位）、低水位（停泵水位）和超高水位（危险水位），监视每台雨水泵的手动/自动切换状态。每组雨水泵按1主1备方式工作。

雨水泵的监控点：

启停控制（DO：启动、停止）

运行状态（DI：启动、停止）

手动/自动状态（DI：手动、自动）

高水位报警（DI：高位）

故障报警（DI：报警）

开泵水位（DI：开泵水位）

停泵水位（DI：停泵水位）

（1）监控模式

废水泵、污水泵和雨水泵根据高低水位自动启停。水位到达高水位时启泵，到达低水位时停泵，水池水位到达或超过危险水位时发出报警信号。BAS系统对所有废水泵、污水泵和雨水泵具有中央和车站二级监控功能。

BAS系统的监视画面上可以显示水泵的运行状态和累计运行时间，并根据预先设定的运行使用时间，自动对水泵进行轮换工作控制。

BAS系统的监视画面上可以显示水池的水位，对危险水位进行自动监视，超限报警。水位达到或超过危险水位时，控制2台水泵同时工作。

BAS系统可完成以下报表：水泵累计运行小时数；水泵累计关闭小时数；水泵累计启动次数；故障分类及次数。

（2）接口方式

BAS系统与给排水系统之间采用硬线连接方式接口，信号接入到A、B端冗余设备PLC连接的Modbus现场总线从站R-I/O模块的开关量输入、输出点上。

（3）接口位置

BAS系统与给排水系统的接口位置在各泵房内的控制箱接线端子排上。

给排水系统的监控功能总结在表 9-1 中。

表 9-1　给排水系统的监控功能

设备	监控状态	DI	DO	备注
废水泵（1 主 1 备，2 台泵）	启动		1	两台泵共用
	停止		1	两台泵共用
	状态回输	2		每台泵一个
	故障报警	2		每台泵一个（包括过热和漏水报警）
	两泵轮换手动/自动状态	2		两台泵共用
	手动/自动状态	4		每台泵一个
	双泵同时启动信号		1	两台泵共用
	超低水位	1		
	停泵水位	1		
	一台泵启动水位	1		
	两台泵启动水位	1		
	超高水位	1		
污水泵（1 主 1 备，2 台泵）	启动		1	两台泵共用
	停止		1	两台泵共用
	状态回输	2		每台泵一个
	故障报警	2		每台泵一个（包括过热和漏水报警）
	两泵轮换手动/自动状态	2		两台泵共用
	手动/自动状态	4		每台泵一个
	双泵同时启动信号		1	两台泵共用
	超低水位	1		
	停泵水位	1		
	一台泵启动水位	1		
	两台泵启动水位	1		
	超高水位	1		
雨水泵（1 主 1 备，2 台泵）	启动		1	两台泵共用
	停止		1	两台泵共用
	状态回输	2		每台泵一个
	故障报警	2		每台泵一个（包括过热和漏水报警）
	两泵轮换手动/自动状态	2		两台泵共用
	手动/自动状态	4		每台泵一个

续表

设备	监控状态	DI	DO	备注
雨水泵（1主1备，2台泵）	双泵同时启动信号		1	两台泵共用
	超低水位	1		
	停泵水位	1		
	一台泵启动水位	1		
	两台泵启动水位	1		
	超高水位	1		
区间排水泵（1主1备）	启动		1	两台泵共用
	停止		1	两台泵共用
	状态回输	2		每台泵一个
	故障报警	2		每台泵一个（包括过热和漏水报警）
	两泵轮换手动/自动状态	2		两台泵共用
	手动/自动状态	4		每台泵一个
	双泵同时启动信号		1	两台泵共用
	超低水位	1		
	停泵水位	1		
	一台泵启动水位	1		
	两台泵启动水位	1		
	超高水位	1		
	两台泵启动水位	1		
	三台泵启动水位	1		
	超高水位	1		
区间排水泵（3台，2主1备）	启动		1	三台泵共用
	停止		1	三台泵共用
	状态回输	3		每台泵一个
	故障报警	3		每台泵一个（包括过热和漏水报警）
	两泵三泵轮换手动/自动状态	2		三台泵共用
	手动/自动状态	6		每台泵一个
	三泵同时启动信号		1	三台泵共用
	超低水位	1		
	停泵水位	1		
	两台泵启动水位	1		
	三台泵启动水位	1		
	超高水位	1		

（三）照明系统

照明系统的监控对象包括工作照明、节电照明、广告照明、出入口照明、区间照明、事故照明电源等。

1. 工作照明、节电照明、广告照明监控

这三类监控主要包括：

① 照明开关设备分/合控制；

② 分/合状态监视；

③ 故障报警；

④ 照明用电量检测。

2. 照明监控要求

公共区照明采用照明配电室就地控制、BAS 车站控制、中心控制三种方式。设备及管理用房均采用就地控制方式，由 BAS 监视分/合状态。

3. 返信要求

所有被控开关均返回分/合状态信号、手动/自动转换开关信号。应急照明、安全照明返回电压模拟量检测信号。

4. 低压配电系统

① 低压配电系统的监控对象包括 0.4 kV 低压开关柜；

② 0.4 kV 低压开关设备通/断控制；

③ 0.4 kV 低压开关设备通/断状态监视；

④ 0.4 kV 低压开关设备电参数检测；

⑤ 0.4 kV 低压开关设备故障监视。

5. 电梯系统

监控对象包括站台—站厅电梯系统设备、出入口电梯系统设备。

（1）自动扶梯监控

① 自动扶梯启/停控制；

② 上行、下行、停止、维修状态监视；

③ 故障、急停报警。

（2）电梯监控

① 监视运行状态、关闭、维修信号；

② 报警故障、乘客报警信号。

6. 安全门系统

BAS 对安全门系统只监不控。

7. BAS 与 FAS 的控制分工

（1）共享设备控制

对于共享设备，正常工况、堵塞工况均由 BAS 进行模式控制。火灾模式优先于其他模式。在火灾工况下，BAS 可视为 FAS 的智能联动控制单元。

（2）专用设备控制

对于消防专用设备，由 FAS 进行火灾联动控制。

（3）模式转换过程

发生火灾时，FAS 报警控制器将火灾信息传送到 FAS 图形工作站进行火灾报警，经人工确认后，FAS 报警控制器和 FAS 图形工作站分别将火灾模式指令通过通信方式传送到 BAS PLC 和 BAS 服务器，由 BAS PLC 自动将正常运行模式切换到火灾运行模式。

四、环控通风系统

轨道交通地下工程环控通风系统一般由区间隧道通风系统、车站隧道通风系统、大系统、小系统、水系统几个部分组成。按通风形式可分为开式系统、闭式系统和屏蔽门系统。

（一）环控通风系统组成及功能

1. 区间隧道通风系统

区间隧道通风环控系统主要用作隧道的通风换气。在隧道中发生火灾时，该系统也兼有防灾报警功能。

区间隧道通风系统主要靠通风来降低隧道内的空气温度，一方面，由设在站两端的事故风机在夜间列车停运时向隧道内送风和排风来降低区间内的空气温度；另一方面，白天列车运行时，所产生的活塞风经过活塞风道，由地面上的风亭排出区间内的空气和吸入外界的温度较低的空气，对隧道内进行通风。为了避免和减少列车运行所产生的活塞风进入车站的站台层和站厅层，应在车站和区间的交汇处设置冷却阻尼风。冷却阻尼风是由车站空调系统中的空调箱送出的冷风，风量是整个车站空调送风的 25%。

2. 车站隧道通风系统

车站隧道通风系统是指服务于车站范围内屏蔽门外侧列车停车区域隧道的通风及防排烟系统。

上述两部分合称隧道通风系统，一般均由专门的系统设计单位进行设计，车站设计人员仅需根据系统专业要求合理地将其实现即可。

（1）正常运行状态

在这种运行状态下，打开所有的区间隧道排热风机，隧道的换气主要靠列车运行时产生的活来风进行空气交换。早、晚间列车停止运行时，打开区间隧道通风机和隧道排热风机对隧道进行空气交换。

（2）列车故障情况

列车阻塞在站内时，只需打开此站的部分隧道通风机及相应的电动组合风门来增加排气量，依靠空气的自然流动来进行空气交换。

列车阻塞在区间隧道内时，打开区间两端隧道通风机及相应的电动组合风门对隧道区间强制进行空气交换。

（3）发生火灾时列车运行状态

列车在运行过程中发生火灾时，区间隧道通风系统各设备运行的原则是：必须保证隧道中的风向与旅客疏散的方向相反，以保证旅客的生命安全。有四种可能的火灾模式，即隧道列车尾部发生火灾、隧道列车头部发生火灾、隧道列车中部发生火灾和站台列车发生火灾。

3. 大系统

大系统是指服务于站厅、站台公共区（即乘客所处区域）的通风空调及防排烟系统，又称公共区空调通风环控系统。车站大系统空调通风系统包括站厅层、站台层公共区的所有环控设备。

在正常情况下，环控系统通过测量新风、送风、回风、混合风的温湿度和二氧化碳浓度来调节空调机组回水管自动调节阀的开度，控制风阀开关和风机的启停。

4. 小系统

小系统是指服务于设备、管理用房区（即工作管理人员及设备所处区域）的通风空调及防排烟系统。车站空调通风小系统是一套独立的系统。其运行方式比较简单。在正常运行时，送/排风机的送/排风量是固定的，不随季节的变化而变化。当出现火情时，系统按照预定的灾害程序运行。

5. 水系统

水系统是指为大、小系统提供冷源的一套系统。对冷却泵来说，通常以冷凝器进水和回水间的温差作为控制依据，实现进水和回水间的恒温差控制。系统由冷冻水泵、冷却水泵、冷却塔冷水机组、膨胀水箱、集水器、分水器、设备之间的连接管线和一些阀门组成。

典型轨道交通地下车站环控通风系统中，大系统配有4台组合式空调机、4台回排风机、2台全新风机，小系统配有多台小型空调机及排风机，大、小系统共用2台冷水机组。通常情况下，大系统在运营时间内开启2台或4台空调机及排风机，小系统24 h连续运行，冷水机组在空调季时24 h开启。

（二）环控通风系统方案选择

1. 开式系统

开式系统允许隧道空气与大气自由交换，应用机械通风或列车的活塞效应将空气由隧道中间通风井引入隧道内，通过邻近车站打开的排风减压并排出，车站通过站台底部，隧道顶排风系统排风。这样，将干燥的冷空气送到站台和集散厅来进行空气调节，达到冷却站台和隧道的目的。

其基本特点是费用省，但车站舒适性较差，多为早期北京、伦敦、纽约、多伦多、莫斯科等城市的轨道交通系统所采用。

2. 闭式系统

闭式系统在车站内设置空调系统，在隧道风井中装设有关闭功能的阀门，需采用空调的季节阀门关闭，隧道不通风，使系统内部基本上与外界大气隔断，仅供给满足乘客所需的新鲜空气量，在非空调季节为开式系统。在车站内采用空调系统，并利用站台排风系统使车站空气再循环进入车站空调系统，这样使进入系统的热、湿室外空气减至最少，达到降低车站空调负荷的目的。区间隧道的冷却是借助列车运行的活塞效应携带一部分车站空调冷风来实现的。其特点是舒适性好，但费用较高，香港、广州、南京、东京、华盛顿等城市均采用闭式系统。

3. 屏蔽门系统

屏蔽门系统是在车站的站台和行车隧道之间安装一道带门的透明屏障，将站台与隧道分隔开，车站安装空调系统。隧道用通风系统（机械通风或活塞通风），由于这样把正常从轨道进入公共区热量的大部分都隔绝了，站台的空调负荷就减小了很多。站台底部排风系统通过隧道风井抽进新鲜室外空气来实现列车通道的通风，并且通过列车的活塞作用引起隧道空气与由站台底部排风系统吸进的室外空气进行交换以实现隧道的冷却。

屏蔽门系统的安全性、舒适性较好，但安装费用昂贵，技术要求较高，而运行成本较低，新加坡、西雅图、圣彼得堡、上海、深圳等国家或城市采用屏蔽门系统。

（三）隧道通风系统的正确使用

1. 区间隧道通风系统

（1）列车早晚运营前后半小时，对隧道进行通风换气。

（2）正常运行时，通过列车运行时的活塞效应实现隧道内的通风。

（3）列车阻塞于区间时，对阻塞区间进行机械通风。

（4）列车发生火灾而停在区间时，结合防灾模式，启动预定的系统运行模式，进行送风和排除烟气。

2. 车站隧道通风系统

（1）列车正常运行时，排除列车停站时车顶空调器和车厢底部发热设备产生的热量。

（2）列车火灾停靠在车站时，关闭站台下排风道，由轨顶风道排烟。

（3）区间隧道事故运行时，根据系统模式要求，开启或关闭车站隧道通风系统。

3. 区间列车火灾隧道通风系统运行原则

（1）列车在运行时发生火灾应尽量驶向前方车站，在前方车站疏散乘客、排烟及灭火，其火灾运行模式按车站隧道火灾考虑。

（2）当列车火灾且不能运行，停靠在区间中时，应根据列车所处区间位置和列车起火部位，执行预先设计的运行模式。

（3）隧道通风系统在着火区域内的气流方向应与多数乘客的疏散方向相反。

（4）无法判断列车火灾位置时，按与行车方向一致的方向送风。

（5）着火区域的另一侧区间停止行车。

（6）列车前部或后部着火时，乘客应沿着疏散平台步行至最近的联络通道处，进入非火灾隧道，疏散到最近车站，此时多数乘客应迎着新风疏散。

（7）列车发生火灾且停靠在车站站台时，打开屏蔽门供乘客撤离，此时利用轨顶风道进行排烟，同时关闭车站（站厅层及站台层）回排风机，开启站台层排烟风机，关闭车站站台层送风管风阀和站厅层排风管风阀，站台层排烟，站厅层输送新风。

当区间列车在隧道内发生火灾时，疏散乘客示意图和图 9-23 所示。

(a) 列车中部着火且停在近前方车站

(b) 列车中部着火且停在近后方车站

(c) 列车中部着火且停在区间中部

(d) 列车头部着火且停在区间任意位置

(e) 列车尾部着火且停在区间任意位置

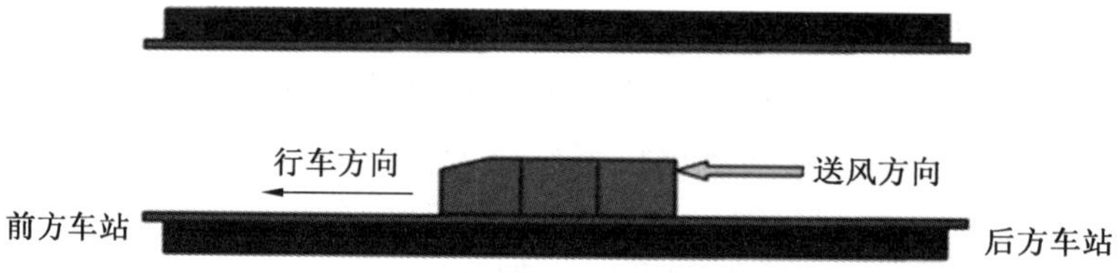

(f) 隧道内火灾情况不明时

图 9-23　列车发生火灾时通风系统的运行原则

项目习题

1. 给水系统包括哪些？
2. 排水系统包括哪些？

3. 简述污水系统的处理工艺流程。
4. 简述闸阀及水泵的作用及种类。
5. 简述排水系统的组成。
6. 简述环境与设备监控系统构成。
7. 简述中央级控制系统的基本功能。
8. 简述车站级控制系统的基本功能。
9. 简述设备监控系统主要的监控内容。

项目十　城市轨道交通 IBP 盘

项目导学

在城市轨道交通监控系统中，车站监控室内的综合后备控制盘（Integrated Back-up Panel，IBP）在越来越多线路中得到了应用。它集中显示火灾自动报警系统（FAS）、环境与设备监控系统（BAS）、供电系统（PSC ADA）、安全门系统（PSD）、自动售检票系统（AFC）、信号系统（ATS）、广播系统（PA）、闭路电视监控系统（CCTV）等主要设备运行状态，并在紧急状态下对车站内相应的系统设备进行紧急操作。

学习目标

知识目标：了解城市轨道交通车站监控室内的综合后备控制盘（IBP）；掌握 IBP 盘的操作。

能力目标：能辨识 IBP 盘上的各种按键开关并理解其操作的意义。

素质目标：能接受城市轨道交通运营管理专业对应的车站监控室就业岗位应具备的岗位能力和技能要求。

任务一　IBP 盘的组成

IBP 盘一般由上、下两部分组成，上层部分为 IBP 盘面，主要设置指示灯和按钮，用于显示设备运行状态和控制操作；下层部分为设备操作台，主要放置各专业系统的设备，如显示器、调度电话、监视器及相关的辅助设备。车站监控室 IBP 盘与各专业系统通过电缆采用硬结点方式进行连接，其构成主要有工作电源、盘面布置的各专业操作控制按钮、信号状态指示灯、闭锁开关、时钟、相应各专业设备编号等，如图 10-1 所示。

在 IBP 盘面上一般划出各分区，对不同系统的设备进行监控。各分区有清楚的文字描述及线条划分。

图 10-1　车站监控室 IBP 盘

IBP 盘监控的系统主要包括：信号系统、屏蔽门系统、区间消防电动蝶阀系统、自动扶梯系统、自动售检票系统、门禁系统、盘控制系统、环控系统、隧道系统，如图 10-2 所示。

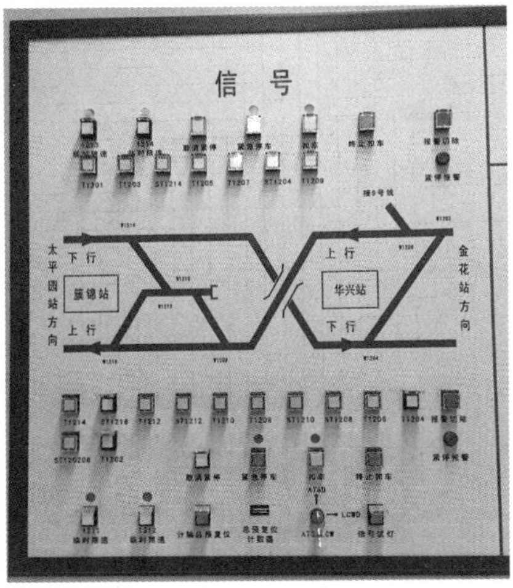

(a) 信号系统

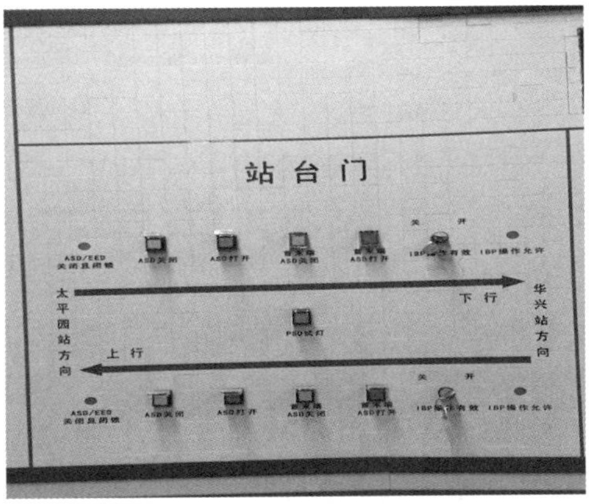

(b) 屏蔽门系统

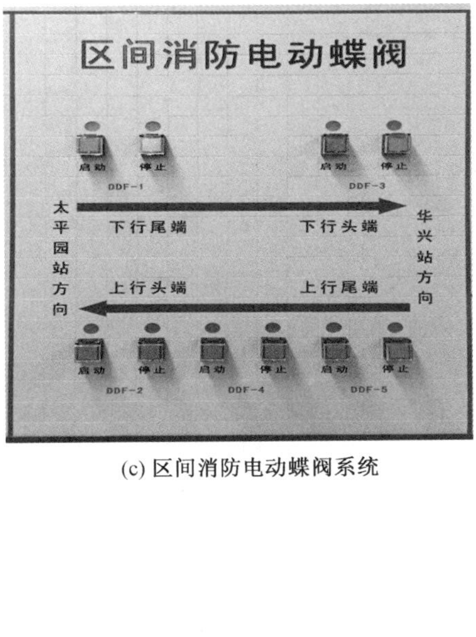

(c) 区间消防电动蝶阀系统

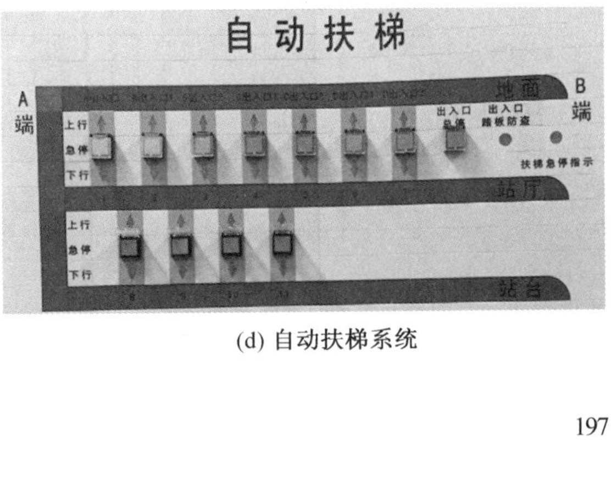

(d) 自动扶梯系统

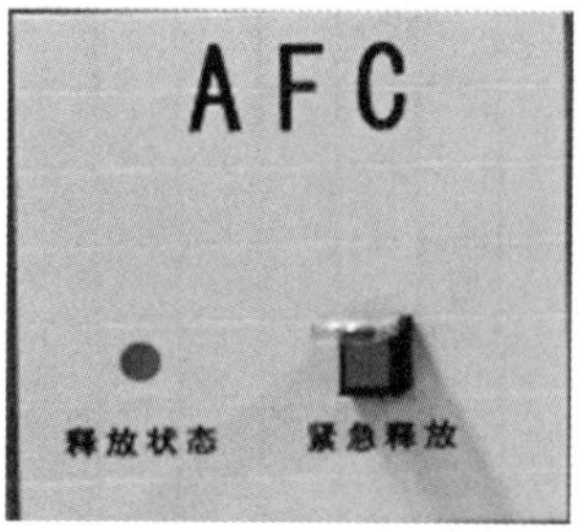

(e) 自动售检票系统

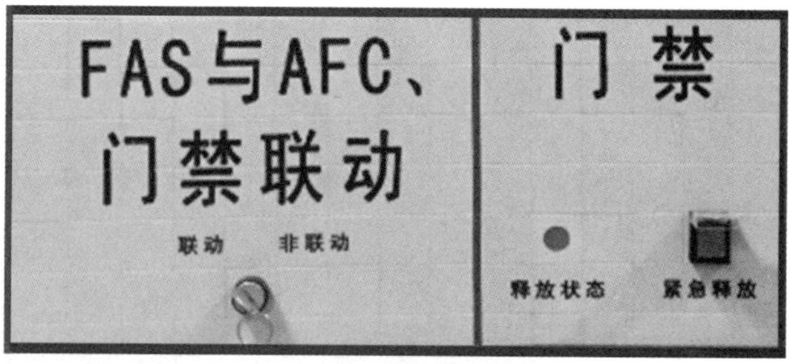

(f) 门禁系统

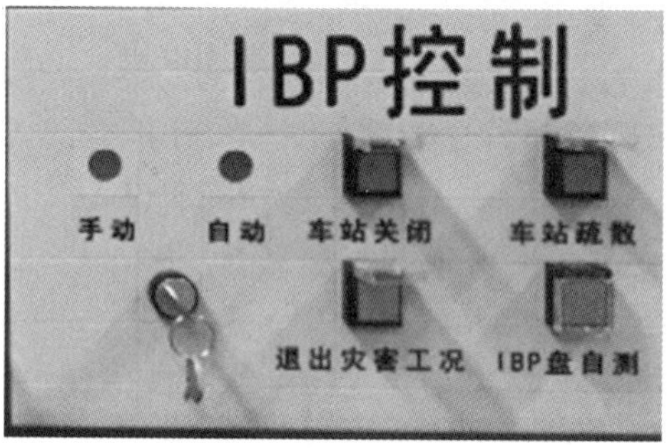

(g) 盘控制系统

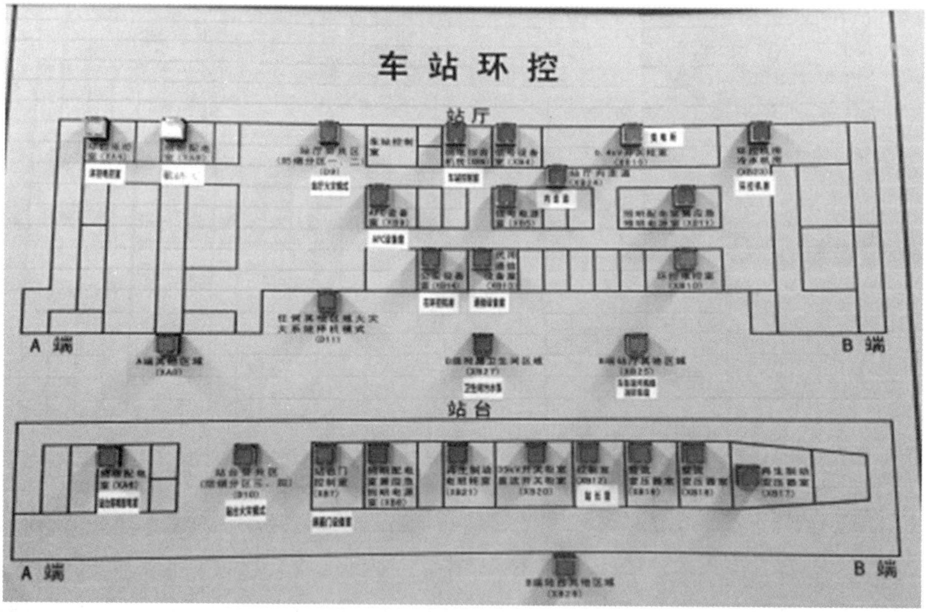

(h) 环控系统

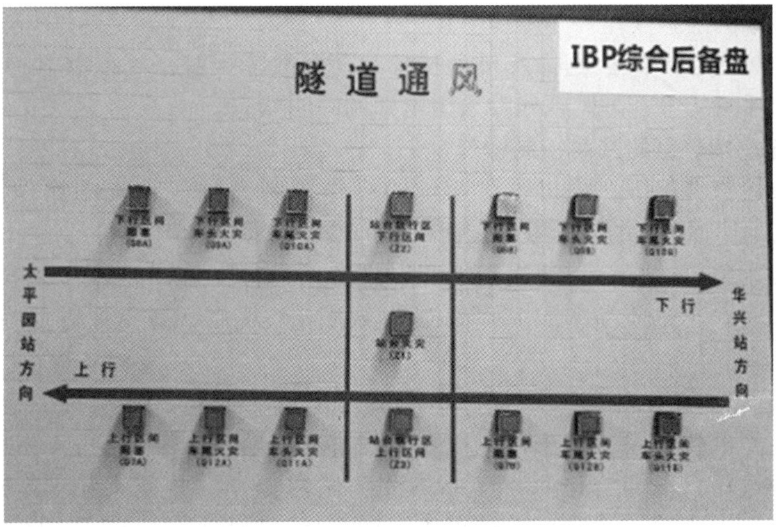

(i) 隧道系统

图 10-2　各系统示意图

任务二　IBP 盘的主要功能

正常情况下，由控制中心调度人员指挥全线路的运行，在特殊情况下，若控制中心失去功能，则整个地铁线路可降级运行，由各车站直接完成运行管理，此时 IBP 盘就起到了一定的作用。

一、通过 IBP 盘可实现的紧急控制功能

车站监控室 IBP 主要为以下各专业的设备控制操作提供后备功能：

（1）供电系统的直流开关控制。监视本站内的牵引变电所的直流上网开关设备开、合状态，独立控制直流上网开关的分闸和合闸。

（2）环境与设备监控中控制隧道通风、车站通风。监控车站及区间内的防排烟风机等设备。运用模式有消防联动和阻塞模式两种。

（3）自动售检票系统的闸机紧急释放控制。监视自动售检票系统的服务状态，并提供“站厅关闭模式”及“闸机开放”控制选项。IBP 盘上设置的应急按钮与车站 AFC 设备连接，实现紧急情况下的手动控制，即在紧急模式下所有闸机全部打开，同时触发 AFC 系统紧急模式，使售检票设备退出运行。

（4）信号系统报警。紧急停车、扣车和放行，并显示启动信息。

（5）安全门紧急开门控制。监视本站内站台安全门系统状态及报警，并提供安全门的紧急打开控制功能。

（6）火灾自动报警系统中消防泵、排烟风机的控制。监视消防泵、专用排烟风机等设备运行状态；启停消防泵、专用排烟风机等消防报警设备。

（7）闭路监控系统中摄像机紧急启动。车站监控室值班员在紧急情况下通过 IBP

盘对车站摄像机紧急操作。

（8）电梯控制。监控电梯及自动扶梯状态，故障报警，可控制电梯停止。设残障人士电梯呼叫装置，可监视残障人士电梯的呼叫状态。

二、通过 IBP 盘的紧急控制操作

在正常运营情况下，值班员对系统的操作控制通过各系统的操作员工作站实现。当出现紧急情况时，操作员采用人工介入方式通过 IBP 盘进行运行模式操作和某些设备的紧急模式操作。通过 IBP 盘对本车站进行应急管理，为故障处理或抢险争取第一时间，车站监控室的 IBP 盘控制级别高于其他所有专业的所有操作级别。举例如下：

（1）发现车站有人掉下站台，车站监控室值班员发现情况后紧急操作如下：操作 IBP 盘上的供电系统紧急停电按钮，使本车站轨道区域内停电；操作信号系统的紧急控制按钮，使即将进入本车站的列车紧急停车，并联锁相邻车站的信号设备，闭锁进入本车站的线路；通过操作广播系统，播报本车站的紧急信息；紧急启动摄像机，监视现场，站台摄像机对准整个站台，使车站值班员可以直观地监视车站。

（2）区间或车站发生火灾、阻塞等情况，车站监控室值班员发现情况后通过 IBP 紧急操作如下：供电系统、信号系统、广播系统、闭路电视监控系统的操作与上述操作相同；遇火灾等危险情况时，要启用消防专用电话；将本站自动售检票系统所有闸机（进、出站）全部开启，便于所有乘客疏散；将所有安全门开启，紧急疏散停站列车上的乘客；启动环境与设备监控系统相应模式下的各种风机、照明等设备；启动火灾自动报警系统火灾区域相应的隔断门、风机、消防设施等；启动乘客信息系统的紧急模式运行，导向标识引导乘客疏散方向。

总之，通过车站监控室的 IBP 盘可以完成紧急情况下各专业主要设备的紧急控制，最快地控制事故范围，进行事故处理。每条线的 IBP 盘控制设备可能根据需求不同控制内容有所增减，但主要控制设备不会变化，如信号、供电、自动售检票系统等。主要原则是从面向设备和乘客两方面考虑，车站监控室 IBP 盘主要用于车站降级模式运行的管理。

任务三　IBP 盘功能调试

IBP 盘安装完成后，要进行调试。以供电系统为例，操作 IBP 盘，实现区段紧急停电。IBP 盘功能的调试步骤如下：

1. 准备阶段

编制供电系统 IBP 盘功能调试方案，准备调试工具，进行调试人员分工和技术交底，调试计划申请。

2. 调试阶段

（1）控制中心调度指挥人员（电调）通知车站监控室调试人员进行紧急停电

测试。

（2）车站监控室调试人员操作 IBP 盘直流上网开关“10”、“20”紧急停电按钮，实现紧急停电。

（3）本站相应的“10”、“20”直流上网开关分闸，并联跳相邻牵引变电所的上网直流开关，本车站供电轨（三轨）全部处于不带电状态。

（4）本站牵引变电所和相邻牵引变电所的调试人员检查所有开关动作，确认情况正常。本站变电所调试人员对车站三轨进行验电检查，确认本车站三轨全部处于停电状态。电调确认控制中心显示结果正确。

（5）电调确认操作后显示正常，通知车站调试人员，对 IBP 盘上的按钮进行复归释放闭锁，解除直流开关的送电闭锁。

（6）电调恢复牵引变电所双边供电。恢复供电后通知车站调试人员进行下一车站 IBP 盘的紧急停电调试，顺序完成所有车站 IBP 盘的紧急停电调试工作。

3. 总结阶段

（1）每站完成调试后，调试人员做好测试记录，并检查无误后签字确认。

（2）全部车站完成调试后，进行调试总结，如有问题，分析原因，并安排整改计划，待问题处理之后，重新调试。

任务四 IBP 盘操作通则

一、IBP 盘操作说明

（1）IBP 盘是车站监控工作站的紧急后备监控盘，当监控工作站发生故障不能使用时，使用 IBP 盘对部分车站设备进行临时监控。

（2）IBP 盘对环控系统的监控操作并不全面，当监控工作站恢复功能后，应及时切换到监控工作站进行监控。

（3）IBP 盘上的信号系统、防淹门的监控操作不属于 BAS 的操作范畴，应严格执行信号、行调的有关规章制度和操作规范。

（4）IBP 盘上的自动售检票系统、屏蔽门/安全门紧急开关、电扶梯迫降开关作为车站发生紧急事件情况时的应急启动开关。

（5）使用 IBP 盘的自测按钮定期进行测试，以检查 IBP 盘上的指示灯、蜂鸣器的完好情况。

（6）自复式按钮：指按压按钮后，按钮会自动复原，无须再次按压。

（7）自锁式按钮：指按压按钮后，按钮会自动锁定，恢复按钮时，需再次按压按钮。

（8）IBP 盘上各按钮图标说明如图 10-3 所示。

图例说明：

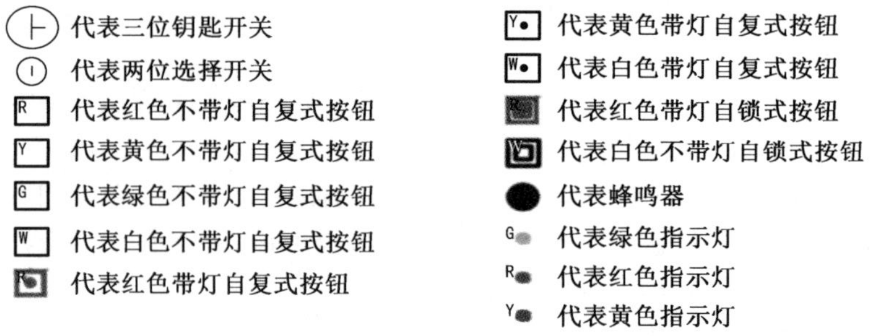

图 10-3　IBP 盘各按钮图标说明

二、IBP 盘操作方法

IBP 盘的操作方法如下：

（一）盘面设备

盘面上需要操作员操作的设备可分为钥匙开关和按钮两种元件。

1. 钥匙开关操作

对某一区域进行操作前，需要将钥匙转至“允许”位；常态下，不需要对该区域操作时，需要将钥匙转至“禁止”位。隧道通风与车站环控区域的钥匙开关位置除具有上述含义外，还具有控制权限的含义。

2. 按钮操作

按钮分为自复按钮和自锁按钮。自复按钮指操作员松开按钮后按钮自动恢复到初始状态，自锁按钮指操作员从按钮初始状态（按钮指示灯灭）按下后，按钮能自保持（按钮指示灯亮），若要使按钮恢复至初始状态，需要再次按下按钮。需要注意的是，当自锁按钮处于按下位置时（按钮指示灯亮）不允许转动钥匙开关。即钥匙开关转动前应确保该区域的自锁按钮处于初始状态（按钮指示灯灭），否则会造成误操作。表 10-1 中为盘面各区域按钮名称和形式。

表 10-1　盘面各区域按钮名称和形式表

区域名称	按钮名称	按钮形式
消防水泵	启动、停止	自复按钮
专用排烟风机	启动、停止	自复按钮
气体灭火	停喷	自锁按钮
加压送风机	启动、停止	自复按钮
站台门	开启、关闭	自复按钮
自动售检票	紧急释放	自锁按钮
门禁	紧急开门	自锁按钮
信号	紧停、取消紧停	自复按钮
	消音	自锁按钮

续表

区域名称	按钮名称	按钮形式
隧道通风	该区域全部按钮	自复按钮
车站环控	该区域全部按钮	自复按钮
牵引供电	上行断电、下行断电	自锁按钮
设备区应急照明	启动、停止	自复按钮
试灯	试灯	自复按钮

（二）盘面设备操作

1. 试灯操作

操作员按下试灯按钮盘面指示灯、自锁按钮指示灯点亮，蜂鸣器蜂鸣。可以判断盘面设备是否正常。

2. 自复位按钮操作

以消防水泵为例说明部分自复按钮专业的操作过程（包括专用排烟风机、加压送风机、站台门、设备区应急照明的操作）。水泵的运行指示灯点亮/熄灭时，表示该泵运行/停止。当需要操作消防水泵时，将该区域的钥匙开关转至“允许”位，如图 10-4 所示。

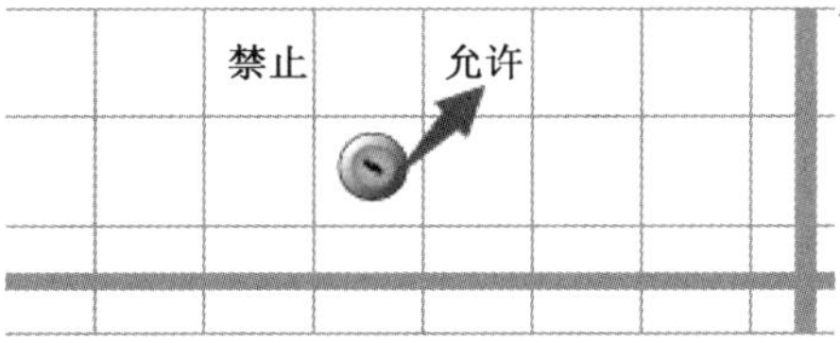

图 10-4　消防水泵钥匙开关“允许”位

如果水泵在运行状态，可通过按下水泵编号下方的“停止”按钮（持续 1 ~2 s）停止该水泵，如图 10-5 所示。

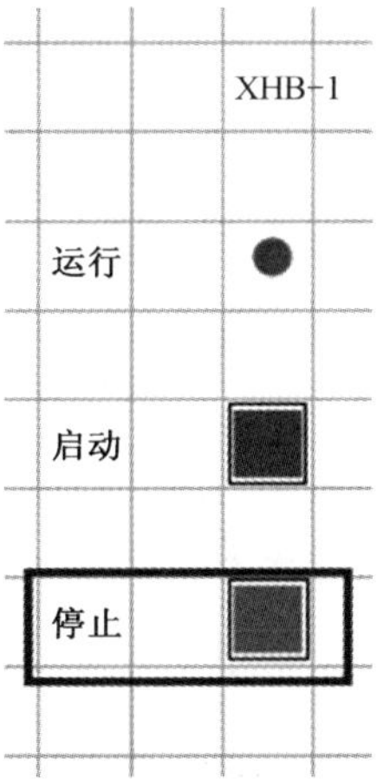

图 10-5　消防水泵“停止”按钮

如果水泵处于运行状态，可通过按下水泵编号下方的“启动”按钮（持续 1～2 s）启动该水泵，如图 10-6 所示。

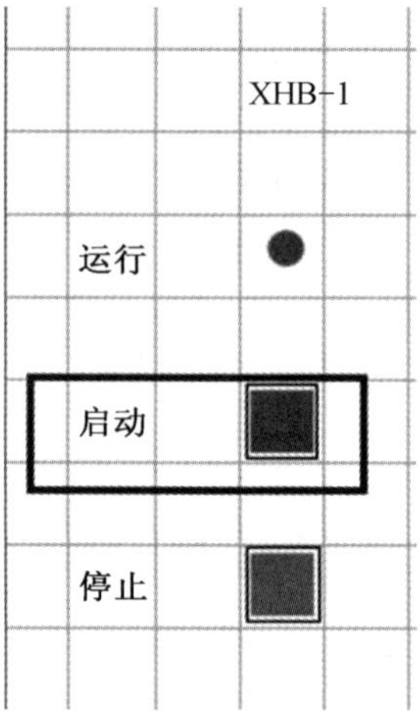

图 10-6　消防水泵“启动”按钮

对水泵的操作完成后将钥匙开关转至“禁止”位，如图 10-7 所示。

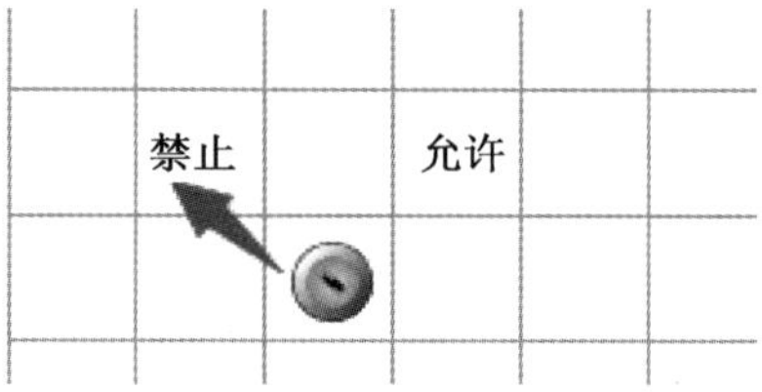

图 10-7　消防水泵开关“禁止”位

3. 自锁按钮操作

(1) 气体灭火区域

以气体灭火区域为例说明部分自锁按钮专业的操作过程（包括自动售检票、门禁）。当需要操作气体灭火时，将该区域的钥匙开关转至“允许”位，如图 10-8 所示。

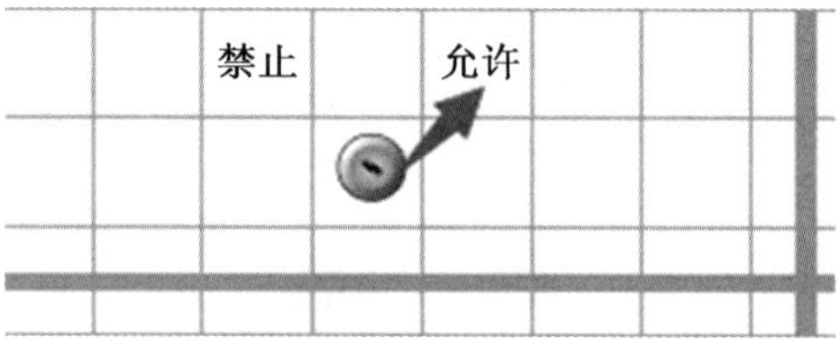

图 10-8　气体灭火钥匙开关“允许”位

按下“停喷”按钮，即可下发控制指令，完成停喷操作，如图 10-9 所示。

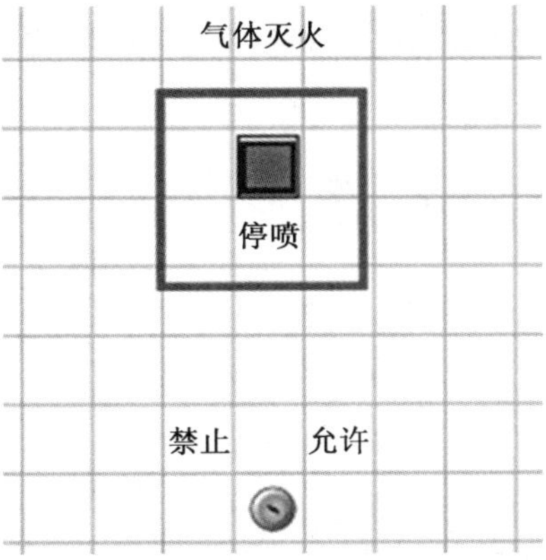

图 10-9　气体灭火“停喷”按钮

需要恢复时可再次按下“停喷”按钮，将钥匙开关转至“禁止”位，如图 10-10 所示。

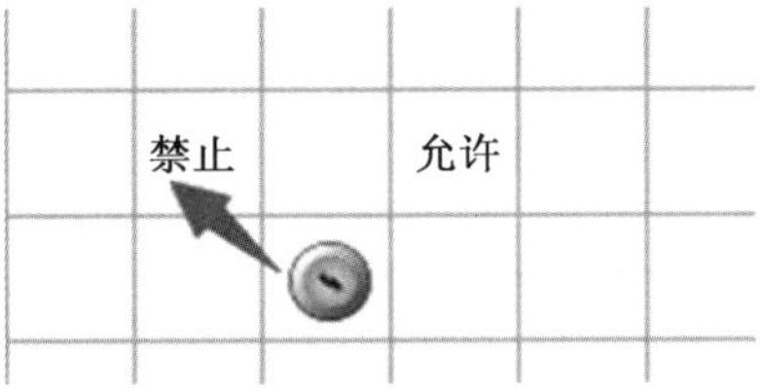

图 10-10　气体灭火钥匙开关“禁止”位

（2）扶梯区域

在 IBP 盘上可以监视扶梯的上行、下行和停止状态，如图 10-11 所示。

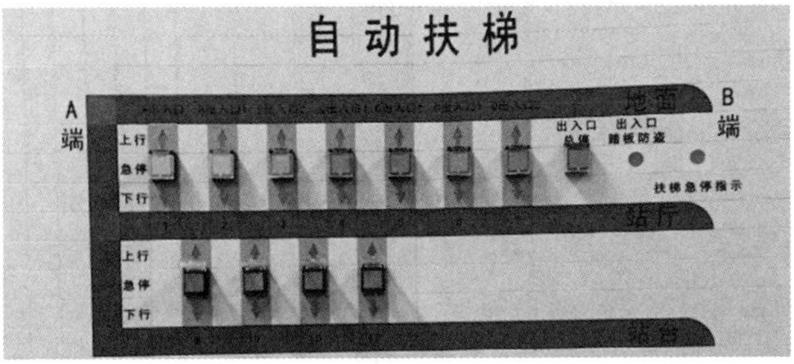

图 10-11　IBP 盘自动扶梯操作部分

（3）信号区域

“紧急停车”及“取消紧停”按钮是带铅封的。当需要对这些按钮操作时需将铅封剪掉。需要急停上行/下行列车时，按下“紧急停车”按钮（持续 1 ~2 s），此时蜂鸣器会响，按下“消音”按钮后蜂鸣器不响。需要取消急停上行/下行列车的急停时，按下“取消急停”按钮（持续 1 ~2 s），此时蜂鸣器会响，按下“消音”按钮后蜂鸣器不响，如图 10-12 所示。

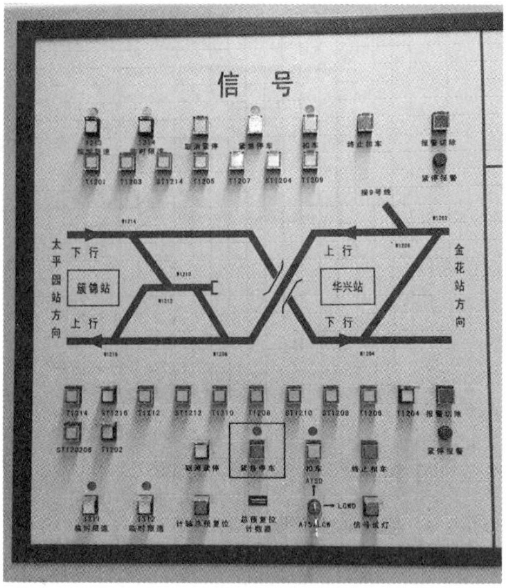

图 10-12　IBP 盘信号控制操作部分

（4）隧道通风、车站环控区域

当需要操作该区域按钮时，按下相应的按钮，如图 10-13 和图 10-14 所示。

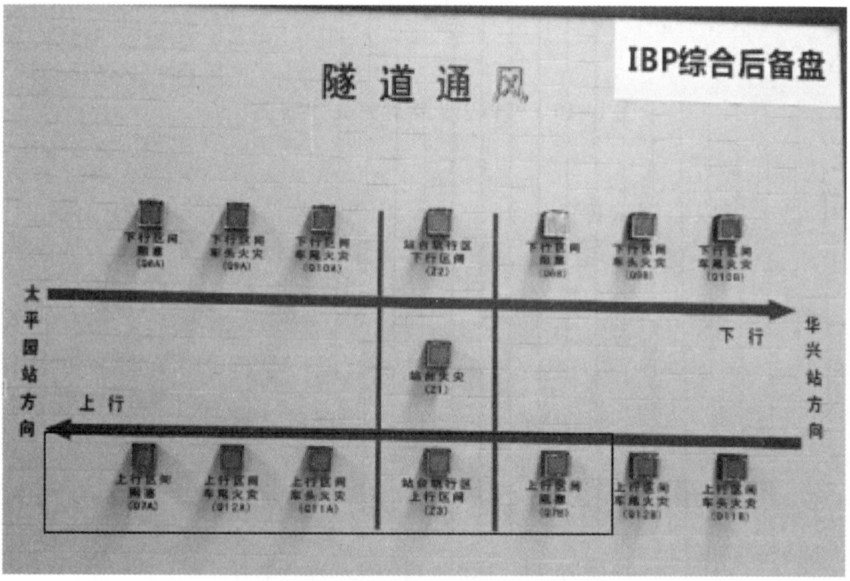

图 10-13　IBP 盘隧道通风操作部分

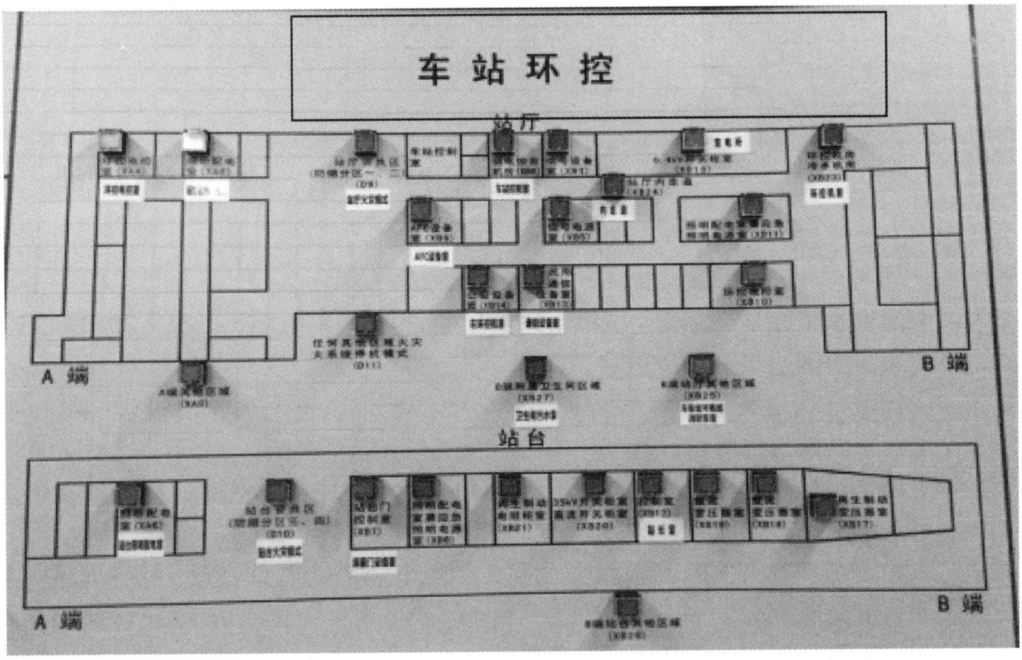

图 10-14　IBP 盘环控操作部分

项目习题

1. IBP 盘的组成有哪些?
2. IBP 盘的主要功能有哪些?
3. IBP 盘可实现的紧急控制功能有哪些?
4. 通过 IBP 盘可实现哪些紧急控制操作?

参考文献

[1] 中国土木工程学会标准. 城市轨道交通运营管理指南（CCES01－2010）[S]. 北京：中国建筑工业出版社，2010.

[2] 中国城市轨道交通年度报告课题组. 中国城市轨道交通年度报告 [M]. 北京：中国铁道出版社，2010.

[3] 上海申通地铁集团有限公司轨道交通培训中心. 城市轨道交通概论 [M]. 北京：中国铁道出版社，2009.

[4] 人力资源和社会保障部教材办公室，广州市地下铁道总公司. 站务人员（城市轨道交通岗位技能培训教材） [M]. 北京：中国劳动和社会保障出版社，2009.

[5] 蒋阳升，陈彦如. 城市轨道交通概论 [M]. 北京：人民交通出版社，2014.

[6] 张宝生，汪燕. 城市轨道交通概论（运营管理分册）[M]. 北京：机械工业出版社，2014.

[7] 吴艳群. 城市轨道交通规划与管理 [M]. 成都：西南交通大学出版社，2018.

[8] 张星臣. 城市轨道交通运营管理 [M]. 北京：高等教育出版社，2017.

[9] 何霖. 城市轨道交通运营管理：从有序到有效 [M]. 北京：中国劳动社会保障出版社，2015.

[10] 李建国. 图解城市轨道交通 [M]. 北京：机械工业出版社，2016.

[11] 朱济龙，唐春林. 城市轨道交通车站机电设备 [M]. 2 版. 北京：机械工业出版社，2018.

[12] 李红莲. 城市轨道交通车站机电设备 [M]. 北京：机械工业出版社，2017.

[13] 曲秋莳，许波. 城市轨道交通车站设备 [M]. 北京：人民交通出版社，2016.

[14] 永秀. 城市轨道交通车站运作管理 [M]. 2 版. 北京：机械工业出版社，2016.

附录　城市轨道交通车站设备常用缩略语英汉对照表

缩写	英文解释	中文解释
ACC	AFC Clearing Center	地铁线网清分中心
AFC	Automatic Fare Collection	自动售检票系统
TVM	Ticket Vending Machine	自动售票机
BOM	Booking Office Machine	半自动售票机
AGM	Automatic Gate Machine	自动检票机
TCM	Ticket Checking Machine	自动验票及查询机
TSM	Ticket Sale Machine	自动充值机
LCC	Line Central Computer	线路中心计算机
SC	Station Computer	车站计算机
SLE	Station Level Equipment	车站终端设备
PTCM	Portable Ticket Check Machine	便携式验票机
SJT	Single Journey Ticket	单程票
SVT	Store Value Ticket	储值票
SAM	Security Access Module	安全认证模块
BFE	Barrier-free elevators	无障碍电梯
OCC	Operation Control Centre	运营控制中心
BOCC	Back-up OCC	备用 OCC
PIN	Personal Identification Number	个人身份号码
ATP	Automatic Train Protection	列车自动防护系统
ATPM	ATP Manual Mode ATP	防护下的人工列车驾驶模式
ATO	Automatic Train Operation	列车自动驾驶系统
RM	Restricted Manual Driving Mode	限速性人工驾驶模式
NRM	No Restricted Manual Driving Mode	非限制人工驾驶模式
RMF	Restricted Manual Driving Mode Forward	向前限制性人工驾驶

续表

缩写	英文解释	中文解释
RMR	Restricted Manual Driving Mode Reverse	向后限制性人工驾驶
TC	Trailer Car	带司机室拖车
T	Trailer	不带司机室拖车
MP	Motor Car With Pantograph	带受电弓的动车
ATS	Automatic Train Supervision	列车自动监控系统
CBTC	Communication Based Train Control	基于无线通信的移动闭塞列车控制系统
ATC	Automatic Train Control	列车自动控制系统
CC	Carborne Controller	车载控制器
CDV	Circuit De Vole （TC = Track-Circuit）	轨道电路
ACB	Axle Counter Block	计轴区段
ACS	Axle Counter System	计轴系统
AM	Automatic Driving Mode	自动驾驶模式
AP	Access Point	接入点
CI	Computer Based Interlocking	计算机联锁
CBI	Computer Based Interlocking	微机联锁系统
DCS	Data Communication System	数据通信系统
PCM	Pulse Code Modulation	脉冲编码调制
TDM	Time Division Multiplexing	时分复用
PSTN	Public Switched Telephone Network	公用电话交换网
EB	Emergency Braking	紧急制动
EH	Emergency Handle	紧急手柄
ILC	Interlocking Controller	联锁控制器
MR	Mobile Radio	车载无线台
ACS	Access Control System	门禁系统
BAS	Building Automation System	环境与设备监控系统
FAS	Fire Alarm System	火灾报警系统
ISCS	Integrated Supervision Control System	综合监控系统
PIS	Passenger Information System	乘客信息系统
SIG	Signaling	信号系统
CCTV	Close Circuit Television	闭路监控
PA	Public Address	广播

续表

缩写	英文解释	中文解释
COM	Telecommunication	通信系统
SER	Signaling Equipment Room	信号设备用房
DCC	Depot Control Center	停车场控制中心
DDU	Driver Display Unit	驾驶员显示单元
PSD	Platform Screen Doors	站台屏蔽门
UPS	Uninterruptible Power Supply	不间断电源
IBP	Integrated Back-up Panel	综合后备盘
PCU	PSD Control Unit	屏蔽门控制单元
RST	Rolling Stock	车辆
TMS	Train Management System	列车管理系统
TDMS	Train Data Management System	列车数据管理系统
ASD	Automatic Sliding Door	滑动门
FIX	Fixed Door	固定门
EED	Emergency Escape Door	应急门
MSD	Manual Secondary Door	端头门
PSL		屏蔽门就地端头控制盘
PSA		车控室操作指示盘
DCU		门机控制器
LCB		屏蔽门就地控制盒
AW0		空载
AW1		每位乘客都有座位
AW2		每平方米 6 人
AW3		每平方米 9 人
Block		闭塞
Fix Block		固定闭塞
Moving Block		移动闭塞
EnG		进站检票机
ExG		出站检票机
RG		双向检票机
GATE		闸机
OPS		大屏幕显示系统

续表

缩写	英文解释	中文解释
iATP		点式列车自动防护
ATB		列车自动折返
非 CBTC		没有信号车载设备或 不在 CBTC 控制模式下的列车
A 型车		按电客车车辆的外观尺寸区分， 长 22.8 m，宽 3 m
B 型车		按电客车车辆的外观尺寸区分， 长 19 m，宽 2.8 m
C 型车		按电客车车辆的外观尺寸区分， 长 19 m，宽 2.6 m